★ 广东省教育科学规划课题（党的十九大精神研究专项）丛书之 ★
新时代广东高校立德树人工作研究系列

GUANGDONG GAOXIAO WENHUA YUREN GONGZUO YANJIU

广东高校文化育人工作研究

左鹏军◎著

广东高等教育出版社
Guangdong Higher Education Press
·广州·

图书在版编目（CIP）数据

广东高校文化育人工作研究/左鹏军著. —广州：广东高等教育出版社，2023.12

[广东省教育科学规划课题（党的十九大精神研究专项）丛书之新时代广东高校立德树人工作研究系列]

ISBN 978 - 7 - 5361 - 7552 - 5

Ⅰ. ①广… Ⅱ. ①左… Ⅲ. ①高等学校—文化素质教育—研究—广东 Ⅳ. ①G640

中国国家版本馆 CIP 数据核字（2023）第 214689 号

出版发行	广东高等教育出版社 地址：广州市天河区林和西横路 邮政编码：510500 电话：（020）87551597 http://www.gdgjs.com.cn
印　　刷	广东海洋印刷有限公司
开　　本	787 毫米 ×1 092 毫米 1/16
印　　张	16.75
字　　数	258 千
版　　次	2023 年 12 月第 1 版
印　　次	2023 年 12 月第 1 次印刷
定　　价	59.00 元

总　序

培养什么人、怎样培养人、为谁培养人，这是教育的根本问题。2018 年 5 月 2 日，习近平总书记在北京大学考察时指出："培养社会主义建设者和接班人，是我们党的教育方针，是我国各级各类学校的共同使命。大学对青年成长成才发挥着重要作用。高校只有抓住培养社会主义建设者和接班人这个根本才能办好，才能办出中国特色世界一流大学。"这一论断既明确了我国教育的根本任务和使命，又指明了中国特色社会主义大学的办学方向和方法。培养社会主义建设者和接班人，关系到"两个一百年"奋斗目标的实现，关系到中国特色社会主义事业的兴衰成败，关系到党的千秋伟业。只有将培养社会主义建设者和接班人置于这样的高度来认识，才能领悟高等教育担负的责任和使命。

国无德不兴，人无德不立。立德才能树人，要培养社会主义建设者和接班人，首先要培养其良好的道德品质和思想政治素养。2016 年 12 月，习近平总书记在全国高校思想政治工作会议上强调，要坚持把立德树人作为中心环节，把思想政治工作贯穿教育教学全过程，实现全程育人、全方位育人，努力开创我国高等教育事业发展新局面。这是高校思想政治工作的新理念、新思路、新机制。就学校而言，单靠思想政治理论课、学生工作部门，或单靠思想政治理论课教师、辅导员，都难以完成立德树人的任务。

完成立德树人的任务，需要专业课教师与思想政治教育工作者、其他管理部门与管理工作者协同配合、互联互通。事实上，学校的每一位教职工都担负着育人的职责，每一个部门都具有育人的功能。2017 年 12 月，中共教育部党组印发的《高校思想政治工作质量提升工程实施纲要》，对构建课程育人、科研育人、实践育人、文化育人、网络育人、心理育人、管理育人、服务育人、资助育人、组织育人的内容、载体、路径和方法进行了顶层设计，建构了新时代全程育人、全方位育人的新格局，拓宽了育人的空间和视野。

广东地处改革开放的前沿，也是意识形态斗争的前沿。一方面，改革开放和市场经济的发展，引发了高校学生思想观念、价值取向、生活方式的变化，全国高校思想政治工作遇到的一些新情况、新问题，广东高校往往首先遇到，如何引导学生并解决这些问题，需要先行一步进行探索。另一方面，广东毗邻港澳，连通海外，西方社会思潮在中国传播，往往借助广东登陆，广东成为各种社会思潮的集散地、中转站，对高校学生的思想和行为造成较大冲击。如何避免受西方社会思潮的负面影响，抵御西方国家的意识形态渗透，成为广东高校思想政治工作的难点。

改革开放以来，广东高校围绕“立德树人”这篇大文章进行了积极探索，新理念频生，新方法频出，育人方式日益多样化、立体化，既有效化解了广东高校思想政治工作遇到的困难和问题，又为全国高校思想政治工作积累了一定经验。在中共广东省委教育工委、省教育厅的领导下，组织编写“广东省教育科学规划课题（党的十九大精神研究专项）丛书之新时代广东高校立德树人工作研究系列”，旨在立足中国特色社会主义新时代，系统总结广东高校“十大育人”体系建构的基本理论、具体实践、主要成效与基本经验，以进一步加强和改善新时代广东高校立德树人工作。由于各种育人方式有其特殊性，本系列研究的内容不尽相同，但大体保持了一致的问题域和体例。比如，对各种育人方式的理论基础、目标、内容、资源、方法、平台、机制、保障、评价、队伍建设等方面进行了系统阐释，呈现了广东高校“十大育人”体系建构的生动实践。

在编写过程中，力求实现理论与实践、历史与现实、一般与具体、全国与广东的有机结合，使本系列具有鲜明的特点。

其一，理论与实践相结合。各种育人方式有其独特功能，在社会主义建设者和接班人培养过程中处于不同地位、发挥不同作用，丛书从理论层面对各种育人方式的功能、目标、内容、资源进行了系统分析，诠释了各种育人方式的理论基础。同时，各种育人方式侧重实践操练，本系列对各种育人方式的方法、平台、机制、保障、评价等问题进行了深度阐释，有着十分清晰的实践指引和导向。

其二，历史与现实相结合。各种育人方式的建构经历了从局部试点到全面铺开的过程，是在实践中不断探索、不断完善的结果，凝聚了广东高校实践探索的智慧，丛书力求呈现广东高校“十大育人”体系建构的历史。现实由历史发展而来，梳理历史的目的是诠释现实。本系列对广东高校立德树人的研究侧重于对各种育人方式现实的把握，力求在摸清现状的基础上，针对各种育人方式存在的问题，提出进一步优化和改进育人方式的对策和举措，以提升新时代立德树人的实效性。

其三，一般与具体相结合。本系列对广东高校“十大育人”

体系的研究，既有一般层面的分析，又有具体案例的呈现。各种育人方式有共性问题，也存在个性差异，不同层次、不同类型、不同地域的高校，其做法并不完全相同，由此使各种育人方式的实践呈现多样性，并形成了一些典型案例。如在《广东高校管理育人工作研究》一书中，作者选择了华南师范大学、汕头大学等高校管理育人的典型案例，既增强了本系列的可读性，又增强了本系列的说服力。

其四，全国与广东相结合。本系列主要聚焦广东高校“十大育人”体系的建构，具有明显的地域特征。但在诠释广东高校各种育人方式时，能置于全国的大背景下来分析，凸显了广东高校“十大育人”体系探索的宏观意义。

中国特色社会主义进入新时代，高校思想政治工作迎来了好时机，这也对高校思想政治工作提出了新要求。新时代高校思想政治工作要取得实效，需要进一步完善“十大育人”体系，将“十大育人”体系有机融合起来，形成新时代立德树人的合力和“大思政”的格局。

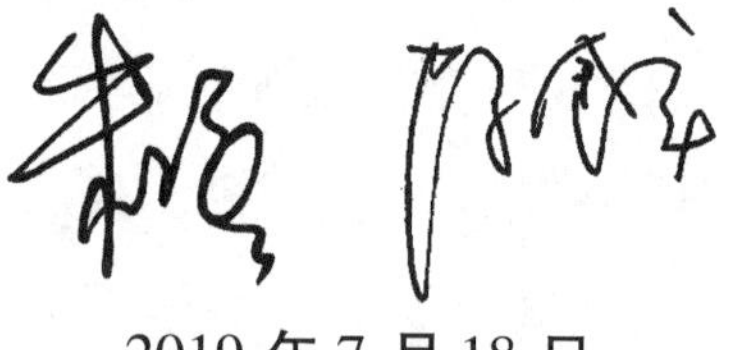

2019 年 7 月 18 日

目　　录

绪论　文化育人是高校人才培养的重要内容 / 1

第一章　文化的概念与基本结构 / 19
第一节　文化的概念 / 19
第二节　文化的结构 / 20
第三节　文化的基本特性 / 22
第四节　价值观是文化的最深层蕴涵 / 23
第五节　体验和认识文化的主要途径 / 26

第二章　大学使命与大学精神 / 30
第一节　大学传统 / 31
第二节　大学使命 / 35
第三节　大学精神 / 39
第四节　人才培养与大学功能 / 41
第五节　人才培养与文化育人 / 45

第三章　广东高校与文化育人 / 49
第一节　中国高校格局中的广东高校 / 49
第二节　在广东社会文化发展中充分发挥高校的作用 / 52
第三节　广东高校文化育人的普遍性与特殊性 / 56
第四节　广东高校文化育人的优势与劣势 / 58
第五节　充分发挥广东高校文化育人优势 / 61

第四章　大学与中外文化 / 65
第一节　大学与中华优秀传统文化 / 66
第二节　大学与中国当代思想文化 / 70
第三节　大学与岭南优秀传统文化 / 72
第四节　大学与岭南近代思想文化 / 79
第五节　大学与岭南现代红色革命文化 / 81
第六节　大学与岭南当代思想文化 / 83
第七节　大学与世界优秀传统文化 / 85
第八节　大学与世界现当代优秀思想文化 / 89

第五章　大学文化与文化育人 / 92
第一节　大学校园与育人文化生态 / 92
第二节　大学传统与文化育人 / 96
第三节　大学校史与文化育人 / 99
第四节　大学校训校歌与文化育人 / 103
第五节　大学校庆与文化育人 / 108
第六节　大学仪式与文化育人 / 116
第七节　大学校风与文化育人 / 124
第八节　大学校友与文化育人 / 131

第六章　大学类型与文化育人 / 137
第一节　综合性大学与文化育人 / 137
第二节　师范院校与文化育人 / 140
第三节　理工科院校与文化育人 / 141
第四节　农林医药类院校与文化育人 / 145
第五节　艺术体育类院校与文化育人 / 149
第六节　地方院校与文化育人 / 153
第七节　高职院校与文化育人 / 157
第八节　民办高校与文化育人 / 164

第七章　大学空间与文化育人 / 167
第一节　大学课堂与文化育人 / 167
第二节　思政课程与文化育人 / 168
第三节　专业课程与文化育人 / 170
第四节　公共课程与文化育人 / 172
第五节　学术活动与文化育人 / 174
第六节　课外活动与文化育人 / 177
第七节　学生社团与文化育人 / 179

第八章　教育途径与文化育人 / 183
第一节　任课教师与文化育人 / 183
第二节　知名学者与文化育人 / 186
第三节　中年骨干教师与文化育人 / 188
第四节　青年教师与文化育人 / 190
第五节　朋辈教育与文化育人 / 192
第六节　校友学长与文化育人 / 195
第七节　党政负责人与文化育人 / 198

第九章　文化参与与文化育人 / 202
第一节　文化意识与文化育人 / 203
第二节　文化态度与文化育人 / 206
第三节　文化体验与文化育人 / 208
第四节　文化涵泳与文化育人 / 211
第五节　文化经验与文化育人 / 214
第六节　文化成就与文化育人 / 217

第十章　文化交流与文化育人 / 221
第一节　师生交流与文化育人 / 221
第二节　同学交流与文化育人 / 224
第三节　校内交流与文化育人 / 226
第四节　校际交流与文化育人 / 228
第五节　社会交流与文化育人 / 229
第六节　国际交流与文化育人 / 233
第七节　跨文化交际与文化育人 / 236
第八节　“互联网＋”与文化育人 / 239

结语：一项任重道远的文化系统工程 / 243

参考文献 / 252

绪论
文化育人是高校人才培养的重要内容

一、教育的本质内涵与人的核心素养

人类社会的文明高雅、富强进步，是人类共同的努力方向和追求目标。人类社会的完善与发展，必须以个人的完善与发展为前提；社会文明的完善与进步，最真切地体现在个人的文明水平和文明程度。要向着文明与进步的方向努力并实现人的全面的发展目标，最重要的机制基础和实现途径就是教育。

对于中国这样一个具有深厚文化传统的人口大国，一个正在走向全面小康、建设美丽中国、实现中国梦的发展中国家而言，教育的文化功能、关键作用、历史使命比任何时候都要显得重要。人类的历史经验和发展历程一再证明，没有优秀的教育，就不可能有优秀的人才和社会的发展、文化的进步。

从教育的基本理念和当下中国教育、社会的总体情况来看，对于培养什么样的人、教育培养的人应该具备哪些核心素养的探究和追问，不仅是非常必要的，而且是非常及时的。因为这是关乎现阶段中国教育的发展和人才培养的质量，也关乎未来社会文明发展的一个重大理论问题，更是一个具有深刻思想内涵的教育实践问题。从社会各方面的实际情况来看，可以认为，并不是每一个教育者和受教育者，每一个与教育有着各种关系，产生各种联系的机构、部门、单位和个人都明确地意识到了这一点。这是一个值得关注、值得深思并认真解决的重要教育问题，也是一个社会思想观念、文化氛围问题。

我们的教育所要培养的人，应当是个人的价值取向、心智人格、文明程度、专业素质、实践能力都得到完善并具备继续发展的能力的人，是能够通过自我的全面发展与自觉完善对社会的文明进步做出积极贡献并实现自我价值的人。这是教育的核心任务之所在，也是教育应当自觉追求、主动接近的发展方向。

基于这样的认识，我们的教育所要培养的人至少应当具备以下核心素养。

第一，以爱和感恩、理想追求为精神内涵的生命观。没有爱就没有教育，没有爱就没有追求和崇尚真善美的人类世界。爱自己和亲人，爱自然与社会，这是教育和人的发展的情感动力，也是文化发展与创造的精神动力。情感教育在教育的整个过程中、在人的成长过程中应当拥有非常重要的地位；而在当前的社会文化背景之下，尤其应当强调情感教育的紧迫性。感恩是一种心境，也是一种生活态度、生命状态。怀有对亲友、社会、天地自然的一种感恩之心，不仅是一种外向的表达方式，而且是一种每个人的内心需求，是个人内心充盈饱满、丰富有爱的情感形式和情感表现。对理想的追求是人类前进的动力，一个时代的理想状况通常能够反映这个时代的精神状况。在当下的教育中，尤其需要强调树立理想、追求理想对于个人、社会和国家的重要意义。在这样的体认与追求过程中，生命观才可能得以坚定地确立，生命才可能焕发出异样的光彩。

第二，以进德慎独、追求真善美为目标的价值观。中国古代人经常说的道德文章，道德永远在文章之上、在文章之前，这实际上体现了中国人的一种价值观念。进德就是不断完善道德境界，这是一个永远向上、向前的道德完善的过程。一个个人如此，一个社会如此，一个时代也如此。慎独就是通过精神内省、自我完善而形成的一种心灵情感状态，这种状态有助于人对于自己的思想、意志、行为、言语进行自觉警戒和完善，从而向着更加高远的境界努力。真善美是人类的普遍向往，但是对于真善美的判断，却由于个人、社会、时代、国家、民族的差异性而产生明显的差异甚至重大距离。也正是因为如此，教育必须承担起树立真善美的价值理想并予以实施、实现的任务，教育有责任引导受教育者甚至社会公众对于真善美与假恶丑具有明确的判断能力，树立适应自我完善和文明进步需要的人生价值观。

第三，以立己立人、达己达人、道法自然为指向的人文情怀。人文精神应当是一种长久的内心修养和人生动力，人文情怀应当是教育的核心内涵之一，也应当是人的一种生命状态。教育不应当成为单纯的知识传授、技能培养、竞争力培育的工具或途径，而应当将人文精神、人文情怀置于非常重要的位置，应当成为教育的内涵、底蕴和价值尺度。在这个意义上，中国文化传统中的“己欲立而立人，己欲达而达人”（《论语》）、“人法地，地法天，天法道，道法自然”（《道德经》）等思想观念仍然具有突出的现代价值。现代人文精神应当是中国传统文化精神与西方近代人文主义相结合的产物，应当是综合中西文化精华的新创造和新的思想形态。人是天地自然与自我本身相互适应创造的成果，人文情怀不仅在人与人之间至关重要，而且在人与社会、人与自然之间的关系中体现得更加深刻而圆满。当代人应当知道继承发扬优秀的文化传统，更应当意识到要为子孙后代留下一些文化传统和发展空间。教育不应当在日益明显地走向功利化、技术化、短期化、实用化的制度机制和社会风气中无所作为；有时候教育应当成为超越功利化社会的一道精神港湾，应当成为熙熙攘攘、利来利往的现实社会的一个精神家园。正是因为如此，教育才显得更加可敬可爱，才具有了超越现实功利、超越日常世俗的精神境界和思想价值。

第四，以探求真理、创新进步为思想动力的科学精神。教育的基础是科学观念和科学思想、文明向往与文化信仰。一切科学都指向真理性的追求和创新发展，一切文明都指向人的尽可能完善与全面发展。无论是自然科学领域，还是社会科学、人文科学领域，都有必要强调科学精神与文明向往的根本价值和恒久意义。在追求真理和科学精神、向往文化与文明进步这一点上，所有的学科门类都具有相通性和一致性，不应当存有过于狭隘的学科界限。应当明确，并不是掌握了某一学科或领域的系统知识、具有一定的理论观念和实践能力，就一定具备了科学精神与文明追求。对于教育和人的发展而言，应当强调以不断追求真理的思想勇气、努力创新超越的内在动力为核心的科学精神、文明追求，这应当成为一种坚定的思想信念和精神信仰。这种信念和信仰应当在具体的教育过程中得到体现，也应当在受教育者的核心素养中得到有效的彰显。教育工作者与社会各界都应该清醒地认识到，教育必须在建立科学精神、追求文明进步的过程中担当非常重要的角色，发挥更加重要的作用。假如教育都不能在探求真理、追求进步的进程中发挥核心作用，不能坚守科学与文明的底线，那么，这样的社会就一定是没有前途的，甚至是岌岌可危的。

第五，以完善自我、奉献社会的内在愿望为基础的发展能力。无论对于哪一阶段或哪一层次教育的时间性来说，学校教育都是有限的甚至是比较短暂的，而人的自我完善、自我发展则必须是长久的、持续的。因而在学校教育过程中，使受教育者切实获得自我发展、自我完善、不断进取、努力超越的能力并身体力行，就显得非常重要。这种能力的培养和获得，甚至比许多具体的知识、技能的培养更加重要。使受教育者在学校教育过程中真正获得完善自我的能力、具有奉献社会的愿望，并能够在终生的事业发展、职业行动、日常生活中保持进步的状态与可能，具有为个人的人生价值、社会的文明进步奉献正能量的能力，就是一个根本性的问题，也是考验教育者和受教育者核心素养培养及其实现途径的重要尺度。

无论是对于现阶段的中国教育状况和教育发展而言，还是对于未来中国社会的文明进步而言，当前都可能是一个非常重要的转捩点。其中蕴含着多重价值和多种可能性，也就更加严峻地考验着人们的思想和智慧。教育在这种思想变革转换中必然面临着新的考验，也必然承担更加重要而深刻的文化责任。因此有必要强调，为了人的全面发展和社会的文明进步，教育必须承担树立人的核心素养、确立社会的核心价值的使命；也只有教育的发展与完善，才能最充分地、最优秀地完成如此重大的使命。

二、人文精神培养是文化育人的核心内容

“人文”是指人类社会的各种文化现象，是一个动态的历史的文化概

念。所谓“人文精神”（humanism），就是关心人，尤其是关心人的精神生活；尊重人的价值，尤其是尊重人作为精神存在的价值。人文精神的基本含义就是尊重人的价值，尊重精神的价值。人文精神的基本内涵包括以下三个层次的内容：一是人性，对人的幸福和尊严的追求，是广义的人道主义精神；二是理性，对真理的追求，是广义的科学精神；三是超越性，对生活意义的追求并不仅仅满足于现实状况和现实需求，而是具有继续提升、不断完善的理想色彩，对美好未来有着强烈的精神向往和追求。

因此，人文精神是一种普遍的人类自我关怀，表现为对人的尊严、价值、命运的维护、追求和关切，是对人类遗留下来的各种精神文化现象的高度珍视，对全面发展的理想人格的肯定、期待和塑造。人类之所以能参天地之化育，而为万物之灵长，就在于有内涵不断丰富的人文，有自己独特的精神文化。人文精神是人类面对自我心灵、面对外部世界的一种具有本体论意义的强大的精神动力，应当成为文明社会、健全人格的主体精神。

人文本体是人文精神的核心。人文精神的核心是人们关于“人应当如何生活”“人之为人的价值标准”等一系列命题的自我意识。人文本体是决定人文世界向着正确方向发展的客观依据。在不同的时代，人文精神的特点和重点是不同的，它是在特定时代背景下人们价值观、人性观、时代精神的集中反映；而社会主义现代化社会的人文精神应当具有较高的理论形态和实践价值，并成为全社会的一种核心动力，引领人们走向更加美好灿烂的未来。

人文精神是构成一个民族、一个地区文化个性的核心内容；是衡量一个民族、一个地区的文明程度的重要尺度，也是人的发展程度和文明程度的集中体现。人文精神所涉及的是人的思考与关怀的终极目标，它的形成与变革深刻地影响着一定文化背景下时代精神、民族精神的形成和发展。人文精神是对人的自身存在的超越性思考，因此它能以形而上的特征直指人的生存本质，直面人的精神世界和心灵世界的核心，具有塑造人的精神品质的重要功能。人文精神也恰恰因为这一核心内涵而获得了具有哲学意蕴的深刻内涵，具有了超越历史、时代和文化的恒久魅力。

当代人文精神必然与当下的社会实践、文化环境密切相连。一个高度文明的社会应当是最大限度地有利于人的全面发展的社会，人的全面发展应当成为人文精神的重要内容。人的全面发展是指人的自我意志获得自由体现，人的各种需要、潜能素质、个性获得最充分的发展，人的社会关系获得高度丰富。一方面，实现人的全面发展是社会文化、制度文明的具体体现；另一方面，实现人的全面发展是经济社会发展、文化进步完善的根本内容。人的发展是一个漫长的历史过程，是一个不断由可能性向现实性转化的实践过程。目前我国尤其需要充分发挥人的创造精神，更需要依靠人的全面发展继续促进社会的文明进步，而人文精神的弘扬正是促进人的全面发展的一项重要举措。

人文精神既是精神文明的主要内容，又与物质文明密切相关，人文精神必然影响到物质文明建设；而且，必须清醒地认识到，物质文明越发达，越是需要包括人文精神在内的强大的精神文明的有力支持。现实社会在人的全面发展方面有很多制约因素，主要是生产力水平的制约和生产关系的局限。当人们还不能基本满足自己的衣食住行这些最基本的需要的时候，就不可能提出全面发展的目标和任务。因此必须在发展社会物质文明和精神文明的基础上，不断发展优秀的文化，满足人们日益增长的精神文化需求，使人们的精神世界、文化生活更加充实，从而不断促进人的全面发展。

人文精神的深厚底蕴也决定了它必然与民族历史文化传统密切相关。对历史文化传统的了解、体认和尊重程度如何，不仅在很大程度上决定了后人的文化水准与文明程度，而且会对当下的社会现实发展产生重大影响。历史文化与现实社会的相关性可以通过不同的形式存在或显现，因此在理解和认识历史与现实的相关性的时候，应当充分估计其间的种种复杂情况，而不宜简单地将历史与现实对应起来。历史文化传统有时是以显性形态具体地存在，有时则是以隐性形态发生深远的影响。充分认识历史文化与现代社会的相关性，不仅有助于更加深刻地体味和继承优秀的历史传统，而且有利于认识现代社会文明，激发历史感与现实感相统一的文化情怀，也就有利于未来的社会文化发展。因此，当代人文精神建设也必须将优秀的历史文化传统作为重要的思想资源。

强调人文精神的历史性还包含着另一层意义，即在社会的建设与发展过程中，必须更加清醒地估量自己的智慧与局限，更加深刻地认识今天的创造性及其可能产生的复杂影响，应当存有足够的忧患之感和敬畏之心，对社会文化的发展持有更加审慎通达的态度。必须清醒地意识到，当代的社会建设与发展不仅要最大限度地满足眼前的现实要求，还要关注子孙后代的未来生活与生存发展的可能性。今天的我们必须对未来的社会发展与生活状况多负一些责任，特别是不可以过早地耗尽本当属于将来的各种物质文化与精神文化资源。关于这一点，西方国家资本原始积累时期留下的教训已经足够深刻，某些东方国家的发展过程中也出现过相似的情况。在科学发展观指导之下、以社会主义和谐社会为理想建设目标的历史发展过程，应当拥有避免类似情况发生的能力。至少在理论上和逻辑上应当如此，但是真诚地希望，这种可能性不要仅仅停留在理论上和逻辑上，而具有在当下和未来的社会发展实践中逐渐提高这种对未来更加有利的可能性。

人文精神的丰富内涵又决定了它必然与优秀的世界文化传统相辉映。人类文明的长期积累、现代社会的迅速发展，特别是信息化、网络化、数字化时代的到来，从根本上改变了人们对于世界的认识、对于自我的认识和不同国家、民族之间的关系。当代人文精神的建构与弘扬，只满足于故步自封的状态和某些既有的定式已根本不可能，必须以开放的胸襟、务实的态度，有效借鉴、汲取其他国家和地区的社会发展经验与历史文化传统，也就是要“大胆吸收和借鉴人类社会创造的一切文明成果”（邓小平语），这样才可能将我们的人文精神建设置于真实的国际环境和世界文化背景之下，使之处于日益变化、不断发展的文化环境之中，处于真切具体的比较与借鉴、竞争与完善的时空环境之中，从而获得不尽的生命力和创造力，并有可能对人类的文明发展做出创新的探索和独特的贡献。

经过改革开放 40 多年来的加快建设和迅速发展，我国的经济增长、生活水平、社会环境、综合实力获得了跨越式发展并依然显示出良好的发展势头，如此巨大的成就令国人鼓舞、令世界瞩目。这一点，在率先进行改革开放并取得瞩目成就的珠江三角洲、长江三角洲等地区表现得最为充分。与此同时，也必须清醒地认识到，一些社会发展的深层次问题也越来越明显地摆在了面前，如生态环境、能源交通、社会和谐、人与自然、文明程度等方面的种种不尽如人意就是。在这样的情况下，重视和提倡社会的可持续发展、关注建设中的战略性眼光、尊重人自身的价值、尊重天地自然生存与变革的规律等，就显得日益重要；其中当然包括人文精神的建设与弘扬，因为人文精神的核心内涵与社会文化文明进步、和谐发展的理念息息相通。

应当明确，人文精神对于我们的社会和个人来说，不应当是一种外在的异己的存在，也不应当是他者的一种自上而下的赐予，而是一种内在的精神禀赋，是一种自然而然的社会权利。没有人可以远离人文精神而正常地存在，人文精神建设需要全社会各个方面、每个个人的积极参与和共同努力。当然，那些居于重要位置的各级公务人员必须承担更多的责任。从观念到习惯，从思想到言行，他们都应当成为全社会的表率，成为人文精神建设的有力推动者。这一点，在社会的公平与正义、公民的权利与义务、个体的尊严与人格被越来越着重强调的当下，显得尤其重要。至今在一些人的思想上仍然流行的“小富即安”的观念，“文化搭台，经济唱戏”的观念，急于求成好大喜功的观念，崇拜 GDP 以显示政绩的观念，官僚主义高高在上、漠视百姓诉求的观念，发达地区的幸福生活与幸福社会难于构建的言论，都明显与人文精神建设的理念相背离，因此有必要就此做一番正本清源、提高认识的工作。

总之，人文精神是科学发展观、社会主义核心价值观的重要内容，是以现实社会为基础的勉力实践，也是具有崇高理想色彩的精神追求。人文精神建设不仅关系到当下的社会发展和民生状况，关系到每个人的生活质量和生命价值，而且会影响到未来的文明进步和文化创造。既然如此，全社会的每一个人就有责任为之身体力行，共同奋斗，并有充分的理由期待，让人文精神之光照亮我们的心灵、照亮我们的世界。

显而易见，作为以人才培养、科学研究、社会服务、文化传承创新、文化交流与合作为中心任务的高等院校，人文精神在高校育人过程中具有非常重要的地位，传承和弘扬人文精神应当是高校建设发展、提高人才培养质量、实现高质量发展的重要途径。因此，高等院校应当是传承人文精神、弘扬人文精神的重要场所，人文精神的培养应当是高等院校人才培养的一项核心内容。应当清楚地看到，人文精神传承、弘扬得如何，对高校的人才培养质量与水平、建设发展质量、社会声誉具有显著的影响。

三、文化育人是高校人才培养的时代要求

高等教育是教育的最高阶段，也是最后阶段，高等教育在很大程度上决定着人才培养的质量与水平、能力与特色。人才培养是高校的核心功能之一，现代高等教育所培养的人才应当是具有完善的人格、优良的道德情操、健康的体魄、优良的专业素养、全面发展的人才。尽管不同高校之间存在着种种差异，比如类型不同、规模不同、层次不同、优长不同等，但是通过各种教育途径和手段培养人才、成就人才，总是高校的共同目标和根本任务。尽管高校学生之间存在着专业、年级、性别、年龄、个性、兴趣、爱好等各种差异，但是达到培养规格的标准要求、不断成长进步、走向成功，都一定是共同的理想和方向。因此，无论是对于高校的任务、目标来说，还是对于高校学生的培育、成长来说，培养全面发展的专业人才都是最重要的目标，也是高校的核心责任之所在。而文化育人必然是多种人才培养途径、方式中的一个重要方面，而且应当是最根本、最核心、最内在的一个方面，也是更持久、更深挚的一个方面。

与高校人才培养中的其他方面、其他内容如专业知识、科研能力、实践能力、社会服务能力等相比，文化育人通常处于更基础、更内在的位置。由于这种特性，文化育人与一般所谓人才培养、专业成长的关系也表现出比较间接、比较疏离的状态。这是由于文化的形态与存在状态，文化自身的内涵与特点，文化培养与专业培养、专业训练之间的关系所决定的，也是文化教育、文化培养、文化熏陶自身所具有的特色、所具有的规律性的反映。也恰恰因为如此，文化育人在高校人才培养中的独特价值和意义，应当得到更充分、更深入的认识，并在人才培养实践中得到更好的践行、落实。

从教育的内容和基本规律来看，文化育人应当在高校教育体系、教育过程中占有突出的地位。文化教育是育人的核心内容之一，不论什么类型的学校、何种学科专业，也不论处于教育的哪一个阶段，文化都是教育不

可或缺的一个重要组成部分。广义地说，教育的全部内容都可以说是属于文化的范畴，都是文化的一个部分或一个方面。因此，一方面，教育与文化密不可分，教育的基础和背景都可以说是文化，教育的内涵、底蕴也是文化，离开了文化，教育就无所依托，也无法存在；另一方面，高等教育对于文化又有着更高的需求、更多的期待。因为高等教育是教育的最高阶段、最后阶段，在这个时期中，受教育者处于整个教育过程中最成熟的阶段，无论从年龄特征、自我约束、接受能力、发展可能的角度来看，还是从知识储备、学习能力、社会经验来看，都可以说处于最佳时期，也应当是进行文化教育、人文素质培养的最佳时期。从学习者的角度来看，高校学生对于文化的向往也更加迫切，也必然有更多的期待，提出更高的要求。因此，对文化教育提出更明确、更高远的要求，更好地开展文化教育并实现理想的教育效果，也是高校建设发展，尤其是人才培养的必然要求。

从高等学校的主要功能来看，文化育人是高校功能全面实现的基础和前提，在高校教育体系中具有重要的地位。一般来说，人才培养、科学研究、社会服务、文化传承创新、国际交流合作是现代高校的五大功能，五者之间构成了一个既相互区别又彼此联系的整体。其中，人才培养处于核心地位，是高校功能的核心，其他几种功能都应当从不同角度支撑和延伸这一核心功能。高校功能的实现，除了各种专业教育、科学研究能力训练与培养、科学实验与社会实践之外，一个非常重要的途径就是以人文素养为中心的文化教育活动。这是所有类型的高校、所有学科专业、所有学习阶段的受教育者都必须接受的，贯穿于高校教育始终的一项重要内容。在人才培养过程中，文化教育是具有普遍性、基础性意义的内容，也是最具有根本性、长久性价值的方面。文化教育的优劣成败，直接影响和决定着高校人才培养功能的实现，文化教育进行得如何，对高校其他功能的实现可能、实现程度也必然产生深刻的影响。

从高校人才培养目标和要求来看，文化育人是新时代对高校人才培养提出的新要求和新期待。随着时代的发展、教育的进步，对高校功能的认识也越来越全面、越来越深入。从新的高校功能的概括和表述中可以发现，对于文化在高校功能中意义、作用的强调已经明显加强，在高校整体功能中所占的地位也更加突出，这表明文化传承与创新在高校人才培养中所具有的意义和价值得到了进一步的认识，对于高校功能及其实现途径的理解和阐述也更加准确全面，更加符合高校的本义和根本任务，也更多地指向了高等教育的持续创新和未来发展。的确，对于高校学生来说，同样需要从德智体美劳等方面全面发展、全面进步。在这个总的培养和成长目标之下，除了专业知识、专业技能、科学研究、实践能力、健康成长等方面的进步提高以外，一个非常重要的因素就是关乎德育、美育的同时，也关乎智育的文化教育、文化培养和文化熏陶。文化培养更关乎大学生的后续发展和终身教育，也更关乎高校办学的价值导向和发展方向。怎样在更加适宜、更加优化的文化传统、文化环境和文化氛围中，通过各种有效途径和手段进行高校人才培养，从高校建设发展、人才培养的高度探讨和践行文化育人，这项工作在新时期表现得越发突出，文化育人的任务要求也越发强烈。

因此，文化育人是新时期高等教育发展的必然要求，是新时期对高校人才培养提出的新要求和新期待，也是高校建设发展、提高人才培养能力与水平的一项重要而紧迫的课题。

四、文化育人是“文化强省”“教育强省”建设的有力支撑

建设广东“文化强省”“教育强省”的口号一经提出，就得到了社会各界的热烈响应，并开始从这一角度考虑广东文化的发展和建设问题。广东建设“文化强省”“教育强省”是广东经过改革开放以来40多年的高速发展、达到相当高的水平之后，在新形势下对于文化、教育发展的一种深切呼唤，是一种更深层次的文化自觉和教育自觉。

对于“文化强省”“教育强省”建设来说，在准确理解和把握这两个概念的意义内涵和建设发展基本目标的基础上，取得一些基本内涵、基本观念上的共同认识是很必要也是很重要的。这是从更加全面系统、深入自觉的意义上进行文化和教育建设与发展的前提，也是文化、教育建设发展的基本方向，以更好地满足新时代对于文化、教育提出的新要求和新期待。

在广东“文化强省”“教育强省”建设中，任务艰巨紧迫，挑战严峻分

明，环境条件受到明显限制，来自各方面的竞争、考验也会不断增多。在这种情况下，要建设“文化强省”和“教育强省”，对于一些基本认识、基本观念还需要进行深入认真的思考，并取得合理妥当的认识，以便为“文化强省”和“教育强省”建设奠定应有的理论基础与思想基础，以利于“文化强省”和“教育强省”建设的创新性实践的展开。

其一，深厚的历史文化底蕴与现代人文内涵的结合。一个区域的历史文化底蕴是在长期的文化发展传承过程中逐渐积累形成的，涉及民族、地理、时代等诸多核心因素。对于这种经历了复杂多变过程的文化积淀的结果，后人是无法改变甚至是难以自由选择的。但是，可以从现代人文精神的高度对这些相对固定的历史文化遗产进行深入的研究和合理的阐释，从精深的学理意义和现代文明意义上更加贴切地体认历史文化遗产，从而赋予其集传统精神与现代意识于一体的人文意蕴，寻求优秀文化传统和现代文化精神的相通处、契合点，探求优秀传统文化创造性转换、创新性发展的可行路径。从另一角度来看，当今的文化建设与发展也是在文化积累的意义上为后人留下某些具有精神内涵的遗产，也是一种融传统与现代于一体的文化建设事业。文化的力量往往是在传统与现代、继承与创新、社会与自然、科技与人文的相互映衬、相互激荡中彰显出来的，这也是文化所具有的独特魅力的一种重要的体现方式，也是教育传承发展、转换创新的重要方式。

其二，综合文化实力与标志性文化成果的显现。从共时性的角度来看，综合文化实力，特别是文化软实力应当是衡量文化强弱的重要标准之一。这种综合文化实力通常不是指某一方面或某几方面的具体文化指标，而是一种综合性、整体性的文化实力。就整体性的文化发展而言，并不会因为有某一方面或某几方面的长处，就可以替代或遮蔽其他方面的文化短处，必须具备综合性、合理性的文化发展眼光和实施战略。标志性文化成果作为一定时期文化水平、文化精神的集中表现形式，也是文化实力、文化成就的重要显现方式。标志性文化成果不仅包括物质文化成果，而且包括非物质文化成果；不仅包括一般意义上的文化成果，而且包括严格意义上的文化成果。只有在丰富的文化形态、多重的文化标志的显现中，才可能充分展示文化的综合实力。标志性文化成果对于文化实力的呈现和增强具有关键意义，而教育尤其是高等教育是综合文化实力增强、标志性文化成果产生的最重要途径之一。

其三，文化核心竞争力与文化辐射影响力的形成。文化核心竞争力是文化优势和文化特色的集中表现形式。这不仅是对于本区域内部、本区域与国内其他区域的文化关系而言要有明显的竞争与发展能力，而且应当是对于更加广阔的文化区域而言，比如相对于境外、国外的相关文化区域而言，也应该具有明显的竞争能力和生存能力，从而使自身的文化生存与发展处于一种健康活跃、优化共进的文化环境之中，不断增强自身的自我超越和自主创新能力。文化辐射影响力是与文化核心竞争力互相联系的。文化辐射影响力不仅是核心竞争力当下状态与水平的重要显现方式，而且是文化内涵、文化底蕴、文化精神等传统积淀的当代显现方式。也就是说，文化辐射影响力是文化核心竞争力、文化传统与底蕴等内在因素综合作用的结果，是在文化交流的动态过程中的一个动态指标，这个动态指标的指向应当是一直向上和向前的。而文化核心竞争力和文化辐射影响力的形成和增强，其原生力量和后续力量恰恰需要强大的教育体系，尤其是高等教育体系、各种专业人才的有力支撑，文化核心竞争力和文化辐射影响力的传承，也主要是通过高等教育、通过高校进行的。高等教育在其中具有的非常关键的地位和作用，在这种关系中清晰可见、一目了然。

其四，自我文化认同与他者文化认同的高度统一。文化认同是一个非常复杂、多变的理论问题，也是一个经常发生在文化传播与接受过程中的实践问题。文化认同的差异性在许多情况下明显存在，主要表现为自我认同与他者（包括国内其他文化区域、境外文化区域、国外文化区域）认同的差异性。感同身受、一厢情愿的自我文化认同与冷眼旁观、隔岸观火的他者文化认同之间存在明显的差异，这几乎已经是一种常态和必然。但是，应当有意识地引导和寻求自我文化认同与他者文化认同的内在关联性和统一性，寻求这两个维度的文化认同的高度统一，这对“文化强省”“教育强省”建设具有重大意义。假如在文化认同的基本问题上长久存在根本性的差异，特别是自我认同感与他者认同感在深度与高度方面显现出深刻的分歧，就不能不有意识地进行双方的沟通与调适，寻求文化认同的契合点和融通的可能性。这对于“文化强省”“教育强省”建设过程中不可或缺的文化认同、文化交流与发展来说特别重要。要实现自我文化认同与他者文化认同的统一，作为专业人才培养、文化传承与创新重要途径之一的高等教育必然在其中承担重要的责任和任务。

其五，文化可持续发展能力与人的全面发展诉求。从人类文化进程的角度来看，文化发展过程中的有效性、合理性与科学性主要体现在：寻求当下发展的同时，也思考未来的发展并留有未来发展的可能性，留有持续发展的广阔空间；是在一个长远的历史过程和文明进程中规划当下的文化建设，寻求当下的文化发展，而不是因为追求眼前利益而不计可能出现的复杂结果甚至是负面结果，也不是以沉重的代价换取暂时的发展或短暂的效益。社会文化各个方面的发展进步，各种经济发展指标的实现，最终目标应当指向人本身，应当是社会全体人员的全面发展和生命价值的充分实现，一切社会的发展最终必然归结为人的全面发展，一切社会文化的发展进步的最终目标都应当是人的全面发展和生命价值的充分实现。“文化强省”和“教育强省”应当首先体现出这种文明进步的社会文化理念。要实现人的全面发展，一个必不可少的传承环节恰恰是教育，尤其是高等教育。因此，高等教育、高等院校在文化可持续发展与人的全面发展中应当具有的地位、应当承担的责任就显而易见。这也从另一个角度表明，高等教育、高等院校在“文化强省”“教育强省”建设中必然发挥基础性、驱动性作用，这是高等学校的文化任务和文化责任之所在。

一个社会的文明程度、文化水准、教育水平可以有多种表现形式，对其进行判断与评价的标准和角度也可以多种多样。比如，国内生产总值（GDP）、人平均收入、经济增长率、税收比率、进出口比率等各种经济指标，城市建设和乡村发展的速度与规模、标志性文化场所的数量、入学率和升学率等硬件指标，都可以是考察和评价的尺度。从精神文化的角度来看，社会文明程度和文化强弱程度主要表现在两个方面：一是人文社会科学、自然科学等纯学术领域的研究水平、文学艺术创作与表演的水准；二是普通民众的普遍文化水平、文明修养和精神生活质量。这两者之间看起来相距甚远，实际上存在着非常密切的关联，构成了相互依存、彼此呼应的一体性关系；而且在二者构成的两极之间，形成了一种巨大的文化张力场。换一个角度说，决定一个社会文化程度、文明水准的不是某些具体的硬件或软件、数量或质量、速度或规模，而是一种整体性的文化生态环境和发展空间，一种深厚的文化底蕴和长久的文化实力。

建设广东“文化强省”“教育强省”的号召也包含着另一层意义，那就是广东目前还不是一个“文化强省”和“教育强省”，离这个目标显然还有较大差距。从目前广东文化、教育的整体状况来看，这个估计是比较清醒的，也是接近事实的。这从广东人对自己的文化认同、文化心态和其他地区的人们对广东的文化认同中就可以清楚不过地看出。不得不说，与国内其他地区如北京、上海、浙江、江苏、湖南、安徽等省市相比，在许多情况下，在许多方面广东的文化形象并不是最佳的，广东的文化地位也不是很高，至少不像一些广东人自己想象的、估计的那样理想，也不像广东的经济增长那样有说服力。一个明显的事实是，40 多年来广东经济的飞跃式发展，并没有带来其文化的同步发展；目前广东的经济实力、经济地位与其文化实力、文化地位相比极不相称。这本来是正常的，在生活困难、艰难起步的初期，经济先行一步是必然的。但是，当经济发展已达到相当高的水平的时候，假如还不知道重视文化的建设与发展，还不懂得从根本上增强自己的文化实力，就不仅仅是认识上的失误，而且必定给社会的持续发展带来越来越大的问题。目前，广东的社会发展就可能到了这样的关键性时刻。因此，建设广东“文化强省”“教育强省”就具有了极大的必要性和空前的紧迫性。

与此同时，也必须看到，虽然广东目前还不是一个“文化强省”和“教育强省”，但具有明显的文化、教育特色和优势，也具有朝着这个方向建设的重要条件和诸多保障，并且正在朝着“文化强省”和“教育强省”的方向努力并取得了值得充分肯定的成绩。比如，除了得天独厚的地理位置和丰富的自然资源、人力资源以外，改革开放的 40 多年已经充分展现优势并发挥巨大作用的灵活独特的经济模式、对于外地科技人才和务工人员的吸引力等，也是广东值得认真总结的经验；广东相当丰厚的历史人文遗产、走向世界与华侨众多的传统优势、近现代民主革命的传统、优良的科学文化精神传承，都是新的文化建设的渊源和基础；而其特色鲜明的地域文化景观、异彩纷呈的民俗文化传统、众多民系族群相互交融和谐相处的特色鲜明的社会文化环境，则可以成为新的具有广东特色的文化建设和发展目标的重要条件；而改革开放40多年来广东取得的飞跃式发展和举世瞩目的经济实力，都可能成为新一轮文化建设、教育建设的重要保障和有力支撑。有了这些保障和支撑，广东的“文化强省”“教育强省”建设就有可能从一个较高的起点开始，得到持续的建设和发展，可望在不远的将来达到更高的水平，并有望早日实现建设“文化强省”“教育强省”的目标。

在思考这一问题的时候，还应当认识到，文化、教育之“强”与“不强”，是一个相对的比较的概念，并不是一个具有明确的数字化指标、准确的达标数据的概念，而是一种极富弹性和主观性的说法。因此“文化强省”和“教育强省”不会是一个静止的、固定的概念，而应当是一个动态的、发展变化的概念，也很难确定一套数字化的指标或标准化的要求。因此，对“文化强省”“教育强省”的理解不应当是简单的、静止的，也不可以是过于技术化的、计量化的，而应当注意这一概念中包含的复杂性、变化性、不确定性因素，还需要强调其中包含的人文因素和社会理想。“文化强省”“教育强省”的目标只有在动态比较、变化发展中才能逐步实现，其意义只有在广阔文化背景之下的相对性、竞争性中才能获得真实的呈现。这是理解“文化强省”和“教育强省”的时候必须清楚地意识到并在相关工作中坚持的基本观念。

从理论和实践上说，要确定“文化强省”“教育强省”的基本内涵与合理目标，至少需要两个维度的联系和比较：一是时间维度的联系比较，从自然时间过程的维度上对比今昔广东文化、教育的水平与实力，从而判断广东文化、教育在一定的时期内，在一定的历史过程中发生了哪些重要的变化，取得了哪些进步，获得了多大程度的提升，还存在着哪些明显的不足，以求尽可能准确客观地判断广东文化、教育的强势与弱势、优点与弱点；二是空间维度的联系比较，从横向空间拓展的维度上将广东文化、教育与我国的主要文化区域进行比较，特别是与文化、教育优势明显，文化特色突出的中心区域、重要区域对比，以判断自己的特色与长处，寻找差距与不足，在学习他者长处和发挥自我优势的互动交流过程中寻求更加充分的发展。当文化、教育发展到相当高的水平的时候，在一定的条件下，甚至需要将广东文化、教育与境外或国外的有关文化区域文化、教育状况进行联系比较，以获得更加广阔的文化背景和更加准确的文化空间，将广东的文化、教育建设与发展建立在更加坚实、更加科学的文化基础之上，从而避免眼光狭隘、自说自话、盲目自信、自我感觉过于良好的困境与尴尬。

在“文化强省”和“教育强省”建设过程中，需要怀有一种健康的文化心态，建立一种广阔辽远的文化情怀，决不可以护短守旧、消极蒙混，也不可以急功近利、急躁冒进；目前尤其需要力戒时常可见的盲目自大、故步自封、不思进取、消解理想、小富即安、经济唯一的观念，也要警惕和去除并不鲜见的得过且过、简单应付、不想担当作为、不愿意创新发展的慵懒心态和怠惰做法。对于广东文化、社会中存在的某些与“文化强省”“教育强省”建设相抵触、相背离的因素，要有清醒的认识并做出准确的判断，要敢于对其进行切实的清理和改变，以减少这些负面因素对文化建设造成的不利影响。

从社会舆论和文化氛围上看，要建设“文化强省”和“教育强省”，还必须建立和保持开阔通达、科学文明的文化态度，必须培养和传递尊重文化、敬畏文明、重视教育、尊重人才的思想理念和精神价值。从更加长远、更加内在的意义上看，与其说“文化强省”“教育强省”是一个确定的指标和具体的任务，不如说这是一个拥有不断前进的文化目标、带有理想追求色彩的历史过程。有时候，这个过程所经历的种种，所取得的种种经验，比取得的所谓成绩和成果更加重要，也更加珍贵。

应当明确，“文化强省”“教育强省”建设不是少数人、局部性的事情，而是全社会各个方面、每个人的使命。从严格的意义上说，没有人可以生活在文化和教育之外，也没有人可以对文化和教育漠不关心、不负责任。只有全社会全体人员的积极参与，共同努力，“文化强省”“教育强省”的目标才会离我们越来越近，才会不断增加这种理想变成现实的可能性。同样，“文化强省”“教育强省”的建设成果也不是体现在种种官样文章或统计数据上，而应当体现在普通民众的文明程度、教育程度、精神生活、生命质量之中。这样的“文化强省”“教育强省”建设才是符合文化和教育本意的建设，才是有可能最大限度地促进社会文明健康发展的文化和教育建设。

可见，提高整个社会的文明程度、教育水准，提高全体人员的文化水平、教育水平，不仅是广东建设“文化强省”“教育强省”的重要内容，而且是这项文化教育提升发展工程的核心内容。在这一复杂而长期的建设发展过程中，高等教育、高等院校必然处于非常重要的地位，也必然承担更加重要的使命和责任。也就是说，在“文化强省”“教育强省”建设和文化育人之间，实际上有着彼此相关、相互促进、共同进步的统一关系。深刻认识并处理好二者的这种关系，对于搞好“文化强省”“教育强省”和文化育人工作至关重要，可以从不同角度支撑和推进文化、教育建设与高校人才培养工作，从更内在的层面、更深刻的意义上总体推进“文化强省”“教育强省”建设和高校人才培养、文化育人工作。因此，在新的时代背景下，高校文化育人不仅应当自觉主动地融入、助力广东“文化强省”“教育强省”建设，并在其中发挥应有的作用，做出积极的贡献，而且广东“文化强省”“教育强省”建设也必然为高校人才培养、文化育人工作提供更多更好的机会和可能，为文化育人工作提供更理想的总体背景和社会氛围，形成对文化育人的有力支撑。

第一章 文化的概念与基本结构

第一节　文化的概念

什么是文化？各国文化学家依据不同的理论观念，根据自己的认识和理解，从不同角度、不同层次给出了上百个定义，对文化的内涵及其意义进行了不同程度、不同角度的揭示，对人们思考和认识文化及相关问题提供了有益的参考。本书不是专门的文化学著作，不拟对各种有关文化的概念、定义、内涵等进行专门的梳理和评价，而准备采用比较通行、比较有包容性的文化定义，希望对文化及相关问题做出比较恰当、合理的认识和理解。目的是为下文相关问题的讨论奠定一个比较明晰可靠的基础。

从普遍的意义上看，文化是人类在社会历史发展过程中创造的物质财富和精神财富的总和。文化通常指一个国家或民族的历史、地理、风土人情、传统习俗、生活方式、文学艺术、行为规范、思维方式、价值观念等。

文化是一种社会现象，是人们长期创造逐渐形成的产物；文化同时又是一种历史现象，是社会历史的积淀物。文化是人类的创造，文化只存在于人类社会之中。因此，文化是人类社会的重要表征，是人类区别于动物界的根本性特征。

第二节　文化的结构

文化是一种社会现象，是人们在长期的历史进程中创造形成的；文化又是一种历史现象，是人类社会历史的积淀物。因此，无论是从理论上看还是从逻辑上看，都可以发现，人类越发展进步，社会越繁荣发达，文化就越兴盛丰富。一部人类发展史，在一定意义上说，就是一部文化发生发展、成长进步的历史。

从整体上看，文化是一个复杂多样的整体，也是一个随着时代的变化而不断变化的动态系统。从结构层次上看，文化包括器物文化、制度文化和精神文化三个层次。器物文化是指人类创造的各种物质文明。这是文化的最外层，文化中物质因素的变化要比非物质因素的变化更加经常，也更加迅速，器物技能层次的文化转变是最容易、最迅速的，遇到的抵抗和阻力也通常最小。制度文化是指生活制度、家庭制度、社会制度，它更多地触及文化的内层，比器物技能层次深了一层，它的变化通常会迟缓许多，遇到的阻力也会更大一些。精神（心理）文化是指思维方式、宗教信仰、审美情趣。它牵涉到一个文化的信仰系统、价值系统、社会习俗等最深层的质素，它的变化是最艰难、最缓慢的，遭到的社会文化抗拒也最为强烈。但是，精神文化虽然不会经常性地发生变化，但是一旦发生变化，就会产生比较稳固、比较深入的文化成果，从而对其他文化层次和文化领域产生深刻的影响。

从器物文化到制度文化，从制度文化到精神文化，这是一个由浅入深、由表及里的连续性过程，也是一个由易到难、由简单到复杂的变革和交流的过程。在考察和认识文化问题时候，需要特别注意的是：一方面，文化的三个层次之间具有不同的存在形态与表现方式，也具有不同的价值、不同的特征，在文化体系中发挥着不同的作用，表现出明显的区别性、差异性特征，但都是文化内部结构中不可或缺、无可替代的组成部分；另一方面，文化的三个层次之间又有着非常密切的联系，表现出互相依赖、互相关联的特征。有时候，假如想要泾渭分明地将不同层次的文化截然分开，反而是非常困难的事，而且经常是不可能又没有什么意义之举。也就是说，不同文化层次之间存在着一些中间地带、过渡形态，在不同的文化层次之间经常无法找到二者的明确分界，甚至难以划分彼此的明确界限。因此，对文化这种不同层次的理解，不宜过于机械、过于僵化，在认识到这种不同的文化层次的时候，更需要关注的其实是文化的整体性和联系性。

也有一些文化研究者和文化机构，从另外一些角度、按照另外一些标准对文化进行考察和分类，有些观念和做法对于我们认识和分析文化、体味和研究文化也具有一定的启发性和借鉴价值。比如，从存在形态上看，文化包含物质文化与非物质文化两种形态，可以从这一角度对文化进行观察、分类和研究。

物质文化是指为了满足人类生存和发展需要所创造的物质产品及其所表现的文化，包括饮食、服饰、建筑、交通、生产工具以及乡村、城市等。与上文所说的“器物技能文化”所包含的内容大体相当。

非物质文化是指人类在社会历史实践中创造的各种精神文化，大概可分为三个部分：其一，与自然环境相配合、相适应而产生的，如自然科学、技术等；其二，与社会环境相配合、相适应而产生的，如语言、文字、风俗、道德、法律、宗教、艺术、哲学等；其三，与物质文化相配合而产生的方法、技艺等，如使用器具、器械或仪器的方法等。与上文所说的“制度文化”和“精神文化”大致相当，但又不完全相同。

在理解物质文化与非物质文化的时候也需要注意，既要注意到二者的区别，也要注意到彼此的联系；既要关注不同文化形态之间的差异性，也要充分关注到彼此之间的相通性。同样不宜对物质文化与非物质文化的区别做机械、僵化的理解和把握，更应当提倡建立一种整体性、联系性的态度和眼光，从文化的整体性上合理看待不同文化形态之间的区别，从文化的分析性上准确把握不同文化形态的特性。在观察和认识物质文化与非物质文化的时候，特别需要关注这种分类的相对性和应有限度。在这样的态度之下，方有可能对于物质文化与非物质文化之间的联系性、二者在一定条件下的转化性，做出准确的理解和合理的把握，以免造成胶柱鼓瑟、刻舟求剑之弊，无法在学习中得到真正的收获和长进。

第三节　文化的基本特性

文化作为人类在长期的生产、生活及各种社会实践中创造的物质财富和精神财富的总和，具有一些与其他事物不同的突出特性。这些特性是文化特性的集中表现，也是文化得以生存和发展的重要前提。在认识和体悟文化的时候，也有必要认识和把握文化的基本特性，从更加内在的意义上、更加贴切的角度深入准确地认识和把握文化。

第一，文化是人类所独有的，是人类区别于动物的根本性标志。文化是人类在长期的生产劳动及各种社会活动中逐渐产生、形成并日益丰富发展的。文化只存在于人类社会之中，并且随着人类社会的发展进步而得到丰富、完善和提高。众多的研究表明，动物界不可能创造文化，因而也就不存在文化。文化是人类社会的重要内容，文化的形态、水平与变革、转换从非常重要的角度反映了人类社会的发展变化，反映了不同阶段人类文明所取得的成果、所达到的水平。

第二，文化是社会的积累，不是生理遗传；文化不是人类先天所有的，而是通过后天习得的。文化是人类在长期的生产、生活中逐渐产生、积累、发展、进步的，而不是人类的生理遗传，不是人类在生物学意义上自然而然地从前辈那里遗传下来的，因而文化不是人类先天就具有的。恰恰相反，文化是必须要通过后天的习得才能掌握、运用的，文化与习得方式、习得能力、外在环境、社会条件等因素密切相关。无论是对于作为个体的人来说，还是对于社会整体的人类来说，都是如此。

第三，文化中的大部分内容是自然形成和世代积淀的，是在不自觉的状态下生成的。文化的形成经历了一个漫长的历史过程，是人类在长期生产实践中逐渐萌生、成长并逐渐丰富发达起来的。这是一个自然而然、循序渐进的过程，也是一个世代积累、逐渐丰富多样、完善提高的过程。文化中的多种内容和因素是在一种不自觉的状态下自然形成的。当然，随着人类的进步、文明的发展，人类对于文化的掌握能力逐渐加强，文化创造的自觉意识越来越明晰，创造力也会越来越强。文化创造与发展的自觉能力、主动性通常是人类文明程度的一个标志。

第四，文化是动态的、变迁的，与人类社会的一定历史时期、历史阶段相联系，反映着不同时期、不同阶段的特点，具有突出的时代性特征。作为人类在长期的生产生活实践中的创造和积累，文化并不是固定不变的、静止不动的，而是随着人类社会的变化发展而变化发展的。人类在不同的时代、不同的发展阶段创造着不同的文化。随着人类社会的发展进步，文化总体上朝着从低级到高级、从简单到复杂、从单一到多样的方向发展，人类创造文化、发展文化的能力和水平也就日益提高。因而，不同的时代和历史阶段，产生了不同形态、不同水平、不同价值的文化，文化具有突出的时代性、阶段性特点。

第五，文化的存在形态是具体的，具有强烈的国家性、民族性、区域性特点。文化的概念是抽象的，但是文化的存在形态通常是具体的。文化总是由不同时代、不同阶段的人类在长期的生产生活实践中创造、积累而形成的，而人类总是生活在具体的时间、空间环境之中，特别是在人类发展到一定阶段以后，又产生了国家、民族，于是文化在许多情况下表现为不同国家、民族、区域之间的差异。这种差异一方面反映了文化的丰富性、变化性与多元性特点，另一方面也反映了文化随着人类社会的发展变化而发展变化的特点。从具体的文化形式、文化形态来看，国家性、民族性、区域性是文化的突出特点。

从文化学习的角度来看，对文化的特性有所认识和了解，对文化与人类社会的关系有一些概括性的认识，是有利于学习者的知识进步和文化成长的，也有利于从更加内在、更加深入的角度或层次对文化进行观察、了解、认识和分析评价，对于传承优秀传统文化，合理借鉴来自不同区域、不同国家、不同民族的文化，都具有重要的思想价值和启发意义；而对于进行新的文化发展与创造、通过文化创新与进步为人类文明做出更大贡献，则更具有指导性和借鉴意义。

第四节　价值观是文化的最深层蕴涵

无论是从理论探讨的意义上还是从社会实践的意义上看，当论及文化的基本问题的时候，就不能不涉及一个非常重要的问题，也是一个具有基础性、根本性意义的问题——价值观及其意义和作用。

价值观是个人或群体通过文化交际构成的思维模式或价值标准，是个人或群体所特有的显性或隐性地进行评价、取舍、判断的观念体系、心理倾向和行为标准。价值观支配着人们的活动，反映着人们的思想、行为、心理等多种内在因素的倾向性和行为习惯。

价值观是最深层的文化蕴涵，是精神文化的一个部分，而且处于精神文化的核心，是文化结构中最深刻、最稳定、最恒久的部分，也是最隐性、最难把握、最不容易改变的部分。

价值观影响或决定着人们从现有的种种行动模式、方式和目的中做出判断和选择。也就是说，当人们需要进行各种社会行动，需要选择行动方式或途径、确定行动目的或目标的时候，总需要有一个内在的标准或依据，以之作为进行一切活动的内在准则，同时也是进行分析、判断的标准。这种准则或标准就是价值观。因此，价值观作为文化思想中一种最内在、最深沉的力量，对人们的各种行为、选择产生直接的影响，甚至会产生决定性作用。

价值观是人们进行评价、判断的根本出发点，是进行认识、形成看法和采取行动的文化心理基础。也就是说，当人们需要对一些现象、问题进行评价、判断的时候，需要对一些事物、情况进行认识并在此基础上形成看法、采取行动的时候，除了各种外在条件、能力以外，一个必不可少的内在的心理基础、行为指南就是价值观。换言之，假如没有价值观，或缺少正确合理的价值观，人们的行动就失去了必要的心理基础和价值标准，也就没有了必要的导向性和前瞻性，这些行动也就无法顺利地、有效地实施。

价值观决定着人们对一些问题可能有什么样的信念和态度，信念和态度是价值观的具体表现。价值观作为一种内在的价值标准和驱动力量，除了支配人们的行动以外，还在很大程度上决定着人们的信念和态度。信念和态度的形成与建立，是一个复杂的过程，它们发生变化或转换，也通常是在多种主观与客观、内在与外在因素的作用下进行的。但是，其中一个最为重要的因素，就是来自人自身的价值观的作用。一方面，价值观是信念、态度建立和形成的基础，没有价值观就不可能形成信念和态度；另一方面，抽象而内在的价值观也通过信念和态度，以一定的方式在一些方面表现出来，从而影响甚至决定人们的思想、言语和行为。信念和态度经常是价值观在某些方面、某种环境下的具体表现形式，在一定程度上反映着价值观的倾向性和选择性。

作为文化最内在、最深层内容，最根本的价值标准的价值观，具有一些值得注意的基本特点。概括地说，价值观的特点主要表现为：第一，价值观是文化结构中最深层、最内在的部分，是人们在长期的社会生产实践、文化生活中逐渐积累、获得和建立起来的；第二，价值观对人们的信念、态度、看法和行动具有支配作用，是人们进行思考、行动、分析、判断的重要依据和标准；第三，价值观具有相对的稳定性，是文化各种因素中最稳定、最持久的部分，一般不会轻易地、经常性地发生改变，或在短时期内产生根本性的变化；第四，价值观也不是一成不变或不能改变，在较长时期内或变化的环境下，特别是在社会发生巨大变化、剧烈转换的特殊情况下，人们的价值观也会随之发生明显的变化；第五，价值观也具有时代性、区域性、国家性、民族性的特点，不同时代、区域、国家、民族的人们在价值观上也通常存在明显的差异性。

可见，在认识和把握价值观时，需要明确和注意的是，人们的价值观既有其共同的、具有普遍性的方面，也有其差异性、具有不同性的方面。在认识价值观的时候必须充分注意这种丰富而多样、复杂而多变的情况，不可以过于简单、过于表面化地认识和处理。那种认为人类的价值观中只存在共同性而不存在差异性的看法，显然是不符合实际情况的，当然也是不能成立的；同样，有的人认为人类的价值观中只存在差异性而不存在共同性，因而人类的价值观是不能沟通、不能改变的看法，显然是不符合实际情况的，当然也是不能被普遍接受的。

一方面，人类价值观中有一些共同的方面，如人对生命的尊重和珍视、人追求真善美的本性、人与自然和谐的关系、人们的时间空间观念、人们之间良好的关系等。这些相同或相近的方面，构成了价值观的基本内容，成为价值观的核心与基础，对于价值观的形成、改变和完善，对于人们价值观的沟通互鉴、丰富和提升具有基础性、核心性作用。

另一方面，人类的价值观也有其不同的方面，主要体现为：首先，价值观在不同国家、民族、区域的文化中经常具有不同的侧重点和表现方式，从而表现出明显的差异和变化性特征；其次，价值观在同一文化的不同职业、性别、年龄、群体中具有一定的差异性和不同表现方式，非常明显地反映出价值观的国家性、民族性和区域性特点，这也是价值观差异性、变化性的最主要的表现方式；最后，价值观与一定的文化传统、民族性格有关，也与个人的性格、修养、文明水平有关，这些具体因素和偶然因素所产生的影响，反映了价值观与一定的文化传统、民族性格的密切关系，也反映了价值观与作为每个个体人的自身条件、重要因素及其他情况的密切关系。

因此，既需要看到人类价值观的某些共同性，充分注意到可沟通、可改变、可完善的方面，也需要看到人类价值观的明显差异性，充分注意到其中难以完全相同、难以消弭差异、应当保持其不同性的方面。只有恰当地理解和处理人们价值观上的同中之异和异中之同，才能在文化交流和日常交际过程中保持有效的沟通可能、保持良好的交流渠道并达到理想的交际效果。

第五节　体验和认识文化的主要途径

人与文化的关系，简单地说就是：“人化文化，文化化人。”这样的表述虽然简单，却反映了人与文化之间复杂多样、神奇变幻的多重关系与无限可能。文化是人类的创造物，人类在长期的生产、生活实践中创造了文化、发展了文化；与此同时，人类也在被文化所创造，文化作为人类的物质创造和精神创造，也在人类发展进步过程中发挥着重要作用，文化在很大程度上决定着一个时代、一个国家、一个区域人们的生产、生活能力和生存、发展可能，还有继续前进的能力。

创造与传承、完善和提升、品味和认识文化，是人类独有的思想意识和社会能力，也是一定阶段人类文明程度、所处阶段、发展方向的反映。人类的文化不是生理遗传，也不是在无意识状态下、完全自由的状态下就可以习得、感悟和传承的，而是需要通过各种有效途径、合理方式学习、体悟和创新发展的。因此，对于文化，既需要知识的学习、现象的认识、差异的辨析等，也需要内心的体悟、感情的投入、精神的领会。文化学习和体悟的过程，并不是一个简单随意、短时期内或者通过简单的途径、简单的方式就能够做到或做好的，而是一个需要长时期努力的过程。这也是一个社会经验、生活实践、学习能力、体悟能力的积累、汇聚和形成、发展的过程。这个过程通常会伴随着每一个人的一生。

概括地说，人们可以从以下几个方面品味和认识文化，积累和丰富文化经验、完善和提高文化能力，以期通过有意识的培养锻炼、较长时间的努力，不断提高文化的感受能力、领悟能力、分析能力和评判能力。

第一，基于丰富的生活经验和文化见识。文化是人类长时期的共同创造，是集体智慧的产物，也是一定阶段人类文明程度的反映。因此，无论是对于群体还是个人而言，品味和认识文化的一个重要途径就是尽可能丰富自己的生活经验，加深生活的体会，丰富和拓展自己的文化见识。生活经验、生活体验的深浅多寡，文化视野、文化见识的宽窄高低，与对于文化的认识、评判、品味和领悟的能力建立和形成，或者存在明显的差异性，或者产生显著的矛盾性。一般情况下，生活经验越丰富、文化见识越开阔，对于文化的体验、领悟、分析和评判的能力就会越强。可见，丰富生活经验、增长文化见识对于品味和领悟文化是多么重要。

第二，根据翔实的历史描述，尽可能探究文化真相。不论是群体还是个人，也无论生活于什么时代、什么区域，其生产、生活的空间、时间都必然受到种种条件的限制。要突破这种时间、空间的限制，更充分、更深切地体会和领悟文化，分析和评判文化，一个非常重要的途径就是尽可能充分地掌握历史文化资料，更准确充分地了解和把握文化真相。非常明显，通过阅读古今中外重要的文化著作，尤其是经典作者的经典性著作，就是突破由于时间、空间种种条件的限制，积累更加丰富的文化经验，寻求更加深刻的文化体验的重要途径。

第三，确立恰当的文化立场和文化态度。在体验和认识文化的过程中，自身已有的文化立场、文化态度是重要的基础，也是进行体验、分析判断的前提。而有意识地完善和提高自己的文化立场、文化态度，对于新的文化体验、领悟来说就显得更加重要。特别需要注意的是，在文化交流日益频繁、文化互鉴日益充分的现代文化背景下，确立比较开阔的文化立场、建立比较包容的文化态度，比以往显得更加重要。在文化的古与今之间、中与外之间，如何正确认识其中的差异性和共同性、矛盾性和一致性，如何去除自己原有的文化局限，弥补自己存在的缺陷或不足，建立一种开阔通达、包容宽容的文化态度，对于文化立场的调整与完善、文化态度的更新与变革，就显得极为重要。这种来自自身、出于内在的向往和力量，可以有力地促进文化立场和文化态度的调整和完善。

第四，不同文化的联系比较，宽阔包容的跨文化视野。随着人类社会的发展，文化的发展越来越充分、越来越发达，人类对于文化的了解和认识也越来越明显地受到时间、空间及其他因素的限制，往往只能亲自体验和感受其中的一个部分，有时候甚至可能是其中一个相当小的部分。在这种情况下，自觉建立和保持一种联系比较的文化意识和眼光，形成包容其他文化、尊重其他文化的态度，建立自觉的跨文化立场和兼收并蓄的文化情怀，就显得非常重要。无论是对于个人来说，还是对群体的文化经验来说，都往往是在尽可能丰富多样、复杂变化的文化类型、文化形态、文化场景中，通过不同文化的联系比较，而建立更加通达开阔的文化态度和文化观念，也往往是通过跨文化经验才能更加准确地认识自身的文化特点，恰当地评价自身文化的价值和意义。

第五，更高文明理想、文化境界的不断追求。文化作为与人类同生共进的物质财富和精神财富，不仅仅关涉过去、影响现在，也指向未来，而且这种指向未来的力量在文化变革发展过程中极为重要。对于一般现实性和局限性的有意识超越、指向更高理想境界的追求，是文化赋予人类的不断前进、不断进步的精神力量。无论人类的文化达到什么样的程度，处于什么样的阶段，都不会止于现有成果，也不会满足现状，而是必然在传承发扬已有传统、既有成果的基础上，不断完善和提高文化能力、水平和境界，去追求更加崇高的文明理想，去创造更加完善的文化境界。因此，文化中所具有的这种发展前进、进步提升的力量，是人类不断走向新的文明理想、新的文化境界的内在动力和精神力量。

上述所说体验和品味文化的五个方面，在具体的文化体验和文化实践中，有时候彼此之间的区别性、阶段性特点是比较明晰的，体现出一定的阶段性、承续性特点。但同时更要注意到，这些不同途径和方式之间，往往是交叉发生、混合进行的，通常表现出综合性、混合性特点，并没有非常清晰的界限或明确的先后步骤。而且，由于文化体验者或学习者自身的种种因素和具体情况，这一过程就表现得更加复杂多变。因此一方面要注意其间的共同性和一般性特点，另一方面也要注意其中的变化性、多样性特点，密切结合自己的具体情况进行深入丰富的文化实践，获得深切的文化体验，不断提升和完善自己的文化修养与文化境界。

第二章 大学使命与大学精神

大学作为人类的一种文明形态、教育形态，也是人类文明发展进步过程中的一种创造，已经存在了近千年。这种最早起源于欧洲的教育形态与文明形态，已经传播到世界的各个国家和地区，并具有了不同国家、民族、区域和时代的特征，共同丰富和发展着这种对于人类文化与文明的发展进步具有重大意义和长久贡献的教育形态与文明形态。

从广阔的时间范围和空间范围来看，一定历史时期、一定国家的大学，通常会形成某些具有显著特性、长久意义的思想传统和精神品质。这些传统和品质既使大学明显区别于社会结构的其他领域，具有鲜明的独特性，也使大学获得了无可替代、不可或缺的文化地位。不同时期、不同国度的大学，承担着不同的使命，凝聚成具有时代性和区域性的大学精神，这是大学之所以成为大学、大学的意义和价值的集中展现，也是大学得以传承、得到持续发展的内在力量。同时，也需要看到，大学传统、大学使命和大学精神的时代变化，不同的时代、区域、国家和地区，通常具有不同的大学传统、大学使命和大学精神。因此在认识大学的传统、使命和精神的时候，既需要看到其中比较固定、共通、相对稳定的一面，也要看到其中不断变化发展、经常出现差异的一面。只有在动态中、在变化中，才能更好地认识和把握大学的传统、使命与精神。

第一节　大学传统

现代意义上的大学起源于欧洲中世纪时期，是中世纪留给后世最有价值的文化遗产。此后，在经历了对西方历史文化影响极其深远的文艺复兴之后，在西方的不同国家和地区逐渐形成不同的大学传统，如英国大学传统、德国大学传统、美国大学传统和苏联大学传统等。

19 世纪末 20 世纪初，在西学东渐、向西方学习、走向世界、走向现代化的总体背景下，西方的现代大学开始被引进中国，并与中国传统教育观念、教育方式相结合，逐渐形成了具有近现代特征和中国特色的大学传统。近代以来形成的这种大学传统，对中国高等教育的建立和发展产生了至为重要的影响。

概括地说，西方的大学经历了几个不同的阶段，每个阶段都形成了具有不同时代和区域特点、不同价值指向的大学传统。

其一，以世界精神和超国界性为核心品格的中世纪大学传统。这也是大学所包含的最基本、最原始的含义。大学产生于中世纪宗教具有高度权威性的背景之下，在此基础上形成的教师与学生组成的学术性行业协会性质的组织，从一开始就具有独立于政府和宗教之外的管理权，这就为大学的思想自由和言论自由提供了充分的可能性。这种思想自由和言论自由的传统被后世欧洲的大学继承下来，以至于成为现代大学一个非常突出的特征，成为现代大学最重要的精神传统。可以说，中世纪大学的建制和精神传统，奠定了现代大学的基本框架和思想品格，成为包括中国的大学在内的东西方许多大学的共同精神传统。

其二，以培养有教养的绅士为目标的英国大学传统。中世纪的大学传统在英国得到了很好的继承，英国两所古老的大学——牛津大学和剑桥大学奠定了英国的大学传统。这种大学传统有两个突出的特点：一是实施人文教育的大学理想，大学的目的在于“传授”学问而不是“发展”知识，大学是一个“教学机构”和“心灵训练”的场所，其目的在于培养具有“自由、公平、沉着、稳健和智能”生活习惯的绅士；二是非政府性，大学不是由政府举办的，而是一种民间机构，不需要政府的经济投入和支持，而主要依靠企业和上流社会的捐赠维持其生存，这就使得英国的大学可以保持极大的自治权，而不必依靠政府的经济支持，也就没有必要对政府产生任何依附性，当然也就具有更多的独立性和更大的自主权。

其三，以建立学术研究中心为目标的德国大学传统。18—19 世纪，在德国占主导地位的理性主义文化思潮的影响下，通过大学制度的创新，使德国逐步成为世界大学的中心。德国的大学传统认为，大学作为学者的集合体，学者个人拥有充分的学术自主和学术自由，大学重在“发展”知识而不是“传授”学问，教师的首要任务是自由地从事“创造性的学问”，学生则应当在日益增长丰富的知识中做出自己的一份贡献，大学应该成为学术研究的中心。大学以探求自然法则，并培养遵循这一法则的人才为首要任务。

其四，从象牙塔到服务站的美国大学传统。与欧洲国家相比，由于美国比较后发并且没有自身传统的制约，于是使得美国可以直接借鉴经过几百年方始积累并发展起来的欧洲大学传统。经过 20 世纪上半叶的努力，特别是第二次世界大战后，伴随着世界经济中心从欧洲向北美的转移，欧洲的大学传统在美国得到了快速发展，并很快使美国成为世界上大学数量最多、质量最高的国家。美国大学最突出的特点，就是大学的基本职能由专注进行教育和科研的“象牙塔”，逐渐演变为涵盖了教育、科研和社会服务的综合性“服务站”，并逐渐成为美国大学的传统。从 20 世纪下半叶开始至今，美国成为继德国之后世界大学发展的中心，美国大学也一直引领着整个世界大学发展的潮流。

其五，以培养“高级专门人才”为目标的苏联大学传统。与苏联的计划经济体制和高等教育历史紧密相关，苏联机械地模仿德国建设专业技术学院的做法，这导致了苏联的大学建设与发展直接以国家经济体制和发展战略为转移，大学成为政府的附属机构而不是行为主体。国家办学的单一体制、以单科性院校为主体的高等教育结构、以人才培养为中心的单一大学职能、培养“高级专门人才”的教育理念，以及政府主导、集中计划和科层化成为苏联大学传统的基本特点。苏联的大学建设与发展过程中，贯穿着一种以大学为工具的要求，大学的任务就是要为国家建设培养专门人才，以利于国家的建设和发展。

从现代大学传统的建立、大学精神内涵变迁的角度来看，中国古代有着相当丰富的教育思想、教育模式和教育经验，成为中国传统的教育观念、教育思想和教育经验的重要内容。但是严格地说，一方面，中国传统的教育思想与以西方文化传统为基础的现代大学的理念、传统和精神存在着深刻的差异，在很多方面不可相提并论，也难以自然而然地将其与现代大学传统对接或统一起来。另一方面，也应当看到，中国传统的教育观念、教育思想和教育方式与西方近现代大学传统也并不完全是格格不入的关系，二者之间实际上存在着可以相通相合、互补互鉴的方面，这是我们在认识大学传统的时候必须充分注意的。

中国大学的建立和发展、大学传统的形成，首先是学习西方的结果。近代以来，在西方大学模式、大学传统的影响下，中国通过学习日本、德国、英国、法国、美国、苏联等国的大学模式、大学传统和高等教育体系，并对之进行了适当的改造，逐渐建立起自己的高等教育体系。经过一个多世纪的实践探索、适应性变革，建立起比较完整的中国式高等教育体系。但是，应当明确，从教育体制、教育理念和教学方法等方面来看，中国的大学依旧是以欧美大学模式为基础、为标准而建立的。也就是说，中国的现代大学在很大程度上是建立在西方大学传统的基础之上的。

在欧洲大学制度向世界各地传播、产生影响的过程中出现的各种现象、发生的各种变化中，就可以看出这种影响与传播、接受与变化的总体趋势。其中一些重要的高等教育措施的建立和变革的逐步形成，就是这种总体趋势的反映。比如，20 世纪初期，英国的大学传统经由日本传到中国，特别是英国大学中强调受教育者的性格养成、个人修养的完善和提高，对中国大学的人才培养目标产生了明显的影响。而曾经作为世界大学中心的德国的大学制度，是中国现代大学的初始模板。近代以来以日本为中介对欧洲教育制度的全面引进，其中对于德国大学制度、大学传统的关注，很大程度上影响了我国大学制度的建立。到了民国初年，经过进一步吸取、借鉴和学习德国高等教育制度的特点，基本确立了我国大学制度的框架，直接影响了此后我国的大学制度。通过学习德国的大学制度对中国高校进行改革，一度为中国的大学打开了盛况空前的学术局面。蔡元培主持北京大学时期提出的“思想自由，兼容并包”的理念，后来成为中国大学的精神标尺，而这一思想本身，就具有明显的德国大学理念的烙印。

20世纪20—40年代，中国的高等教育主要以美国大学为榜样进行了改革，其中比较强调的理念包括：大学的目的一是研究学术，二是造就人才，大学教育的重点应在淹通而不在专门，同时强调高等职业教育的重要性。确立学术自由、教授治校、学生自治的价值标准和大学制度。中华人民共和国成立后，在当时相当复杂多变的国内外政治经济背景下，我国主要是借鉴苏联经验，建立了新的高等教育体系，苏联大学传统在中国得到全面推行。在这种体系之下，在大学职能方面，强调人才培养的单一职能，在大学之外成立科研机构专门从事研究；在人才培养理念方面，强调为工业建设培养“专门人才”；在大学内部管理方面，由校长负责制发展成为党委领导下的校务委员会负责制，又发展为党委领导下以校长为首的校务委员会负责制。这种大学制度对中国大学的建设和发展产生了至今犹在的深远影响。

除了受到西方大学制度、大学传统的深刻影响、直接启发外，中国现代大学制度的建立，还受到中国传统教育观念、思想、制度、模式的影响。这一方面是中国传统教育在中国大学制度建立过程中必然发挥的作用和产生的影响；另一方面也是西方大学制度传入中国之后必然产生的一种在地化变化、适应性变革的结果。这种情况也是文化传播与接受过程中经常出现的一种重要现象。中国传统教育对于现代大学的影响的突出表现，比较显著的是传统书院制对于现代大学的影响。

中国书院源远流长，至宋代得到充分发展，至明清时期达到兴盛。中国传统书院与现代大学在制度上有其相通之处。传统书院一般包含研究、教育和藏书出版等功能，在人才培养方面注重人文精神和综合素养教育，办学者具有独立精神和独立意志。尤其是中国书院坚守的独立办学和性情陶冶的传统，与现代大学理念、大学精神有其内在的相关性和契合处，应当而且可以成为中国高等教育传统的重要组成部分。因此，中国的大学制度在借鉴欧美现代大学制度的基础上，应当借鉴和传承传统书院制度，以彰显其现代价值和意义：在教育体制方面，应考虑私立大学和民间学会的贡献；在教育理念方面，应重视全人格教育、通识教育并打破教育的实用主义传统；在教学方法方面，应注重学生的自主学习和师生之间的互动交流。显然，这些思想观念、教育传统对于中国现代大学制度的建立与完善，对于中国现代大学传统的形成和传承，具有深刻的启发性和明显的应用价值。

可见，与西方社会已经形成的长久的大学制度、已经建立的深厚的大学传统相比，我国的大学制度、大学传统还在探索和建立之中，还有许多经验教训需要认真总结，更需要进行不懈的努力和积极的探索。我们还不能简单地说中国已经建立起了自己的一套大学制度、形成了自己的一套大学传统。在面向世界、走向世界、构建人类命运共同体的进程中，要面对未来的挑战，面对社会发展进步对大学提出的新要求和新期待，不仅要学习和借鉴世界高等教育的主流传统、优秀传统，也需要深入研究和传承发展我国的教育思想、教育传统，在中西古今、借鉴与创新、传承与发展之间做出准确的判断和恰当的选择，才有可能在建立中国大学制度、大学传统的道路上有所建树、有所收获，才能将中国的大学制度、大学传统建设推向前进。

第二节　大学使命

不同的时代、不同的国家和地区，往往有着不同的大学制度，也往往会形成不同的大学传统。这种制度差异、传统差异以及其中延续着的相通性、相同性特征，实际上是不同时代、不同国家对于大学使命任务的不同认识、不同设计的反映，也是不同时代、不同国家大学制度、大学传统延续与演化、承传与变革的表现。从变革性和差异性的角度来说，一个时代有一个时代的大学制度、大学传统，一个时代也有一个时代的大学使命。

就中国大学的使命来看，自从近代以来开始学习西方的先进物质文化、制度文化和精神文化，寻求走向世界、寻求真理的道路成为最重要的时代主题以来，中国大学制度的建立、大学使命的赋予和承担，就一直与中华民族的启蒙与觉醒、富强与独立、复兴与发展紧紧地联系在一起，中国的大学从一开始就肩负起教育启蒙、教育救国、教育强国的使命。近代以来大学的建设与发展、探索与收获，总是与国家民族命运、时代思想主题非常紧密地联系在一起。或者说，中国大学的建立与发展就是中华民族觉醒、自强、奋斗、前行的足迹在高等教育方面的表现。中华人民共和国成立后，我国大学的使命更是与国家的社会主义革命和社会主义建设非常紧密地联系在一起，中国大学的变革轨迹也是这一历史时期国家经历的种种曲折、取得的巨大成就的形象反映。自从以十一届三中全会为标志的改革开放新时期开始以来，经过 40 多年的建设发展，在教育面向现代化、面向世界、面向未来的时代要求和总体目标下，大学为国家现代化建设培养了数以千万计的高素质人才，在以改革开放为时代主题的经济发展、社会变革、教育复兴、文化发展过程中发挥了关键性作用。可见，在中国特色社会主义经济体制和政治体制之下，中国大学使命总是如此紧密地与国家民族面临的时代主题紧密联系在一起，也总是从高等教育这一角度反映着国家民族的发展进步，成为国家建设发展的一支不可或缺的重要力量。

在概览西方大学制度的建立、大学传统的形成，同时简要回顾我国大学制度的建立、取得的经验的基础上，需要思考和回答的一个重要问题是，在已经正式开启的新时代，中国大学的使命是什么？中国的大学应该如何更好地承担和完成新时代赋予的新使命，在国家富强、民族复兴的道路上继续奋斗、做出更大贡献？要回答好这一问题并不容易，因为不仅需要理论的思考，也需要实践的检验；不仅需要认真回顾总结中国大学建设的经验及教训，也需要学习借鉴西方国家大学建设发展的有益经验。但是，对这一基本问题、核心问题的思考与回答，至少应当从以下几个方面进行，以利于使这种思考更加深入，以使对这一问题的回答更加具体。

第一，更好地肩负起教育强国的历史使命和时代责任。世界上教育发展尤其是高等教育发展与国家发展、社会进步的关系一再证明，每一个大国、强国的崛起都必然伴随着教育的兴盛，教育的兴盛发展是国家发展、民族进步的最重要因素。只要进行一下概貌的观察就可以发现，没有任何一个大国、强国的形成和发展不是以教育的发展强盛为其前提条件和重要保障的。世界上不同时期的强国如德国、美国的崛起，都是以教育特别是高等教育的兴盛发展为基本条件和重要保障的。这是一条非常重要、非常深刻的国家发展和教育发展经验，值得认真总结、仔细品味。改革开放新时期以来，从高考的恢复、高等教育的复兴，到“211 工程”建设、“985 工程”建设，无一不是为了配合国家重大经济社会的调整改革而采取的有力措施，并显著促进了中国大学的建设发展，也有力地支撑了国家的经济社会建设，并且取得了显著的成就。进入新时代以来，高水平大学建设、新师范建设、“双一流”大学建设方兴未艾、如火如荼，希图在更高的起点上、更新的目标上寻求中国大学的新发展，创造中国高等教育的新成就。在这样的总体背景下，不论是积极参与国家建设和科技创新，以高等教育支撑国家发展战略、提升国际竞争力，还是传承中华优秀传统文化、弘扬中国精神，寻求中华优秀传统文化的创造性转化、创新性发展，都需要大学更好地履行自己的时代责任、更好地完成自己的历史使命。

第二，坚持以人为本的办学理念，把人才培养置于核心地位。大学在不断发展壮大的过程中日益发展、不断丰富，往往如同一个小社会，具有各种各样的功能和责任。但是，无论大学的功能、责任多么丰富多样，也无论时代如何变化、教育观念如何变化，人才培养都始终是大学最重要的责任和使命。这是无可怀疑、不可动摇、必须始终坚持的核心理念。同样，衡量一所大学是否成功、价值高低、贡献大小的最重要标准，也应当是其人才培养能力和人才培养质量，而不应当是什么别的指标和其他数据。学生能否在一所大学里得到充分的发展，将来能否成为对社会有所贡献、充分实现自我价值的人才，是评价大学水平高低的最重要标准。与大学的其他功能如科学研究、文化传承、社会服务、国际文化交流等相联系、相比较，应当清醒而坚定地认识到，人的培养是最重要、最核心的部分，其他功能尽管也都很重要，但都是围绕着人才培养这一核心而存在，并通过服务于人才培养，从而显现出其各自的意义和价值的。已经开启的建设中国特色社会主义现代化强国的新时代，对大学人才培养提出了更新更高的要求，因而必须更加坚定地明确大学的使命，把人才培养置于最突出、最核心的地位，培养更多更好的德智体美劳全面发展、符合时代发展需求的社会主义建设者和接班人。

第三，立足我国教育思想传统，适当借鉴外国教育经验，自觉建立中国特色的大学制度与大学传统。一方面，大学制度虽然最早产生于西方，但是西方古典大学传统传播到世界的不同地区，必然发生一些适应性改变，这是文化传播过程中经常出现也是必然出现的现象。另一方面，中国在借鉴西方大学制度与大学传统的基础上探索本国家、本民族的大学制度、大学模式的过程中，也积累了一些重要的本土经验。因此在新时代的大学建设与发展过程中，既需要继续深入研究、合理借鉴和有效吸收世界上先进的大学经验，又需要立足中国传统文化、教育思想，探索一条兼顾中外、融汇古今、具有中国特色的新时代的大学制度与大学传统的新路子，在大学制度、大学传统层面有所建树、有所收获，以利于中国的大学在新的时代背景下为国家的建设发展、为培养新时代需求的创新型人才、为实现中华文化的伟大复兴做出应有的努力和贡献，无愧于时代、国家赋予大学的神圣使命。

第四，通过大学建设成就展现中国教育、中国文化的特色和魅力，为世界高等教育发展贡献中国智慧和中国方案。古代中国作为一个文化传统丰富、文化底蕴深厚的东方古国，在人类的古典时代已经为人类文化与文明发展做出了多方面贡献，成为人类共同的科技与文明成果。在世界经济一体化、文化学术交流日益密切、各种联系和关联日益密切的当今世界，特别是在构建人类命运共同体的新时代背景下，世界各国的大学教育的联系也空前密切，各国的大学之间同样需要互通有无、取长补短、共同进步。因此，新时代中国大学的建设与发展，仅仅满足于本国视野、本土立场，已经远远不能适应时代进步提出的新期待和新要求，也不能适应世界大学的建设发展对于中国大学、中国文化提出的新要求和新期待。如何深入发掘中国优秀教育传统、合理借鉴西方大学传统，构建具有中国特色、普遍价值、广泛意义的新的大学制度和大学传统，并对世界大学制度、大学传统建设做出积极努力和突出贡献，就必然是新时代中国大学的重要使命，也是新时代中国大学面临的一次机遇和挑战。只有面对和迎接这个机遇和挑战，才可能取得无愧于时代的大学建设发展成就，才有可能向世人交出一份令人满意的答卷。

第三节　大学精神

大学精神是大学在建设和发展过程中形成的独特的思想内涵与精神气质，是大学发展到较高阶段以后产生的具有标志性意义和传承价值的思想与文明成果，是一定时代的科学技术水平与文化文明程度的重要标志和集中体现。

尽管各个时代、各个国家和地区的大学制度、模式、传统存在明显不同，有时候甚至存在巨大差异，但是从大学的基本性质、制度、传统和功能上看，还是存在着具有共同性和相通性的大学精神。这是大学的本义、本源之所在，也是大学之所以成为大学、大学得以延续和发展的重要内在精神品质和思想力量。大学精神不仅是高等教育自身生存与发展的需要，也是社会发展、人类进步的需要。大学精神是大学自身需求（即内在需求）与社会文化需求（即外在需求）的统一。因此，大学精神的建构、体现和影响力如何，不仅反映着一定时期大学本身的地位、价值和贡献，也反映着一定时期的教育水平和社会文化的发展程度。

第一，追求真理。人类文化的各种成果、人类文明进步过程中的各种思想学说，经常汇聚在大学里，并通过大学教育得到传承、创新和发展，这是由大学的模式、功能和作用所决定的。无论什么类型的大学，也无论什么学科或专业，都有一个共同的目标，就是追求真理。一方面，对真理性的追求，对真相的探寻，对自然、社会与人的认识，是包括自然科学与技术、社会科学、人文科学在内的所有领域的学习者、研究者所要努力的方向。另一方面，不论人类社会发展到怎样的阶段，达到怎样的高度，也不论人类对真理的认识已经多么深刻、多么丰富，都不可能完全掌握真理，也不可能穷尽真理。因此，对于自然、社会和人的种种真理性的追求，应当是大学精神的核心内涵，也是大学的价值和意义的集中体现。

第二，创造精神。文化不是通过遗传而传承给后代的，而是必须通过教育才能习得、才能得到传承，教育从产生之日起就是传递和保留人类文化的重要手段，而大学又是知识汇聚最为迅速、最为集中的地方，也是最能体现文化传承力、创造力的地方。人类文化往往通过创造才得到很好的继承，也往往通过创造而对社会做出贡献、推动社会文明的进步。不论对于哪种类型的大学而言，也不论是对于自然科学与技术、社会科学还是人文科学哪一个学科领域而言，创造性能力都是大学的核心精神。大学存在的意义和价值就在于科学、技术、思想、观念的创造，这是人类文化得以不断提高、不断进步的内在动力。因此，创造精神是衡量大学的重要标准，也是大学精神的核心内涵之一。

第三，批判精神。人类社会的发展、文化的进步，既需要建设性、肯定性的力量，也离不开批判性、否定性的力量。人类文化经常是在这种肯定与否定、相反与相成的复杂关系中，在相互矛盾、相互促进中发展和进步的。而大学在其中担当的，主要应当是批判者、否定者的角色。大学通常是各种思想观念和学术思想的交汇处，也通常是新发现、新思想、新观念的产生地。在这里，不仅不同的思想学说可以并存、交流和相互影响，而且大学一直具有思想自由、平等争鸣的传统。不管人类的科技与文明发展到什么样的高度，处于什么样的发展阶段，人类对于自然、社会与人等各个方面种种未知的思考、探索，对更高的科学与技术、社会学说与人文思想的追求，都永远不会满足，也不会停止。大学对于现实的不满足和超越性，对于更高理想的向往和追求，永远不满足的思想姿态，对于既有科技与文明的批判能力、对于社会现实的批判能力，是大学精神核心内涵的又一个方面。

第四，关怀社会。大学是社会发展到一定阶段的产物，大学对于一般的社会阶层和社会场景既有着明显的疏离感，也有着明显的独立性。但是，大学并不是完全独立于社会结构和日常生活的存在，而是与社会的各个方面有着密切的联系、有着种种深刻的关联。大学的科学研究成果中，有一些是具有应用价值并可以进行成果转化的，大学中产生的思想学说对于社会也经常具有引导、启发的意义，而大学的人才培养最终是指向社会、走向社会并努力做出自己的贡献。不仅大学的思想力量、科技能力、人才培养都与社会具有密切的关系，而且大学的功能、意义和价值只有通过引导社会、服务社会和贡献社会才能更充分地体现出其价值和意义。因此，大学对于社会的关怀，不仅仅是社会的需要，也是大学自身的内在需要。

可见，大学精神是大学信仰、理想和价值追求的集中体现，也是大学模式、功能和作用的提炼和概括。大学精神体现得如何、彰显得如何，可以在很大程度上反映一个时代、一个国家的科学技术水平、文明发展水平，更可以反映大学在一定的社会结构中的地位和作用。从大学本身来看，大学精神一方面可以反映大学的建设发展水平及其思想成果，另一方面对大学的未来建设、持续发展具有很强的启发、指导意义。从更加广阔的范围来看，大学精神的凝聚和彰显，对一定时期、一定国家和地区的社会建设与发展，也可能产生积极的影响。凝聚和丰富大学精神，不仅仅是大学建设发展的重要责任，而且是全社会的任务。

第四节　人才培养与大学功能

从世界范围来看，不同时期、不同国家对于大学功能的表述是不尽相同的，这反映了对大学功能的不同认识和要求，也反映了不同的教育传统、教育观念和教育理想。同时也应当看到，在这种具有时代与国别差异性的大学功能的表述中，既可以发现其中具有相通或相近的内容，反映了大学作为人类文化的共同成果、共同的教育成果的基本功能，也反映了不同时期、不同国度对大学功能的某些共同认识。

目前我国对于大学功能的普遍性概括是，大学具有人才培养、科学研究、文化传承创新、社会服务、国际交流与合作五大功能。从总体上看，这五大功能从不同角度、不同侧面反映了大学应当承担的任务和责任，以期更好地发挥其作用，保证其各种功能的很好实现并与社会环境良好地相处。这五个方面又构成了一个相对完善的整体，共同反映了时代与社会对于大学功能的认识和对大学作用的期待。

值得特别强调的是，人既是大学的主体，也是大学教育的归宿，大学教育的一切最终都应当指向人本身的不断完善和全面发展。人才培养既是大学功能的核心，是大学最基本、最重要的功能，也是大学的根本任务。大学的其他几种功能都应当从不同角度服务、支撑和保证人才培养能力的提高与人才培养目标的顺利实现；其他几种功能也只有与人才培养这一核心功能相衔接、相配合，才可能充分发挥其作用、彰显其意义。

具体而言，不论是什么类型的大学，也不论是自然科学、社会科学、人文科学的哪个学科领域，更不论不同学科领域之间存在着多么大的学术差异，但是非常明显，科学研究都是各大学、各学科的重要功能之一。科学研究是创新的基础，是发展的原动力，是对以往科学水平与研究能力的自觉继承和有意识超越。科学研究活动是培养受教育者即各级各类专业人才的重要方式，也是高校教育工作的重要内容。各个层次的学习者往往都是通过科学研究活动得到实践锻炼和提高科研能力，并得到成长进步，逐步走向更高的发展阶段。从另一角度来看，科学研究的主体是人，科研活动本身就是人的能力、水平锻炼提升的过程，这也可以说是一种广义的人才培养。

大学的另一功能是文化传承创新。文化是人的创造，文化传承创新的主体也必然是人，文化传承创新的目标也是为了人。文化只有在人类社会中、在人的努力之下才有可能传承，有了文化的传承才有可能进行文化的创新。因此，文化的传承创新也必然是以人为中心、为最终目标的。从更广阔的意义上看，教育本身就是一种文化，而且是文化体系中一个相当独特、相当重要的领域。作为狭义理解的文化和文化传承创新，更是大学独特功能的集中体现。大学的文化传承创新能力特别是在人文科学、一部分社会科学领域中表现得尤为集中、尤为突出，即便是一些自然科学与技术学科领域，实际上也有学术的传承与创新问题，还有其学科史、学术史等相关研究领域，更有科学道德、科学伦理等关乎人文、社会的深层次问题。因此，可以说文化的传承创新必须以人为中心，假如缺少了人，文化的传承创新是无法进行的。

社会服务对于人才培养的支撑和辅助作用，就更加明显。大学教育自然以系统的知识性、理论性、思想性内容为主，特别是对于基础性学科领域而言，更是以其突出的理论性和思辨性、探索性和创新性为主要特征，从而表现出远离日常、远离实用的学科气质和学术理想，成为一些重要学科的学术基础和理论支撑。但是，另有一些应用性、实用性学科领域，与社会各方面、日常生活的关系比较密切，具有与社会各界相结合、相交流的必要性和可能性，而且可以在社会实践中得到检验、得到完善。有一些学术领域的应用性研究是可以运用于社会不同领域、不同方面，从而转化为新的技术能力、新的技术手段或方法。显而易见，所有的社会服务都是由人来进行并完成的，社会服务的主体是人，社会服务的受益者仍然是人，是大学人才培养的重要环节。因此，社会服务不仅是大学联系社会、服务社会，与社会构成相互支撑、相互促进关系的重要渠道，而且是人才培养的重要途径。

国际交流与合作是大学扩大合作交流范围、丰富交流方式的重要途径，有利于大学在国际化条件下相互学习、彼此借鉴、取长补短，实现共同发展。在当代社会环境和教育条件下，国际交流与合作已经是大学的基本功能之一，而且随着大学的建设发展、教育的发展、社会的发展，国际交流与合作必将日益方便、日益频繁，这是当代大学一个非常重要的发展方向。在当今的社会条件下，甚至可以说，国际交流与合作进行得如何、成效如何，是衡量一所大学建设发展水平、人才培养能力、国际影响力和社会声誉的重要标准。大学进行国际交流与合作的目标仍然是培养适应时代发展进步需求、适应社会未来发展方向的优秀人才。

随着中国教育现代化建设的新阶段的到来，对高校的建设发展尤其是人才培养提出了新期待和新要求。要系统构建新时代中国特色社会主义教育理论体系，推进新时代高等教育改革与发展，必须把高校的人才培养能力、培养水平和终生发展、社会贡献置于非常突出的地位，高校的人才培养也必须做出新的努力、有新的作为，把培养新时代中国特色社会主义的建设者和接班人置于首要位置。

新时代的高校人才培养，必须在几个基本问题、核心问题上进一步明确认识、统一思想，为新时代高校的全面建设发展尤其是人才培养体系、培养能力和培养机制的建立与完善进行深入探讨奠定必要的基础，做出扎实的努力。在人才培养方向上，必须牢牢抓住理想信念教育这一根本。要培养为中国特色社会主义做出贡献的合格建设者和可靠接班人，必须在理想信念教育的针对性、时代性和实效性上下功夫，坚持正确的人才培养大方向。在人才培养目标上，必须把构建更加全面完善的教育体系置于突出位置。根据高等教育人才培养的特点，努力构建更加全面、更加完善的人才培养体系，探索有效途径和方式，实现教育与生产劳动相结合、与社会实践相结合，完善协同育人机制，培养德智体美劳全面发展的社会主义新人。在人才培养任务上，积极构建高水平的人才培养体系。特别是在教育理念、教学体系、教学方法、教风与学风建设上积极创新、持续建设，早日建立起高水平的高校人才培养体系。在人才培养要求上，要建立起科学的教育评价体系。特别是突出问题导向，扭转依然在一些高校明显存在的不科学的教育评价方式，通过评价导向、评价标准、评价方式的调整与完善，有效带动和促进高校体制机制改革的推进。在人才培养需求上，着重强调提升人才服务经济社会发展的能力。通过高校区域布局、学科结构、专业设置的调整完善，大力培养创新型、复合型、应用型人才，促进高校人才培养能力与经济社会发展、国民文化素养整体提升的深度结合。在高校教育理论体系上，积极探索新时代人才培养规律，深入探讨和掌握高等教育的基本规律，立足中国国情和时代特点，加强新时代人才培养规律的系统研究，积极探索高校人才培养的共同规律和特殊规律，从教育规律、教育思想、教育理想的高度认识新时代高校人才培养的使命任务，为新时代高等教育的创新发展做出积极努力和贡献。

可见，大学具有丰富的功能，这几种功能相互配合、彼此支撑，形成了相辅相成的统一关系，共同彰显着现代大学的价值和意义。在大学的五大功能中，人才培养是最基础、最核心的部分，也是大学持续发展、不断创新的内在动力和外部需求。大学自身的责任任务决定了人才培养在大学中的核心地位，大学的建设发展与社会需求、社会发展的关系也决定了大学必须以人才培养为中心进行全面的大学建设。

在新时代背景下，我国高校的人才培养，面临着继续创新发展、完善提高的紧迫任务，同时也迎来了在新期待、新目标之下继续创新发展的大好机遇。如何在这种新形势、新要求、新目标之下坚持改革创新，提升和完善大学的人才培养功能，使大学的人才培养在新时代的教育发展、社会发展中更好地发挥作用，的确是大学建设发展中面临的一个重要而突出的问题。

第五节 人才培养与文化育人

人才培养是大学的核心功能，在大学的几种功能中处于基础性、主导性地位，也是大学意义价值的最充分体现。人的成长需要适宜的环境。在人的成长过程中，除了自身的主观意志、自觉努力等主观因素以外，环境的影响等外在条件的作用不仅必不可少，而且极为重要。高等教育是教育的最高阶段也是最后阶段，高等教育不仅对受教育者提出更明确、更高的要求，而且也对受教育者所在的文化环境和相关条件提出更严格、更具体的要求。只有主客观的共同作用、相互配合、齐心协力，才可能为受教育者创设理想的文化环境，为文化育人提供优良的环境与条件保障。

不言而喻，一方面，高校人才培养的主要途径与手段是系统的专业学习和专业训练，不论什么类型的高校、什么学科领域、什么专业方向，专业学习和学术训练都必须在人才培养中发挥最核心的作用，这是高校人才培养专业性、特色性的前提，因此是必须坚持和强调的。但是另一方面，我们的人才培养目标是培养德智体美劳全面发展的社会主义建设者和接班人，而不是单一发展、只有专业水准而不计其他的专业人员。因此除了专业学习以外，文化环境、文化条件对于高校人才培养的意义和作用也是非常突出、必须予以充分重视的。任何学科专业都不可能是孤立的存在，都必然处于一定的知识体系、学科体系之中，也必然处于更加广阔、深邃的学术背景和文化背景之中。非常明显，这本身就是一种文化内容、文化环境，这当然是人才培养所必需、须臾不可脱离，也是无法脱离的。除此以外，更加广阔的文化空间、更加综合的文化因素、更加丰富的文化条件，也是高校人才培养过程中必不可少的文化环境。

人是社会性动物，人一方面创造、改变着环境，另一方面也对环境有着很深的依赖，受到环境非常明显的制约和影响。人经常在不同的文化环境和条件下，接受着潜移默化的影响，发生着有时候比较自觉、有时候并不自觉的变化。就高校这样相对特殊的教育环境、人才培养机构来说，不同的文化环境、文化条件对于人才培养具有非常明显的作用，也会产生不同的影响。特别是由于类型、传统、学科专业、办学条件、环境特色等多方面的差异性和变化性，高校文化环境对于人才培养的影响必将产生显著的差异，也必将产生明显不同的结果。因此，高校的文化环境、文化条件、文化传统等因素是高校文化育人的重要条件，也是人才培养不可或缺的条件保障。

从一般的文化结构的角度来看，器物文化、制度文化、精神文化等不同的文化层次对于人才培养来说不仅都必不可少，而且由于各层次的文化具有不同特点、不同性质，在人才培养中也通常发挥着不同的作用。从总体上看，几个不同的文化层次分别从不同角度、不同侧面表现其特点和优势，从而共同对人才培养发挥着有力的支撑和保障作用。

器物文化是文化的最表层，也是文化中最容易接触、认知的部分，通常在人才培养中发挥着最初步、最直接的作用，也通常会影响或决定文化影响的持续性和变化方向。比如，高校所在的城市或地区以及具体位置、周边环境与条件、校园环境、校内建筑及风格、各种教育设施与配置等，都是高校中最为表面、最容易接触到和感知到的东西，也通常是最先、最直接影响受教育者的感受、反应和判断的部分。这种最初的印象和感知通常发生在高校教育过程、人才培养过程的最前端，往往对受教育者日后的文化感受、认知和文化态度、心理倾向产生明显的影响，有的最初印象、原初感受甚至会影响其后的文化接受。

制度文化属于文化的中层，较器物文化深入了一层，在接触和接受过程中也处于稍后的位置，同时这也是一个处于中间环节、具有连接和转换意义的部分，有可能对受教育者的整个文化感受、文化接受产生整体性、全局性影响。一所高校的规章制度、校园规则、管理方式与服务水平、制度规范的运行及其效果、由规章制度决定着高校的整体运行效率与效果，等等，实际上是非常容易感受得到，并对受教育者产生直接影响的重要文化因素。这种因素经常反映一所高校的管理能力与管理水平、制度规范及其运行效果、校规校纪对于师生的约束与保护作用及其实现方式等，往往成为一所高校的人才培养的规范标准、评判尺度，因而在高校的人才培养中产生直接的作用，发挥制度、规范的功能，也必然对高校的人才培养产生直接影响。

精神文化处于文化的深层，是各种文化因素中最内在、最稳定，也最不容易被感受到、最不容易发生改变的方面。这也是文化中影响最为深刻、最为持久的部分。精神文化虽然处于文化结构的最里层，也最不容易被发现、被体会，但却是一所大学的传统、内涵、底蕴的集中表现，也是一所大学最值得关注、最值得建构和呵护弘扬的部分。比如，在长期的建设发展中形成的大学精神、独特校风、办学风格、治学传统、社会形象与影响力等等，这些看起来最为抽象、最难以具体描述，甚至有几分虚幻色彩、有几分玄虚神秘色彩的东西，恰恰是一所大学的思想深度、学术魅力、精神传统之所在，更是大学人才培养中最难获得也最需要获得、最难追求也最需要追求的部分。因此，精神文化因素在高校的人才培养中具有最内在、最核心的力量。

从物质文化形态、非物质文化形态与人才培养关系的角度来看，可以发现不同文化形态具有不同的作用，不同的文化形态以不同的方式发挥其作用，表现出不同文化形态的特点和个性，更可以看到文化环境、文化条件与高校人才培养之间的密切关系，从而认识文化环境对于人才培养的极端重要性。

物质文化形态是可以最直接、最真实地接触到、感知到的文化形态，比如高校的校园、建筑、环境、设备以及各种教育教学硬件设施，这是高校得以存在和发展、进行教育教学活动、实施人才培养的基础条件和基本保障，也是受教育者赖以生活、学习与研究的外部环境和条件，是受教育者最直接、最容易接触和感知的部分，通常给人最初的印象或感受，在人才培养过程中通常发挥着基础性、先导性作用，并对其后的文化印象、文化感受和文化认知产生重要的影响。因此可以说，物质文化形态对于高校人才培养具有非常直接、非常重要的作用。

非物质文化形态对于人的作用一般不如物质文化形态那样直接、具体，通常显得比较内在、比较间接，有的部分甚至显得相当抽象、难以捉摸。

但是更要看到二者的相关性和整体性。一方面，非物质文化形态与物质文化形态之间有着非常密切的关系、有着不可分割的关联性和一体性；另一方面，物质文化与非物质文化二者经常是相互依赖、相互彰显、相互成就的关系。比如大学传统、大学精神、大学人文、教风学风、大学风气、社会形象和社会声誉等等，经常不是那么具体可感、可以直接把握得到，经常是相当抽象、相当难以具体描述或传达的。因此，非物质文化形态和因素在大学的人才培养过程中发挥着非常内在、核心、持久的作用，其地位和作用也是非常特殊、特别重要的。正因为如此，这些大学的内在精神性、传统性因素恰恰需要有具体的呈现方式、传承方式，需要有具体可感的形式或方式来进行诠释、传递和弘扬，以促进和保证大学人才培养功能的实施与实现。

从总体上说，无论是从器物文化、制度文化、精神文化三个层次的角度来看，还是从物质文化、非物质文化两种形态的角度来看，都会取得一个共同的认识，就是文化环境、文化条件对于人才培养具有极为重要的意义，文化育人在整体人才培养过程中具有基础性、持久性作用。高校的人才培养，需要有尽可能完善的文化环境、文化条件的保障，还要有科学的文化教育、文化熏陶过程，有恰当的文化教育形式和方式，不同的文化层次、文化形态共同发挥作用，不同的文化教育方面齐心协力、相互配合，才有可能解决和处理好人才培养与文化育人这一复杂问题，处理好二者之间的关系，形成相合共生、相互促进、彼此保障的良好关系，共同创设人才培养和人才发展的良好文化环境。

第三章
广东高校与文化育人

第一节　中国高校格局中的广东高校

概括地说，自中华人民共和国成立以来，中国高校经过几次重要的调整改革，已经形成了相当完整、完善且具有突出特色和持续发展能力的高等教育体系，显示出鲜明的国家与时代特色。简要回顾一下 70 多年来中国高等教育的几次重要变革，可以对这一历程及其影响有更准确的认识。

20 世纪 50 年代初进行的全国范围的院系调整，通过扶持、鼓励一批高校，重新组合、组建一批高校，改变调整一批高校，取消一批高校等办法，奠定了新中国高等教育体系的基础，形成了新中国高等教育的基本方向和基本格局。这次院校调整进行得相当迅速果断，结果非常明晰，效果也非常明显，并且对后来直至当今的中国高校的专业布局、建设发展方向等均产生了深远的影响。其中特别值得注意的是，中华人民共和国成立初期至 20 世纪 50 年代后期学习苏联的高等教育传统、效法苏联高等教育体系对新中国高等教育带来的复杂结果和产生的至今犹在的深远影响。

1966—1976 年的十年中，随着整个国家陷入空前严重的动乱，且持续的时间如此漫长，中国高等教育跟同时期全国的许多领域一样，受到了前所未有的巨大冲击，国民经济到了崩溃的边缘，高等教育也处于瘫痪、废止的境地。这一时期留下了极为惨痛的历史教训。

直到党的十一届三中全会的召开，才迎来了改革开放的新时期，高等教育的秩序也逐步得到恢复。1977 年，中断了 11 年的高考恢复以后，1978 年全国确立了 88 所重点大学，这次变革基本上确定了各所高校从 1978 年至 1998 年这 20 年间在全国的地位和影响，并对其后的建设发展产生了直接影响。

1996 年启动的“211 工程”，1998 年开始的“985 工程”，是当代中国高等教育的重大改革举措。在新的时代文化和经济社会发展背景下，这两项距离很近、相互连续的高等教育改革措施的施行，取得了令人瞩目的成就，也基本确定了直至今日我国高等教育的总体格局和各高校在这一格局中的价值与地位。而且，即使未被纳入“211 工程”和“985 工程”的高校，不属于这两个重点建设行列的高校，也在这两个显著导向、重要指标的带动和影响下，进行了诸多调整，发生了许多变化，也在一定程度上反映了我国高校总体格局的变革趋势和发展方向。

在这一国家层面的总体格局下，广东高校一方面不能不受到明显的触动和影响，另一方面也获得了新的发展机遇和可能。加上广东经济社会、教育传统和高校格局所具有的明显特殊性，这一系列改革和变革也给广东高校带来了新变化和新发展。

根据 2020 年 1 月发布的《高等教育蓝皮书：中国高等教育发展报告（2019）》公布的数据，目前广东高校的基本情况的主要数据如下。

在普通高校数量上，2018 年广东省已有 151 所普通高校，占全国 2 633 所的 5.73%；2019 年广东省有普通高校 154 所，占全国同期 2 688 所的比例维持不变。2019 年，在广东高等教育继续扩招的情况下，广东高校平均在校生还将继续维持大于全国的趋势。其部分原因既出于 20 世纪 90 年代末以来持续数年的并校因素（但此因素非广东特有），也在于广东省多年以来赋予省属高校持续扩招的责任（此因素在广东省表现得比较显著）。

在生师比例上，按照教育部规划司公布的数据计算，2017 年普通高校在校本专科生与专任教师之比，全国是 16.86：1，广东省是 18.45：1，比全国高出 2.4 个百分点。如不考虑北京该项生师比仅为 8.50 : 1 等特殊情况，与有关高等教育大省相比，广东也低于江苏的15.66 : 1、山东的18.19 : 1，而与河南的 18.48 : 1 相近。这一情况可能与粤豫两省近年高校扩招速度较快有一定关系，但这一生师比仍属现行高校评估标准的可行范围。

在本科院校比例上，广东在东部地区各省级行政区域中，本科比重仅高于山东，而低于其余各省市。本科院校比重偏低的原因，除历史因素外，一是与广东作为工业大省对技能操作型的高职高专人才需求相对较多有关；二是与民办高校比重较大有关，民办高校除独立学院模式外，一般均以高职高专院校形式起步；三是省外进入广东求职的大批本科及以上学历者可以在一定程度上弥补当地本科生培养的缺口。

在院校布局上，广东高校的区域布局相对集中。广东高校在区域布局上偏重于珠江三角洲地区。在教育部 2019 年 6 月公布的全国高校名单中，广东全省有 154 所普通本专科院校，布局在珠江三角洲 9 市的就有 127 所，占比高达 82.5%，这一比重与珠江三角洲 GDP 在全省的占比比较接近，而其余粤东西北 12 个地级市只有 27 所。在珠江三角洲的高校布局中，布局在广州的就有 82 所，占全省高校数量的 53.2%，占珠江三角洲高校数量的 64.6%，而且包含了广东省内全部的国家“双一流”高校。这一布局使广州市每 10 万人口中的在校大学生数量排在全国城市的首位。①

从 2015 年起，广东在全国率先启动了高水平大学建设、高水平理工科大学建设，实施高等教育“冲一流、补短板、强特色”提升计划（简称“冲补强”），提出建设“新师范”与“新工科”，这些重大举措正在实施，改革措施方兴未艾，改革创新的成效正在彰显。

可以看到，广东省高水平大学、高水平理工科大学、应用型本科高校、高职院校四种类型的错位发展、特色发展的格局基本形成，在全国高校整体格局中的特色和地位也继续提高。相信在不远的将来，广东高等教育改革创新的成效会进一步显现出来，对全国高等教育改革的理论探索和实践尝试的贡献也会越来越大。

---

① 高等教育蓝皮书：中国高等教育发展报告（2019）[R]. 北京：社会科学文献出版社，2020：178 - 182.

第二节 在广东社会文化发展中充分发挥高校的作用

近现代以来，特别是改革开放40多年来，广东能够得风气之先，在社会改革、文化转型过程中能够先行一步。这种得天独厚的机遇使广东可以在经济条件、社会基础、文化积累并不占有绝对优势的情况下，取得了令世人瞩目的成就，从而走上了率先发展、率先实现现代化的道路，这一点在珠江三角洲地区表现得最为集中、最为充分。但是，从建设"文化强省""教育强省"的高度来看，当下的广东也存在一些明显的不足，而且某些现象的存在、某些观念的流行甚至会对"文化强省""教育强省"建设造成影响或阻碍。

为了建设"文化强省"和"教育强省"，在作为国家重大发展战略粤港澳大湾区建设中充分发挥主力军作用，目前广东的社会文化发展尤其需要提倡和弘扬一些重要的价值观念和时代精神，通过对传统的有效传承、对现实的充分关注和对未来的执着向往，将广东社会文化的发展与广东高校的建设发展联系起来，从更加宏观的视野，更具有前瞻性地从整体上把握社会文化发展的方向，更加清晰地认识广东高校在新时代面临的历史机遇，更好地承担时代赋予的光荣使命。

第一，艰苦奋斗的精神和高远的文化理想。本来，广东取得如此巨大成绩的一个重要因素是继承和发扬了吃苦耐劳、艰苦奋斗的优秀传统，这是一条宝贵的历史经验。可是由于眼前利益、既得实惠的影响，这种传统在当下的一些地方、在某些人那里却出现了被淡忘、被嘲讽、被否定的现象，讲究排场、奢华，追慕享乐之风有愈演愈烈的趋势。不论是从广东的长期建设发展来看，还是从广东的当下实际情况来看，这种风气都很不利于广东的持续稳定发展，更不利于"文化强省""教育强省"的建设。与此相关，社会的许多方面过多地关注眼前利益和当下得失，"小富即安"心态和行为习惯在一部分人当中相当流行，比较普遍地缺乏高远的文化理想，进取意识和理想精神均存在明显缺失的问题。

第二，长远的发展策略和不断超越的动力。这是社会发展到一定阶段必然提出也必须面对并妥善解决的又一个突出问题。是否具有长远的发展策略和不断超越的发展动力，对于一个社会的长期发展而言极为重要。广东的社会文化发展目前可能就到了这样的关键点上。不必讳言，多年来广东一些方面的建设和发展明显缺少基于广泛咨询、充分论证、科学决策基础的长远的战略规划，带来现实感不强、前瞻性不足，缺少应有的合理性、科学性、整体性等问题，由此带来诸多的人力浪费、资源浪费、重复建设、发展受限问题。在这种局面之下，在建设发展中不断总结经验、不断调整思路、提高水平、超越自我的思想动力也就明显缺乏。这不能不明显地限制广东的持续发展。

第三，坚忍执着的毅力和深邃精湛的思想。社会发展的最终目标要指向人的发展，社会发展的动力来自人的精神动力。广东在明清时期、近现代时期获得的巨大发展、取得的文化成就和产生的深远影响，一个重要原因就是获得了这种超凡的毅力和精湛的思想。假如可以认为目前广东的发展已经达到了相当高的水平，那么在这样的高度之上再寻求发展与创造，一定比改革开放之初要艰难许多。这就需要在精神层面上有坚忍执着的毅力，有深邃精湛的思想，以此为内在动力，寻求继续发展、持续前进的方向和目标，将这种文化诉求转化为现实发展的可能性。目前，缺少毅力的怠惰现象、缺少思想的肤浅行为并不鲜见，这对“文化强省”和“教育强省”建设极为不利。

第四，背依五岭、面朝大海、兼容中外文化的精神气质。广东文化的特质恰恰在于一方面继承悠久的中国文化传统而能变通发展，从而形成自身显著的区域文化特征；另一方面有意借鉴吸收外来文化因素而能自觉消化转换，从而形成自己的文化优势。这是广东长期的社会文化发展过程中一再证明的历史经验。目前，广东对于自己的文化传统和区域文化特色及其对于当前广东文化发展、“文化强省”与“教育强省”建设的价值缺少足够的认识。由于缺少真实有效的比较对象和参考维度，使广东对自己及相关文化区域关系的认识经常处于相当模糊或盲目的阶段，或认识不足，或过于自负，或估计过高，或估计过低。这种情况对于广东“文化强省”和“教育强省”建设的影响也是不容忽视的。

因此，在目前的社会文化建设中，就需要一方面深刻认识广东目前社会文化发展所处的特殊阶段及其所具有的关键性意义，另一方面准确认识教育特别是高等教育在新一轮社会文化建设发展中所具有的重要地位和所应当发挥的动力作用。只有把这两个重要问题认识得深刻、解决得妥当，"文化强省""教育强省"建设才能够早日成为现实。

从宏观上看，源远流长的广东文化，经过汉唐至宋元长时期的历史积累和酝酿，到明清时代真正出现了人杰地灵、学术渐盛、文明发达、影响渐远的局面，形成了独特的文化气象和地域文化特征。近代以降，在中西文化冲突交流、古今文化通变嬗替之际，在空前迅速的社会变迁和文化演进过程中，广东经常得风气之先、占地利之便，从而人才辈出、诸学大兴、盛况空前。那些最高文化成就的代表人物，多能以先知先觉的智慧、兼济天下的情怀，迎接欧美的新风、沐浴西学的化雨，引领时代风骚，倡导历史新潮，他们的影响越过五岭而走向了全国，有的还远播海外，沾溉久远。基于这样的认识，笔者曾以"崇实尚用，开放兼容，中外兼顾，审时创新"来概括广东文化的一般特点。这样的概括可能失之偏颇，只是希望从这样的角度思考广东文化的历史的现在和未来。

基于上述基本认识，笔者以为以下几方面是需要重视和强调的，特别是将这些方面与高校的建设发展，尤其是高校的人才培养、科学研究、文化传承创新、社会服务、国际交流与合作功能紧密结合起来，使高校在这一过程中更及时、更充分、更持久地发挥其优势、发挥其作用，以利于"文化强省""教育强省"的理论建构和社会实践。

第一，提升人文社会科学和自然科学研究的整体水平，这是在学术文化层面提升广东文化内在实力和发展潜力的关键所在。20 世纪 80 年代前中期，广东曾经在一些领域展现出明显的得风气之先的特色与优势。40 多年过去，随着内外环境、各方面条件的变化，这些特色与优势如今有所弱化。因此，目前尤需强调人文社会科学的建设与发展，特别是需要出台切实可行的建设与发展政策，尤其是人才建设与发展措施，因为这与广东的文化建设关系最为直接，目前的状况与水平显然不能符合"文化强省""教育强省"战略。非常明显，在这一发展提升过程中，高校的人才培养也必不可少，而且必然在其中发挥核心作用。

第二，切实提升各级公务员的文化素养和文明水平，这是从社会管理与服务层面提升广东社会效率、文化形象的关键所在。公职人员对于社会文化建设、社会管理与服务、文明水平的影响极大，作用也最为明显。这方面的情况如何，对全社会的影响极大。从工作和日常生活的有限了解中，从多种传媒的报道和反映中，可以认为，目前广东各级公务员的业务能力、文化素养、文明水平还不能很好地适应建设“文化强省”与“教育强省”的要求。这种情况及其中反映出来的问题，也间接地对高校的人才培养目标、水平和能力提出了更新、更高的期待和要求，高校也有必要对此予以足够的关注，并采取有效措施进行调整和完善。

第三，提升不同阶层、不同职业的社会全体人员（包括外来务工人员）的文化水平和文明标准，这是塑造广东“文化强省”“教育强省”外在形象的关键所在，也是他者认识广东文化最直观、最真切的方面。不可回避，外来务工人员已经成为中国社会的一个重大问题，这一问题在广东表现得尤为明显。其中最重要的一环就是进一步重视和发展教育，没有强大的教育（包括基础教育、职业教育和高等教育），就不可能有强大的文化。从目前的情况来看，并不能说广东是一个“教育强省”。在“教育强省”建设中，高校作为教育的最后一端、最高阶段，必须积极主动地承担更加艰巨的人才培养任务，更加自觉地通过人才培养为广东的社会文化建设与发展做出切实的努力和贡献。

第四，保护文化遗产，杜绝人为毁坏。从全国范围来看，广东并不是一个物质文化遗产和非物质文化遗产大省。但是恰恰因为如此，更有必要提出加大力度保护本来就不是特别丰富的历史文化遗产。广东有许多重要而且珍贵的文化遗产，特别是明清、近代以来的文化遗产，但是多年来由于保护意识不强，保护力度不足，一些文化遗产遭到经常性的毁坏甚至破坏。这种情况对于广东文化传统的损害是非常巨大的，有些损失是根本没有可能弥补的。应当加大保护和宣传力度，多一些对于文化和文化遗产的敬畏之心，多一些保护的措施和法律，特别是不应当由于建设的需要而损害文化遗产。这项工作要想做得比较好，保护文化遗产的意识和观念要更好地普及，高校的教育工作就是必不可少的一环，而且应当是非常重要的一环。高等院校必须在其中发挥应有的宣传、引导、教育、践行工作，以利于文化遗产的有效保护。

第五，加强社会发展规划的综合意识和战略意识，加强前瞻性和预见性，避免短期行为和社会浪费。广东目前到了必须系统规划、寻求社会文化持续进步、科学发展的时候，对于人类与自然、经济与文化、引进与原创、长期与近期、发展与保护等问题，应当进行全面的评估和科学的规划，不仅要考虑我们这一代的需要，更要考虑子孙后代需要有和可能有的生态环境、生存空间，使社会的建设与发展保持合理的幅度，避免时下并不罕见的重复建设、铺张浪费，只顾眼前、不计将来的现象。要改变某些不符合“文化强省”“教育强省”建设的观念和现象，要建立有利于“文化强省”“教育强省”建设的战略发展目标和长远规划，高校作为专业人才最集中的地方，也必须发挥其专业特长和文化优势，在社会文化发展的远景规划、发展战略中发挥其应有作用。

总之，从广东当下的文化现实和我国文化发展、世界文明进程的角度来看，可以认为，提出建设广东“文化强省”“教育强省”的号召并付诸实践，这是广东社会发展的明智之举，也是广东文明进步的必然趋势。这是一次难得的历史机遇，也是一次艰巨的文化考验。相信有着光荣历史和繁荣现实的广东，不会错过这个难得的机遇，一定会勇于迎接这次考验并取得如同经济建设一样的文化建设和教育建设成就，以逐步实现“文化强省”“教育强省”的理想目标，迎接广东更加文明、富强、美好的未来。非常明确，不管是从高等教育的基本任务、大学功能和价值的角度来看，还是从广东高等教育与社会文化发展的密切关系、高校在社会文化建设发展中的独特作用来看，高校都必然在这次改革创新的重要发展机遇中充分发挥作用，做出不愧于时代的贡献。

第三节　广东高校文化育人的普遍性与特殊性

大学的核心功能是人才培养，文化育人是人才培养中一个不可或缺的组成部分，而且是一个具有特殊意义的组成部分；文化育人也是大学育人的一种重要方式，而且是一种更具有普遍性、持久性的方式。文化育人是所有大学都必须坚持的功能和任务，也是大学得以存在、发展的重要价值依据。因此，从大学功能和文化育人的一般意义上看，广东高校文化育人与其他地区的文化育人是相通的、共同的，广东高校的文化育人只不过是大学文化育人功能与任务在广东高校中的具体化和体现方式。从这一角度来看，可以认为广东高校的文化育人任务与其他地区高校的文化育人没有什么明显的不同，更不会有什么本质的差异。各地高校从不同角度进行并完成其文化育人的责任和任务，使大学的人才培养功能从文化育人的角度得以更加充分地展开、更加全面地实现。因此，在认识广东高校文化育人问题的时候，首先应当明确的是其中所反映的所有大学文化育人的共同性和普遍性，以便从总体上、宏观上认识和把握高校文化育人的基本方向、基本内容、有效方式与合理方法，这是开展文化育人及相关工作的重要基础和前提。

但是，从另外一些方面来看，又要认识到，文化虽然是抽象的，但是文化现象、文化环境总是具体的；文化育人是共同的，但是文化育人的方式、方法总是具体的；作为总体的大学也是抽象的，但是每一所具体的大学总是有其不同的传统、风格、特点的。因此，广东高校所处的文化环境、所具有的传统、所形成的特点与风格、所产生的社会影响力和社会声誉，与其他地区的高校相比，自有其明显的独特性，总体上具有在广东社会经济、文化教育、风尚习俗影响下所形成的岭南风格特色。

这种区域性特征虽然在不同类型、层次、水平的广东高校中表现得颇不相同，但是，假如把广东高校作为一个整体，从总体上观察或体会这些高校与区域文化的关系，可以发现，其中仍然存在着一些具有共同性、相通性的特征，具有一些明显区别于其他地区大学的共同特点。比如，从总体上看，广东高校与北京高校、上海高校、江苏高校、浙江高校、四川高校、陕西高校等大学相对集中、区域性特征比较明显的高校群相比，就有着明显的差异性，带有明显的岭南特色。这是考察和认识一所大学所在地与区域文化关系的时候很容易感受得到的。因此，在具体的文化育人工作中，既需要注意文化育人、大学功能中所具有的共同性，也需要注意其中的差异性，在共同性和差异性之间不宜偏颇、不可偏废，以期寻求二者的思想文化空间与创新可能、特色优势。以利于在文化育人活动中寻求共同性与差异性、普遍性与独特性的统一，运用好这种区域性、特色性文化资源和文化因素，把文化育人工作开展得有内容、有个性、有深度、有效果。

更具体地看，就广东高校内部来说，不同高校之间仍然存在着众多而且明显的差异性，这是显而易见的事实。由于高校类型、规模、学科、水平、传统、习惯、影响等的不同，广东高校之间也存在着诸多的差异，存在着种种需要深入认识、充分注意的不同。一方面，从总体上看，高校之间的有些差异是不言自明、显而易见的，特别是那些与物质文化密切相关的方面，总是最直接地表现和反映着高校之间的明显差异，有时候甚至是巨大的差异。另一方面，高校之间的有些差异则是不那么容易被发现或被明晰地辨别的，比如管理体制机制、教风学风、学术习惯、大学传统、大学精神等等。这些比较内在、比较抽象的差异性实际上是更有深度、更有区分度的差异，也是不同大学内在精神气质、办学水平、人才培养能力、社会形象和声誉的主要方面。可见，这些差异和不同可以在很多方面影响或决定着一所大学的整体面貌和水平，反映一所大学的特点与优势、弱点与不足。这些差异在文化育人工作中也必将发挥重要的作用。

因此，高校文化育人工作必须充分注意到其中所蕴含的普遍性与特殊性、共同性与个别性之间的关系，准确认识和妥善处理文化育人工作中的几对重要关系，以使文化育人工作尽可能地切近受教育者的文化需求与内心需求，通过真正有针对性、目的性的育人工作方式，扎实持久地开展文化育人工作，将其作为整个人才培养过程的一个核心部分，从学生终生发展、适应国家需要、全面完善发展的高度，将文化育人工作落到实处，取得预期的收获，达到理想的效果。

第四节　广东高校文化育人的优势与劣势

作为统一教育体制之下的高等院校，我国高校之间自然有其诸多的共同性与相通性，如共同的办学体制、共同的管理体制、共同的政治方向、共同的价值导向等。这些共同性从我国高校的各个方面都有明显的体现，也可以说形成了某些突出特色。但是，由于各高校所处区域、自身传统、办学条件、类型与层次、学科特色与优势等方面存在的不同和差异，有时候甚至是显著的不同和差异，就决定了不同的高校之间仍然存在诸多功能不同的方面或不同的表现形式与局部差异。

从文化育人的角度来看，广东高校与国内其他地区的高校相比，存在着一些可以称作特色或优势的方面，同时也存在一些需要清醒认识的不足和劣势。这是思考文化育人、开展文化育人工作时必须充分注意到并妥善处理、合理解决的。

从特色与优势方面来看：第一，广东高校的类型比较丰富、层次比较齐全，这种情况有利于各高校之间开展各种文化交流、进行文化联谊，在多种活动与沟通交流中产生互通有无、优势互补的效果，以利于在尽可能广泛、全面的范围内开展文化育人工作，收到预期的教育效果。

第二，广东高校的人文社会科学学科数量比较多、教育教学水平和科学研究水平较高，学术资源比较丰富，具有相当广泛的文化影响力，可以很好地支撑文化育人工作的需求，有利于充分调动和运用相关学科的优势资源，有效果、有专业水准地开展文化育人工作及相关文化学术活动。

第三，广东高校大多兴建于民国初年至中华人民共和国成立后，具有丰富的近现代思想文化、现代革命文化传统和相关的地方性文化思想资源，有些高校的成立本身，就是近现代民主革命运动、现代革命文化建设的产物，从一开始就奠定了民主革命、社会主义革命和建设的基础，打下了深刻的参与民主革命运动、响应现代革命与建设号召的烙印，这些革命文化资源、红色文化资源可以有力地支撑高校开展文化育人工作并取得预期效果。

第四，广东高校具有非常深厚、突出的对外开放与交流的传统，所处的特殊地理位置、长期的对外文化交流与往来、深厚的华侨华人文化，都是广东高校具有的明显优势，也是开展文化育人非常重要的思想文化资源，有利于各高校发挥这种特色与优势，运用好这些传统和条件，在更加广阔的空间里、更加丰富的平台上开展文化育人工作。

第五，改革开放以来的40多年间，随着广东经济社会的迅速发展，发挥改革开放先行区、试验田的作用，广东高校也得到了率先发展、先行先试、大胆改革创新的机会，既是改革开放成果的最先享受者，是改革开放向纵深发展、在全国展开的见证者，也是改革开放历程和经验的直接经历者，如此重大的发展和进步、取得的突出成就，是最好的文化育人教材，有利于从新中国建设发展历史经验尤其是改革开放历史经验的角度开展文化育人工作。

第六，改革开放以来，广东的整体经济条件与环境得到了大幅度提高，文化学术环境也得到极大改善，成为中国经济最活跃、最发达的地区之一，也是高等教育、文化学术条件不断改善、持续提高的地区之一，这种外在优势也是文化育人工作的有力支撑和条件保障。

因此可以说，广东高校的文化育人工作有着许多优越条件，在一些方面也具有明显的文化学术优势。

但是，从全国高等教育总体状况的角度来看，在文化育人工作中，广东所具有的也不仅仅是优势或有利的方面，也不可避免地存在一些不利的方面。这是在思考和认识广东高校文化育人工作的时候必须注意到，并在具体工作中妥善处理的。比如：其一，广东并不是高校分布最集中、高校资源最丰富的地区，广东的高校资源与北京、上海、江苏、浙江等省市相比，不仅不占什么优势，而且仍然存在一些明显的差距；其二，全国知名度、影响力最大的高校并不在广东，广东高校的知名度、影响力并不处于全国最前列，尽管有中山大学、华南理工大学这两所进入“985工程”的高校，也有几所进入“双一流”建设的高校，但是毕竟数量不多，知名度和影响力都有待进一步提高；其三，从高校教风、学风角度来看，广东高校受到商品经济、流行文化等因素的影响比较直接、比较充分，教风、学风中存在着某些过于务实而缺少理想、过于重视实用性而缺少长远性、过于关注现实有用而缺少前瞻性与超越性的情况，这种情况不能不限制和影响文化育人的长远性和理想性；其四，从文化资源角度来看，广东的文化资源多集中于明清及近现代时期，唐宋时期及以前的文化资源并不丰富，尤其是缺少上古时期的文化资源，比如上古时期的文化遗产、古迹、文献资料等，都非常欠缺，这种情况也会在一定程度上影响广东文化育人工作的历史纵深感和丰富的时代感。

因此，在广东高校文化育人工作中，一方面要从文化育人需求的角度和广东区域文化特征的角度认真分析广东所具有的文化特色与文化优势，客观认识和估价这种文化特色与优势可能带来的文化育人特色和成效；另一方面也需要放眼全国，在更加广阔的视野下认识广东高校文化育人可能出现的局限性，冷静评估这种大学文化特色、区域文化特色可能给文化育人工作带来的不利影响。从广东高校文化育人所具有的优势与不足两个方面进行认识和估计，从而对文化育人及相关工作进行合理规划，以保证其顺利开展并收到预期效果，是文化育人工作总体设计和具体落实的一项重要内容。

第五节　充分发挥广东高校文化育人优势

如上所述，无论是从高校自身情况、条件来看，还是从高校以外的社会文化环境来看，广东高校文化育人具有一些明显的优势，同时也存在一些明显的不足。因此，如何在文化育人工作中充分发挥优势、彰显特色，合理运用资源、使用恰当的方式和方法，避免可能存在的不足或条件限制带来的局限性，充分发挥文化育人在高校人才培养体系中的作用，实现文化育人的理想效果，就是一个非常重要的问题，也是一个必须认真思考、妥善解决的复杂问题。

从总体上说，广东高校需要结合文化育人工作的要求、内容和特点，认真研究、准确判断文化育人方面已经具有和可能形成的特色与优势，在文化育人中有意识地强化、引导和突出这些特色和优势，在文化育人的总体要求之下形成广东高校文化育人的独特内容、具体方式和有效途径，并在此基础上探索广东高校文化育人的最佳途径和可行方式，应当是广东高校文化育人工作的重要内容之一。比如，如何深入研究和准确评估岭南文化与内地文化之间的深刻关联、岭南文化的区域特色与中华文化总体面貌和特性之间的关系，在更加广阔、准确的文化空间、学术视野中认识岭南文化的区域特色及其价值；如何发掘和运用唐宋时期，尤其是明清时期积累下来的丰富的岭南人文学术资源，凸显广东高校文化育人的文化优势与特色；如何传承和发扬近现代以来形成并发展的革命文化、红色文化传统，在历史事实与时代需求之间建构融会贯通的思想文化通道，突出广东高校文化育人的时代面貌和时代精神；如何汇集和提炼岭南华侨华人文化、侨乡历史文化资源，彰显岭南华侨华人爱国爱乡、反哺和报效父母之邦的赤子情怀；如何发挥和运用好广东一直以来形成的对外经济贸易、文化交流传统，体会和领悟岭南文化的对外开放性质、创新发展品格，使之在新时代继续得到传承和发展；如何发挥好广东毗邻港澳的地缘优势、利用好这种得天独厚的地缘条件和文化特色优势，在穗、港、澳三地不同文化区域、不同历史经验、不同现实状况的对比参照中，在方兴未艾的粤港澳大湾区建设进程中，充分发挥广东的文化特色与优势；等等。这些都是广东高校文化育人面临的既具有突出的理论性，也具有紧迫性和实践性的问题。

具体而言，对于广东不同类型、不同层次的高校来说，也需要结合自己高校的具体情况、办学特点、学科布局、发展方向对文化育人工作进行深入研究、具体规划，使此项工作有效地纳入整个人才培养体系之中，成为人才培养体系中一个应有的组成部分，真正发挥其应有的作用，同时也应当纳入整个高校的建设发展规划之中，从整体性、前瞻性的角度认识和对待这一问题。

比如，对于综合性大学来说，如何运用和发挥学科门类齐全、科研水平较高、教育学术资源丰富、影响力广泛的优势，特别是发挥好人文学科、一部分社会科学学科的独特作用，把文化育人工作开展得既有广度又有深度，既有普遍性又有特殊性；理工科大学如何发挥或偏重于基础理论研究的理科优势，或偏重于技术应用与开发的工科特色，在文化育人工作中探索出一套适应理工科学生学科体系、思维特点和思想需求的方式与方法，走出一条具有较广泛应用价值与前景、值得其他同类高校借鉴学习和运用的文化育人方案；以华侨华人及港澳学生为主要培养对象、面向海外地区培养高等专业人才的高校，如何运用好丰富深厚的华侨华人文化及港澳文化资源，通过华侨华人优秀传统的传承与发扬、当代华侨华人爱国爱乡精神的提炼与弘扬，通过当代港澳爱国企业家、爱国人士及其创业发展、爱国爱乡事迹的宣传与传播，将文化育人与高校的文化特色、人才培养特点深入地结合起来，产生有思想性、有影响力的文化育人成果；师范院校如何发挥以培养人民教师为主业、兼顾其他类型人才培养的特点，抓住“师范性”的本质特点，如何运用好比较重视基础性学科、比较重视教育教学、重视学科基础理论和教学基本技能、办学规模比较大等特点，将文化育人与教师教育人才培养、规范性与创新性相结合的人才发展目标紧密结合，在文化育人工作中探索出一条具有启发性、参考性的路径，在文化育人的理论研究和实践探索中做出应有努力和贡献；医学、药学高校如何在文化育人工作中发挥医学、药学的学科特色与优势，特别是从医学、药学专业所具有和擅长的人道主义、博爱观念、普惠和救助众人、现代健康观念出发，发掘医药学科专业蕴含的人文情怀、慈善思想，将其作为进行文化育人的有效资源，彰显医药院校人才培养和文化育人的特色与优势。

除普通高校外，招生规模日益发展壮大、办学水平和社会影响力逐步提升的高等职业技术院校和民办高校也是高等教育系统的一个值得关注的部分，当然也是文化育人工作的一支重要力量。因此在广东高校文化育人工作中，高等职业技术院校和民办高校也必须得到足够的重视，文化育人工作也需要得到同步的发展。

对大多数高等职业技术院校来说，虽然在办学资源、办学层次、学术水平、创新能力、社会影响力等方面较之普通高校特别是比较知名的普通高校存在着一些明显的不同，有些方面甚至存在着明显的差距，这是必须看到并承认的。但是职业院校所具有的应用性、技术性、特色性特点也是一些普通高校所不具备的，在适应当地经济社会发展需求、产业特色、职业需求方面有着突出特色和优势。因此，如何发挥职业院校的特色和优势，在文化育人工作中凸显自己的特色、展现自己的个性，通过特色化、个性化的方式与方法积极主动地开展文化育人，积极探索并大胆走出一条职业院校文化育人的道路，应当是职业院校必须面对并有信心坚持、有可能深入探讨并稳步实施的。

民办高校作为公办高校的一个有力补充，在高校系统中也具有独特的地位。民办高校的文化育人工作同样是广东高校文化育人整体工作的一个重要组成部分，而且，由于民办高校所具有的自主性较多、灵活性较大、应变性较强等特点，在文化育人工作中也应当寻找并确立自己的文化空间和文化特色，发挥民办高校的特色与优势，尤其是结合民办高校学生的思想状况、专业特点、兴趣爱好等，有主动性、针对性地开展文化育人教育活动，把文化育人工作与教育教学、理论学习、实践能力培养、学生发展紧密结合起来，也是一个需要特别关注、进行专门探讨的重要问题。

总之，在广东高校的文化育人工作中，各种类型、各种层次、各种特点的高校是否能够准确地认识到自己的优势和局限性，是否能够发挥自己的特色和优势，在不同高校的各施所长、错位发展中共同推进，形成扬长避短、优长互补的良好局面，对于高校文化育人工作的总体效果将产生直接的影响，而且会直接影响广东高校人才培养的整体水平，对于广东“文化强省”建设、“教育强省”建设也必将产生显著的影响。因此，这是一个既具有很强的理论性又具有突出的实践性，既关系到广东高校近期建设与发展又关系到广东高校长期规划的重要问题，必须将这一问题提高到足够的思想高度来认识和处理，以期达到预期的效果，实现文化育人与人才培养高度统一、人才培养与高校建设发展高度统一的理想目标。

第四章
大学与中外文化

高校是专业人才集中的地方，也是各种文化因素最密集、最丰富的地方，高校通常以文化资源丰富、文化种类复杂、文化环境优化为其突出特色。这既是“大学”一词的本义之所在，也是大学的优良传统和特色优势。在高校人才培养和文化育人工作中，如何充分发掘、合理评估、有效运用各种文化资源、文化条件，的确是一个关乎高校建设发展、人才培养和文化传承创新、社会服务、国际交流与合作整体水平的重要问题。

从文化育人的角度来看，高校中可能具备的一些文化条件、蕴含的一些文化因素，应当得到很好的保护、开发和运用，使之在高校的建设与发展，尤其是在人才培养过程中充分发挥其作用，在文化育人工作中彰显各种文化资源、文化条件和文化优势的作用，形成各种文化资源互相支撑、互相促进的良好局面，共同建构高校文化育人的良好格局。

高校以其人才优势、学科优势和社会影响力，通常在文化传承与创新、文化生产与传播中发挥重要作用，承担重要角色。如何有效运用各种文化资源和文化条件，将文化育人工作开展得有内容、有规划、有效果，是高校文化育人工作中的一个突出问题。就广东的高校文化育人而言，至少有以下一些文化资源、文化条件是应当予以特别关注，并在高校人才培养过程中充分发挥其作用，共同为高校的建设发展、为新时期高校的人才培养做出扎实努力和突出贡献。

第一节 大学与中华优秀传统文化

中华优秀传统文化作为中华民族在历代的生产生活中创造和积累下来的文化成果，是我国高校文化的重要基础，是高校文化内涵、文化底蕴的核心部分，也是新的文化建设与发展的基础性、支撑性力量，是难得的思想文化资源。中华优秀传统文化必将在文化育人工作中发挥其基础性、核心性作用，使优秀传统文化精神在当今的思想文化建设、人才培养中得到创造性转换、创新性发展，使古老的思想智慧、精神成果焕发出绚丽的光彩。

对于广东高校而言，一方面要深刻认识中华优秀传统文化对于高校文化育人的基础性、核心性作用，认识到传统文化对于全国所有高校文化育人的重要价值，这是开展文化育人的重要基础和前提；另一方面要准确把握中华传统文化与岭南文化的关系，认识中华文化整体格局中的岭南文化及其区域性特征，这是将继承和弘扬传统文化落到实处的重要条件。

岭南文化是中华文化的一个重要组成部分，是博大精深、丰富多彩、内涵丰富的中华文化整体格局中一种特色鲜明、地位突出的区域文化形态，也是一个价值独具、贡献显著的区域文化体系。因此，岭南文化与中华文化关系的密切关联、一体关系是显而易见的：一方面，以中原文化为代表的中华文化作为主导性的文化传统，对岭南文化具有本质性的规定作用，产生着深刻久远的历史影响；另一方面，岭南文化又从独特地域文化的角度丰富、诠释着中华文化的丰富多元、千姿百态。在数千年的中国文化史上，岭南文化与中华文化相互补充、相互滋养，共同成就和彰显了二者的价值和意义，共同反映着中华文化传统的五彩缤纷、传承发展、生生不息、源远流长。

关于岭南文化与中原文化的关系，可以出于不同目标、不同意图，从不同角度、不同层次上进行考察和认识。而从岭南文化的独特性与中华文化的共同性、中原文化对于岭南文化的思想滋养和主导性影响、岭南文化丰富和发展中原文化的角度来看，对于这一问题也可以得出若干认识，以利于将这一颇为复杂、宏观的问题思考和表达得更加具体。

其一，中原文化对岭南文化的基本规定和根本影响。首先，应当关注和明确的是以中原文化为主体的中国传统文化对岭南文化的基本性质、主要形态、核心精神和价值观念等各个方面的基础性规定和产生的根本性影响。中国作为一个长期以宗法制政治体系、集中统一观念、大一统格局为基础而建立的一个自成体系的多民族国家，其政权、制度、经济、教育、思想、文化等各方面的集权性、统一性和向心性倾向是非常稳固、非常突出而且是延续久远的。这种基本性质在岭南文化的形成、发展、成熟过程中也表现得同样突出，从根本上反映了岭南文化与中华文化的关系。

这种关系首先从中原人的南迁过程、岭南族群（民系）的形成及其特性中就可以相当充分地看出。岭南人的主体是不同时期、不同背景下南迁的中原汉人，及其与岭南土著越人通婚的后代，广府人、潮汕人、客家人这些不同族群（民系）的南迁及其地理分布，所具有的族群（民系）特征，实际上是以水路交通为主、以陆路交通为辅的传统文明时代所形成的必然结果，也从生产与生活方式方面直接反映着当时的社会经济状况和文化形态。这些从中原南迁的汉人，无论是从岭南西边的灵渠通往桂水（西江）和湘水，从岭南北边的梅岭等古驿道南下经珠玑巷分散到岭南各地，还是从岭南东边的循梅南下并与闽吴文化保持密切交流与影响关系，都可以看出，岭南各主要族群（民系）的形成及其地理分布，逐渐形成的文化形态、价值观念和思维特点，都与中原文化保持着深刻而密切的关联，而且这种文化基因早已成为岭南人的一种精神遗传和文化密码，对岭南意识的觉醒与建立，对岭南文化精神的建构、形成与发展发生着极为深刻的作用，产生着非常深远的历史影响。

其次，从历代王朝，尤其是唐宋两代贬谪到岭南的官员文人对岭南文化的多方面贡献中也可以相当集中地看出。古代以来，中国历代政治中心多在黄河流域或者更北面的地区，最繁荣发达的区域也多在这些区域。在传统的空间观念和地域观念中，岭南则属于非常偏远的地区。因而从汉代以来，由于各种原因而来到岭南的中原地区人士代不乏人；尤其是唐宋两代，由于政治及其他原因而被贬谪到岭南的内地官员人数众多，达到高峰，成为历代中原官员南迁岭南过程中一种相当突出的政治文化现象。仅唐五代时期，就有杜审言、宋之问、沈佺期、张说、刘长卿、韩愈、刘禹锡、杨衡、李翱、李绅、张祜、李德裕、裴夷直、许浑、李商隐、胡曾、吕洞宾等30多人被贬岭南；到了宋代，更有寇准、陈尧佐、包拯、周敦颐、苏轼、苏辙、郭祥正、秦观、米芾、朱敦儒、李纲、陈与义、胡寅、李光、胡铨、杨万里、朱熹、戴复古、刘克庄、文天祥等40多人被贬岭南。这种趋势和局面一直延续到明清时期，明代有李东阳、戚继光、吴国伦、汤显祖、高攀龙、王夫之等20多人被贬岭南。到了清代，虽然被贬岭南的官员已明显减少，但由于边疆领土、社会经济、对外贸易等原因，朝廷对岭南的关注并未减弱，反而有更加重视、强调的趋势。因而仍有朱彝尊、徐乾学、王士祯、潘耒、查慎行、杭世骏、全祖望、袁枚、赵翼、钱大昕、翁方纲、阮元、邓廷桢、林则徐、程恩泽、钱江、魏源、何绍基、林昌彝、朱琦、彭玉麟、杨锐、刘光第等30多人抵达岭南，在政治、经济、教育、学术、文学、艺术等多个方面做出了突出的文化贡献。

从这一简单的梳理中就可以看到，中华文化对岭南文化的多方面影响，除了本来就具有的统一性、一体性的文化根基、思想渊源之外，在具体的文化变迁、发展历程中，在很大程度上是通过唐宋、明清时期被贬谪到岭南，或因为其他原因进入岭南的内地官员、学者、文士及其他人员得以直接实现、得到充分表现的。特别由这些人士所带来的中华传统文化中的某些核心内容、主体部分、价值观念和人生态度等，比如儒家思想观念、传统经学、传统小学、传统教育观念与思想学说等，都是中原文化深刻影响岭南文化的显著例证。因此，历代入岭南人士在很多时候是以自己的困厄、艰难和不幸换来了岭南文化的变革与发展。这些人士不仅是中原文化进入岭南、影响岭南的重要桥梁和纽带，而且是岭南文化开发、变革和进步的一支重要力量，是岭南文化与中华文化在传统渊源上具有统一性、一体性的重要文化表征。

其二，岭南文化对中原文化的价值参照与独特贡献。作为一种具有鲜明特色、独特风情的地域文化形态，岭南文化又与中华文化格局中的多种区域文化具有明显的差异性、区别性特征，为具有普遍性、共同性特征的中华文化提供了具体而丰富、生动而鲜活的文化形态，从而与中华文化体系中的其他地域文化一道，从文化基础、文化资源、文化生态的角度支撑、丰富、彰显着中华文化的源远流长、博大精深和多姿多彩。

岭南文化对中华文化的突出贡献，首先表现在对中华传统文化体系的丰富、拓展和传承方面。岭南是一个相当典型的移民社会，大多数居民均为不同时期从中原地区南迁的移民，可以说移民构成了岭南族群（民系）结构的基础，决定了岭南民间社会的基本面貌。由于岭南族群（民系）的形成和延续，大大丰富、拓展了中华文化族群的内部构成、结构形态和总体面貌，使具有多民族、多族群（民系）、多元文化特征的中华文化体系得以实现和发展，与中华文化内部其他族群（民系）文化构成了相互补充、相互成就的良好关系，成为中华文化可以生生不息、绵延长久地创新发展的一种内部动力。从这一角度来说，岭南文化自从生成之日起，就对中华文化体系做出了独特贡献。

岭南文化对中华文化的历史贡献，还突出表现在，在历史进程的某些关键阶段或关键时刻，岭南文化有力地促进、改变或决定了历史格局和变革方向，集中反映了中华文化历史变迁过程中的重要转折和关键变革。无论是秦汉时期、唐宋时期，还是明清时期、近代以来，中国历史上经历的多次重大转折、关键变革经常是从岭南这个本来颇显遥远、偏僻的地方开始的。不论是宋元之际还是明清之际，中国的历史进程和走向总是与岭南有着密不可分的关联。在这些历史转折的关头，正是由于岭南文化，或者是由于在岭南的人物和发生的事件，才决定了中国历史的走向和进程，从而使岭南从中国版图的边陲向历史意识的中心迁移。至于近代以来岭南对于整个中华文化发展变革方向的有力引领，对于中国文明进程的强有力促进和决定作用，更是显而易见的历史事实。可以这样说，假如没有岭南文化的参与和贡献，近代以来中国的历史必然是另外一番景象，中国文化也必然是另外一种面貌。

岭南文化对中华文化的突出贡献，还表现在多位岭南杰出人物的出现及其对中国文化史的多方面重要贡献上。假如说秦汉时期的赵佗等人还是从中原进入岭南的外籍人士、反映了中原人士深刻地影响岭南的话，那么到了东汉时期杨孚等人的出现，尤其是到了唐代张九龄、慧能等人的出现，宋代崔与之、余靖、李昴英等人的出现，则表明岭南本土人物的崛起并越来越深度地得到中原地区人士的认同和接纳，也反映了岭南文化更加自觉、主动地汇入中原文化、中华文化的基本趋势。这种趋势，到了明清时期，尤其是近现代以来，就已经成为一种引人注目的文化现象，汇成了一股汹涌蓬勃的文化思想潮流，出现了陈邦彦、屈大均、陈恭尹、梁佩兰、陈子壮、黄佐、张维屏、黄遵宪、康有为、梁启超、朱执信、孙中山等一大批杰出人物，深刻地影响或决定了中国历史的进程与走向，有力促进了岭南文化、中华文化的创造性转化和创新性发展，尤其是促进了岭南文化、中华文化与西方文化及其他外来文化的接触、交流与沟通，促使古老的中华文化与多种外来文化进行接触、对话，发生碰撞，产生交融，这种新的文化格局、文化构成和变革趋势反映了近现代以来中华文化乃至世界文化的变革趋势，对于后来的岭南文化、中华文化以及二者的关系产生了积极有力的影响，更加充分地显示了岭南文化对中华文化的历史变迁、时代变革，尤其是从传统走向近现代的传承转换过程中发挥的积极作用。

第二节　大学与中国当代思想文化

中国当代思想文化是中国传统文化的时代发展与当代形态，其中蕴含着丰富的传统文化因素和历史经验，也是当代社会实践、社会发展变革的文化积累，其中包含着丰富的当代文化新因素和新成果。从文化育人的角度来看，高校不仅要自觉继承和发扬优秀传统文化，使文化育人工作具有深厚的文化内涵，也要有意识地宣传和传播优秀当代文化，使文化育人工作带有鲜明的当代色彩和时代意义，形成传统文化与当代文化互相促进、共同支撑的合理结构与良好局面，才会使文化育人更有历史底蕴，也更有现代价值。

中华人民共和国成立以来，社会主义革命和社会主义建设取得的思想文化成果，是中国当代思想文化的重要组成部分。在 20 世纪 50—60 年代前中期，经过十几年的政治建设、思想建设和经济建设，使中国从一个贫病落后的旧中国，转换为一个充满朝气、充满希望、欣欣向荣、走向迅速发展轨道的新中国，在极其困难的国内、国际局势下，在很短的时间里，建设起了自己全新的政治体系、经济体系、教育体系和文化体系，形成了具有中国特色的社会主义政治制度，在政治、经济、教育、外交、国防等方面取得了令人瞩目的成就，并为继续建设和持续发展奠定了坚实的基础，积累了宝贵的经验。这是中华人民共和国成立后社会主义革命与建设过程中取得的伟大成就的集中表现，也是中国当代思想文化的重要内容。在高校文化育人工作中，对这些思想文化成就与成果，必须予以足够的重视，使之成为高校文化育人的重要内容。

改革开放以来，当代中国在经济改革、对外交流方面积累的宝贵经验、取得的突出成就，是中国当代思想文化的又一个重要组成部分。在遭遇了巨大困难和压力、经过了艰难的思考与探索之后，以党的十一届三中全会为显著标志，中国走上了以改革开放为主题、以经济建设为中心的正确道路，随着经济体制改革的深入发展，国民经济得到迅速恢复与发展。以经济的恢复与发展为动力和支撑，各项事业得到迅猛发展，各个领域都取得了举世瞩目的成就。40 多年的改革开放成就，不仅使中国走上了富强、民主、文明、和谐的康庄大道，走向了中华民族伟大复兴的新征程，而且探索出马克思主义中国化、中国特色社会主义建设的中国道路、中国方案，为世界文明的发展、人类社会的进步贡献出中国智慧。改革开放以来不断探索、不断前进的经验正在雄辩地证明中国当代思想文化取得的伟大理论成果和实践成就，成为中国当代思想文化建设的宝贵经验。

在高校文化育人工作中，如何回顾和总结中华人民共和国成立以来的思想文化、教育发展历程，尤其是汲取改革开放以来在文化、教育等方面取得的宝贵经验，凝聚思想，汇聚智慧，并将这些从艰难探索中获得的经验概括提升为具有广阔应用价值、深刻指导意义的理论思想、理论原则，是需要广大高校教育工作者尤其是文化育人工作者深入探讨、认真总结的，也是高校文化育人自身所需要和期待的一项重要内容。

第三节　大学与岭南优秀传统文化

作为文化区域的“岭南”与作为纯粹地理区域或行政区域的“岭南”，既有联系又有区别。一般来说，“岭南”作为一个文化区域，显得更加开阔、包容，也更具有文化内涵和地缘魅力。这种性质和对这种性质的认识，从“岭南”的文化构成因素中可以得到集中的反映。

作为文化区域的“岭南”，大体由广府文化、潮汕文化、客家文化、海南文化、少数民族文化、澳门文化、香港文化、外省入粤文化、外国入粤文化等各种要素构成，从而形成了文化意义上“岭南”的基本结构关系和表现形态，同时也是其主要的外在表现形式。这些要素也构成了岭南文化的基本区域特性，反映着岭南文化历史与现实、时间与空间、自然与人文等方面的文化特征，也传达着文化岭南的精神气质。

广府文化是以农耕为基础的商业文化。广府文化是以珠江三角洲地区为中心、向四周辐射的一个区域广阔的文化，是岭南文化特色和文化精神的集中展现。不管是就广府文化的历史传统来说，还是就其现实状况来说，人们经常愿意从市民文化角度、商业文化特点来认识和概括广府文化。这种认识和概括当然有其根据，也具有一定的合理性。但是，应当更加清醒地认识到，广府文化既不同于中国传统意义上的以粮食作物耕作、完全依靠土地生活与生存的农业文化，也不同于以自由经济往来、商品交换为主要特征的西方式的商业文化，而是一种具有深刻传统农耕色彩、深受传统农业文明影响和制约的农业性与商业性兼具的文化，或者说是一种以农耕为基础的民间性商业文化。因此广府文化一方面具有传统农耕文化的基本特征，如依靠天气、田地、江河进行农业生产，进行各种农作物栽培、家畜和鱼类蓄养；另一方面也体现出一定的灵活性和自主性，具有一定的商业贸易意识，进行小规模的农副产品贸易、各种农业资料交易，以此作为农业生产、农耕生活的有效补充。久而久之，遂形成了广府文化相当突出的生活特点和显著的文化特征，从而在岭南文化格局中独树一帜，在整个中华文化格局中，也具有其非常明显的区域文化特征。

潮汕文化是以大陆为依托的海洋文化。潮汕地区处于岭南东部，大部分地区依山傍海，因而潮汕人形成了一种颇为独特的生活方式和文化形态。许多人依靠大海生活，主要以捕鱼和海上贸易为生，同时也适当兼顾农副业生产，如种植和加工茶叶等；在靠近海边的许多地方，渔民、渔业成为潮汕人的主要社会身份和生活方式，同时也注重以精细、灵巧为基本特征的民间手工艺的发展传承，如刺绣、陶瓷及其他手工艺品制作。在潮汕文化精神中，既有勇于闯荡探求、进取果敢、面向海洋的勇气和气度，表现出向外开拓、向上追求的思想勇气和行动风度，又有精心灵巧、细致诚挚、面向大地的执着与坚守。许多远赴海外经商、谋生的潮汕人，就秉承了这种敢试敢闯的文化精神。因此可以说潮汕文化是一种以大陆为依托的具有明显海洋性、冒险性特征的文化，同时也具有中国传统农耕社会、农业文明的基本特点。这种与天地自然和谐而生、天地人三者相宜相生的生活方式和文化形态，也确立了潮汕文化在岭南文化格局中的独特风貌和价值地位。

客家文化是以山区为家园的农业文化。在岭南三大族群（民系）中，客家人南迁最晚，因而被岭南土著人和先期到来的人们称为“客人”或“客家人”。一方面，由于客家人南迁的时间较晚，原有居民聚居的田地富饶、便于生产生活的平原地区与江河沿岸大多已有其他族群居住，客家人只好向生产生活条件比较艰苦、地理位置比较偏远的山区发展。因此向有“无山不有客，无客不在山”的说法。这种概括虽然并不一定准确，却从一个重要角度反映了客家文化的区域特征和生态环境。这种独特的生存经历、生活环境造就了客家文化的诸多独特性，比如安土重迁、耕读传家的思想观念和生活方式，重视家族承传、乡里人情、尊老爱幼的道德思想观念。因此可以说客家文化在精神内涵和个性气质上是一种以山区为家园的农业文化。另一方面，由于客家地区较肥沃的土地不多，人口较为密集，随着交通的日渐发达、中外交流的逐渐增多，一些客家人也踏上了向海外发展、到国外谋生的道路。这种变化也是客家人谋求发展、寻求开拓的文化精神的集中体现。

海南文化是以移民为主体的海岛文化。海南省位于中国大陆最南端以南，隔琼州海峡与大陆相望。海南居民除一部分土著民外，大多数为从大陆福建、广东沿海南迁跨海的移民。这些移民多属于闽南、潮汕地区，所说方言为闽南话或潮汕话的分支，是一种次方言。因此可以说海南文化是当地土著居民与大陆移民长期相处、交融过程中共同创造的海岛文化。海南文化演变的总体趋势是随着大陆移民的逐渐增多、少数民族的逐渐减少，大陆文化对海南原初文化的影响和作用日益深刻，海南文化与中华传统文化的关系也日渐密切。随着唐宋时期岭南的开发、发展日益充分，特别是宋代由于贬谪官员文士的大量南迁，形成了中原思想文化、教育观念、生活习俗传入海南、影响海南的一个高潮，显著促进了中原文化与海南文化的交流，促进了海南文化的迅速发展，并逐渐被内地所认识、接受和认同。其后的海南文化一直保持着这种与大陆文化、中原文化联系交流、借鉴共生的密切关系之中。海南文化伴随着中原文化的发展而发展变化，特别是随着明清时期岭南经济的迅速崛起、文化的全面发展，海南文化也得到迅速发展和进步，并日益深刻地融入岭南文化、中华文化的大格局、大家园之中，从区域文化角度对中华文化做出独特贡献。

少数民族文化是以民族精神传承为特征的多元文化。岭南本属于上古时期“百越”的一个部分，具有多样的民族族群分布和丰富的民族文化资源。在数千年的文化发展演变进程中，随着中华民族一统化、国家版图扩大、中原移民向四方扩散延续，民族形态与民族意识的变化，岭南的少数民族形态及其文化形态也发生了深刻变化。总体趋势是随着中原移民的日益增多并占据主导地位，汉民族文化日益壮大，少数民族文化仍在一些区域以独特的方式得以延续和传承。因此，岭南少数民族保留着古代百越人文化传统的某些重要信息，承传着远古时期百越人的人类学基因，古代百越人的某些精神信仰、文化习俗、生活习惯和语言特征，仍然延续在一些岭南少数民族的生产与生活之中，并对南迁而来的中原汉人产生明显的影响，从而成为岭南文化精神文化资源中一个特色突出、价值独具的组成部分。由于有了少数民族文化的传统和资源，岭南文化以民族精神传承为特征的多元文化特征得到更加充分的展现。

澳门文化是岭南文化面向世界的窗口之一。自从明代后期以来，西方国家在发现了这个原本颇为神秘的东方古国——中国之后，便开始了日益强势地走向东方、走向中国的进程。西方对中国的发现，首先是从处于中国大陆最南端、濒临南海的岭南开始的。自从16世纪后期以葡萄牙人为首的西方国家发现了澳门并由此发现了岭南乃至整个中国之后，就越来越深刻地改变了中国的命运和中国与西方强国之间的关系。原本处于岭南沿海一隅、地方非常狭小的澳门，随即成为西方人了解中国、中国人认识西方世界的最重要窗口，在清代前中期的所谓“一口通商”时期，甚至成为唯一的开放窗口。在这一对中国人和中国文化而言异常复杂多变、艰难困苦的文化交流、接受、调整与转换过程中，澳门虽然地处天南，却扮演了极其重要的文化角色，也承担了非常重要的文化使命。澳门这个狭小的所在，一方面向外面的世界展现着岭南文化、中国文化的许多方面；另一方面也通过以葡萄牙为代表的西方国家了解和认识了世界，尤其是西方世界的新变化与新发展。澳门作为中西文化交流津梁纽带的作用得到日益充分的发挥，其自身的文化形态也发生着或显而易见，或潜移默化的变化，从而成为岭南文化乃至中国文化面向世界的第一个窗口，澳门文化也成为岭南文化格局中具有中外交流融会色彩的一种特殊的文化形态。

香港文化是岭南文化面向世界的窗口之二。随着清朝在鸦片战争中的彻底失败，开始了在西方列强面前无力招架、节节败退的狼狈亮相与苦难历程。香港是继澳门之后被迫向西方国家开放的又一个窗口。香港由于具有特殊的地理位置、优越的航海条件，更由于处于特殊的历史条件之下，以英国为代表的西方国家将香港作为与清朝进行商品贸易、向中国输入西方文化的最重要口岸。由于英国的迅速崛起并超越了葡萄牙等先行发展的国家，香港在中西文化交流中的地位也迅速提高，很快取代了澳门的文化经济地位。不仅澳门与香港的关系发生了逆转式变化，而且这种变化也引起了中国文化与西方文化之间关系的深刻变化。随着英国统治者治理香港时间的延长，社会制度的长期延续，香港的文化形态、价值观念等诸多方面也发生着日益深刻的变化，并成为西方世界了解中国、认识中国的最重要口岸，也成为中国了解西方世界的最重要窗口。香港成为近代以来最重要的对外交流口岸，在沟通中外文化过程中发挥着特别重要的作用。香港的迅速发展和有力崛起，也使岭南文化格局、构成要素发生了空前深刻的变化，并对其后长时期的中外关系、文化发展历程产生着深远的影响。

外省入粤文化是岭南文化创造发展的外部动力之一。岭南地处中国大陆的最南端，北依五岭，南面大海，在长期的古代传统社会中，距内地路途遥远，交通不便。但是，由于中国自古以来强大的政治一统、行政一统、思想一统力量，即便是偏远的岭南地区，也从来都是中国大一统格局中的一个组成部分，主流政治观念、思想意识、风俗习惯、价值观念等仍然对岭南发生着深刻而直接的影响，在某些方面甚至产生决定性作用和影响。在这一文化演进过程中，内地各省（区、市）入粤人士及其所带动的文化，发挥了重要作用。尤其是唐宋时期，多位贬谪官员、文士进入岭南地区，带来了中原地区先进的生产与生活方式和文学、教育、思想观念，直接带动了中原文化向岭南的输入和影响，有力促进了岭南文化的迅速发展和进步，也促进了中原文化对岭南文化的认识与认同。这种趋势虽然在元明清时期有所改变，但是中原地区进入岭南的各种人士一直是促进岭南发展、促进中原文化与岭南文化交流认同的一支重要力量。从岭南文化的长期发展历程及其与中原文化的关系来看，可以说外省入粤文化是岭南文化长期保持生机活力、变革创新、发展超越能力的外部动力之一。

外国入粤文化是岭南文化创造发展的外部动力之二。在中华文化长期历史演进过程中，岭南地区始终是接触和接受外来文化、认同和传播外来文化最活跃、最充分、最有力的区域。不论是中古以来佛教文化的传入，还是明末以来尤其是近代以来西方宗教及其他文化内容与形态的传入，无不是以岭南尤其是以澳门、香港、广州等沿海地区为最早的登陆口岸，并由此逐渐向中国内地深入、延续和展开的。这种情况充分反映了岭南地区，尤其是岭南沿海地区，在以航海为主要交通途径的古代和近代所具有的地理特点和所处的特殊地位，以及与此密切相关的社会结构、经济水平和文化生态。虽然外国文化特别是以欧美发达国家为代表的强势文化的进入给岭南乃至整个中国带来了许多艰难困苦、意外冲击，但从长远来看，这种看似意外的际遇和处境，实际上一方面从外部触动了中国传统文化的内部结构、传统形态和历史惯性，另一方面也激发了中国文化转换、创新与发展的内部动力，以及与外来文化、异质文化进行接触交融、互鉴共生的意识和能力。而且，在漫长的中国文化史进程中，岭南文化经常在中外文化接触交融、转换创新之际充当探索者、先行者的角色，经常发挥文化桥梁、文化口岸的作用。因此，可以说，不同时期的外国入粤文化，已经成为岭南文化创新发展的一种外部动力。

总之，岭南文化之所以能够历千年而生生不息、枝繁叶茂、传承有序、蓬勃发展，就是在上述多种因素、多元构成、不同形态、不同类别文化的交流交融、相互激发、共同创造之中，在伴随着整个中华文化的传承发展、变革创新的同时，自觉地、有意识地发挥这一具有独特价值的区域文化优长，为整体文化的构成自立、创新发展贡献智慧力量的过程中，才成就了岭南文化的独特形态特征和精神品质，也成就了岭南文化在深厚丰富、复杂多元的中华文化整体格局中所具有的独特价值和突出地位，从而成为中华文化大家庭中一个做出了重要贡献、具有独特地位的地域文化形态。

岭南文化多元丰富、根深叶茂、源远流长。早在新石器时代，已有古人类活动于珠江流域及其他地区，开创了岭南文化的基本局面，奠定了岭南文化的总体格局，也留下了岭南文化的原初记忆。在其后数千年的历史进程中，岭南文化的发展始终既与整个中华文化的总体格局、变革趋势、兴衰起伏连通一体、息息相关，又从区域文化的角度展现出自身的独特内涵和鲜明个性，为中华文化做出独特贡献，从而造就了岭南文化自身及其在中华文化大家庭中的价值和地位。

岭南文化在长期的发展变革、历史转换历程中，一些重要的关节点、转折点对于当时及后来的文化形态、变革趋势、发展方向及其历史启示、价值意义等，产生了关键作用，发生了深远影响。因此，认识和把握岭南文化发展历程中那些关键时刻发生的重大转折、重大变革及其意义价值，是认识和把握岭南文化历史走向、古今演变、深刻意义和深远影响的关键，也应当是把握岭南文化发展历程及其时代精神的一个有文化史意义的着眼点和着力点。

秦汉时期，岭南意识的兴起与岭南气象的建立。随着秦代统一全国局面的形成，国家版图的扩大和边疆意识的逐渐明晰，秦朝通过派兵、移民等形式加强对岭南地区的掌控，在统一国家意义上奠定了岭南版图及疆域的基础。汉代以赵佗为代表的多位中原南下统治者建立的南越国及其延续发展，有力促进了岭南社会的发展，经过较长时间稳定自然的变革，岭南社会经济得到明显提升，社会生活不断取得进步，从而形成了自成面目而又与中原文化密切相关、息息相通的岭外气象。这种良好开端和稳定局面对于其后岭南社会的发展变革、岭南与中原关系的和谐稳定产生了基础性、示范性作用。

唐宋时期，岭南精神的兴起与中原认同的确立。随着唐宋时期中国传统社会发展高峰的到来，中原文化成就、价值和气象对岭南地区产生了日益深刻的影响，加之中原人士由于种种原因南迁、到达岭南，中原与岭南的来往渐趋频繁，与此密切相关的岭南本地杰出人士出现，并得到主流社会文化的认同和接纳，从而形成了岭南与中原经济互通、文化互通、观念互补的良好局面。值得特别注意的是，一方面，唐宋时期岭南本地杰出政治人物、文学人物、宗教人物的出现并被中原广大地区认同和接纳，对于岭南文化的发展壮大、彰显价值和产生影响具有关键作用；另一方面，唐宋时期，尤其是宋代，众多从中原地区被贬谪到岭南的著名官员、文士及其他文化学术人物以自己的困厄不幸，带来了中原地区先进的思想文化、教育思想、文学艺术和价值观念，对岭南社会的多个方面产生了空前深刻的思想启发和影响，对岭南文化的多个领域产生了显著的促进、改变、完善和提升作用，做出了多方面的文化贡献，从而成为岭南文化走向全面兴盛的先导和动力。从此，岭南地区开发与中原文化互动交流的良好局面得到相当稳固的确立，从而出现了岭南文化蓬勃向上、兴旺发展的可喜局面，确立了岭南社会文化的多方面基础，对其后岭南文化格局的形成与确立、岭南文化精神的形成与延续，都产生了原发性、引领性作用。

明清时期，岭南文化总体格局与地域特色的形成和确立。在经历了宋元之际那场决定南宋朝廷兴废、中国历史走向的规模空前的“厓山海战”之后，宋亡与元兴这一历史深刻的巨变，给中华民族带来了非常丰富的文化想象与往事追怀的空间。在漫长的中国历史演进过程中发生过很多次朝廷兴废、江山易主，但是，唯有发生于广东新会厓山的这一次，对于岭南来说是如此迫近、如此真切，也是如此的感同身受、触目惊心。从岭南文化自身及其与整个中华文化关系的角度来看，可以说，由于宋元之际的“厓山战役”而引发、促成的对于历史兴亡、朝代更迭、江山鼎革的文化记忆，由此加速形成并牢固确立的岭南遗民精神，深刻地影响、明显地丰富和有力地改变了岭南文化的精神内涵与思想特质，并成为其后多次时代思想变革、寻求新变、坚守立场与价值信仰的思想基原点和文化心理基础。

这种思想基础和精神气脉，到了明清之际，当岭南又一次被推到历史的前台，又一次面临如此重大的政治选择、文化选择和思想选择的时候，岭南文化的精神内涵、独特气质和思想个性又一次得到了迸发式的展现。岭南文化个性气质、精神血脉中一直延续和潜流着的入世情怀、担当意识、烈士精神、英雄品格和激情血性，在明清之际得到了一次空前充分的彰显和弘扬，有力显现了岭南文化对于整个中华文化思想传承、精神建构与文化转换的责任担当和历史贡献。

明清两代的岭南，真正进入了一个人杰地灵、社会进步、思想活跃、学术渐盛的时代。除了岭南以农业为基础的商品经济、贸易活动带来了社会各方面的显著变化和持续进步以外，在精神文化上也出现了全面繁荣、蓬勃发展的新局面。明清时期，岭南哲学、理学、经学、史学得到高度发展，政治、教育、事功方面出现了多位杰出人物。文学更是出现了盛况空前的局面，不仅在岭南地区发生了广泛影响，而且声名传扬广远，受到江苏、浙江等地的江南人士及其他地区主导文坛人物的认可与嘉许。这一时期的岭南文学，出现了继唐宋时期之后又一次兴盛繁荣的局面，而且更加深度、更加充分地汇入了中国文学主潮之中。江南诗论家洪亮吉甚至写下“尚得昔贤雄直气，岭南犹似胜江南”的诗句，对岭南诗风给予高度评价。岭南文学以其独特的思想深度、风格趣味受到四方文学家的瞩目，已不仅限于岭南一隅而已，从而为后来岭南文学的进一步发展并产生广泛影响，奠定了多方面基础，准备了充分条件。

第四节 大学与岭南近代思想文化

近代是岭南文化倡导历史新潮、引领时代风骚的黄金时代。近代以来，中国文化的最显著特征就是进入了中西冲突交汇，同时伴随着传统文化古今转换的新时代。在这一数千年未有之变局、创局中，岭南由于独特的地理位置、历史传统和先发的文化机缘，一直处于历史的最前沿，反映着时代风潮的急剧变化和新奇动向，引领着思想文化的新趋势和新风尚，成为感受最为直接、思想最为活跃、变革最为迅速的区域，从而在整体上反映和引领着近代以来中国文化的变革方向，也反映着中国文化从无意识到有意识、从颇为被动到日渐主动地迎接西方挑战、汇入世界文化主流的愿望。

尤其值得注意的是，晚清民国以来众多岭南人物成为时代的先知先觉，怀有兼济天下的文化情怀与责任担当，在多个方面引领着整个中国文化变革与前进的方向，代表着世界文化走向中国、中国文化走向世界的历史进程。而中国澳门地区、中国香港地区的先后兴盛，宛如岭海珠玉、华夏奇葩，成为中国人瞭望异邦、走向世界的门户，也成为外国走向岭南、世界抵达中国的口岸。因此晚清民国时期的岭南文化，不论就其多方面文化贡献、历史地位和影响而论，还是就其在当时整个中国版图上的地位、作用和贡献而论，都确可称为岭南文化的黄金时代，为后来直至今日的岭南文化发展奠定了扎实深厚的基础。

中国近代思想文化进程中，最重要的时代主题有二：一是古与今的嬗变与选择，即如何对待自己的民族文化传统及其在迅速变革的文化主脉、时代环境中的价值和意义；二是中与西的冲突与融合，即如何对待西方文化的传入与影响及其给中国社会带来的多重影响。在实际的时代变迁与文化变革中，这两个主题又经常是交织、纠缠在一起的，从而表现出极其复杂难辨、艰难取舍的局面。近代以来的历史事实已经证明，这是中国文化发展变革进程中面临的严峻考验，也是中国文化转换创新中获得的难得机遇。

从岭南近代思想文化的变革历程与整个中国近代文化的关系来看，可以清楚地看到，近代时期，岭南又一次处在了时代文化变革的前沿，又一次处于思想观念转换的中心，中国近代发生的多次变革、多种转换，均与岭南地区有着极为密切的关系，有的是以岭南为发源地而开始，有的是以岭南为中心区域而进行，并由此深刻地影响和带动了全国的思想文化变革与观念转变。从近代早期的经世实学思潮、反帝爱国、批判封建腐朽统治思潮，到近代前中期的洋务救国、实业强国思潮，从近代中期兴起的维新变法思潮、政治变革思潮，到随后兴起的民主共和、政治革命思潮，无不与大量涌现的岭南杰出人物密切相关，也与岭南勇于变革、富于创新、大胆开放、对外交流的思想传统密切相关。或者换一个角度来看，可以说，从早期、中期到后期岭南近代思想的变革、思潮的演变与转换、杰出人物的思想与行事、重要史事的过程与影响，就构成了一部波澜壮阔、变革创新、对外开放的中国近代思想史、心灵史、精神史的基本脉络，从岭南地方文化这一重要而独特的角度展现了整个近代中国的总体性、趋势性变革。岭南近代文化对于整个中国近代思想文化的贡献，从中也得到了充分的展现和证明。

因此，在广东高校的文化育人工作中，必须对近代岭南的思想文化资源、历史文化传统予以特别的重视和深入的研究，尤其是其中反映了整个近代中国古今变革与转换、中外冲突与交流总体趋势和动向，代表了近代中国思想文化变革总体趋势的部分，作为历史文化资源和精神思想财富，应当在当今的高校文化育人、文化建设与人才培养中更加充分地发挥其必不可少的作用，做出应有的贡献。这既是对历史文化资源的一种回溯、继承和激活，也是对新时代文化建设、高校建设、人才培养的新探索和新贡献。因此，这当然也是当下广东高校文化育人工作应当着重关注并妥善处理的一个既具有重要性又具有特色性的重要的理论问题和实践课题。

第五节　大学与岭南现代红色革命文化

中国现代文化的一个重要特征、显著特色，就是以中国共产党的领导为核心的红色革命文化的兴起、建立并形成独特的思想体系。从思想来源上说，中国现代红色革命文化一方面是中国传统思想文化的传承与发展，另一方面是起源于西方的马克思主义思想理论的引进和中国化，并形成独特的中国形态。在这一传统与现代的交汇转换、中国与外国的交流共进过程中，产生了既具有深刻的理论性、显著的创新性，又具有突出的实践性、充分的民族性的中国特色的红色革命文化思想体系及其表现形态。一个多世纪的中国现代社会建设发展历程已经证明，这种红色革命文化已经成为一种既具有理论性又具有实践性、既具有历史性又具有现实性的思想文化传统，也当然是高校文化育人、人才培养体系中一个重要的组成部分，而且是一个非常具有生命力和创造力、思想性和启发性的部分。

20 世纪初蓬勃兴起的民主革命思想在岭南地区的传播，为现代革命思想的建立和发展奠定了重要的思想基础，成为现代红色文化生长、壮大不可或缺的土壤，也为岭南地区培养和造就了为数众多的杰出人物，为中国革命做出了突出贡献。因此，岭南具有深厚的革命文化、红色文化基础，也具有深厚的革命文化、红色文化思想传统。

在以中国共产党为领导核心进行的民族民主革命历程中，岭南一直充当着重要的角色，发挥着重要的作用。可以说，中国现代革命的每一个阶段、每一个时期，都在岭南地区留下了深深的烙印，岭南地区也在整个中国革命进程中做出了重要贡献。从马克思主义代表性著作的早期译介和传播，到马克思主义理论的系统介绍；从马克思主义思想的学习吸收和社会实践，到马克思主义思想理论中国化的实践探索；从农村情况的调查了解、农民运动的发动领导，到发动农民、解放农民、以农村包围城市策略的确定与实施；从国共两党合作、北伐战争的发动，到大革命高潮的到来；从抗日战争的全面爆发，到全民族抗战局面的到来和全民族抗日民主统一战线的形成。以上都成为岭南红色文化、革命文化的重要组成部分，也是岭南现代文化的重要组成部分。这些红色革命文化记忆中的重要历史事件和关键时刻，无一不在岭南的红色革命活动中留下了重要的记忆，岭南人和岭南文化都在其中发挥了非常重要的作用，有时候甚至发挥了关键性作用。

在岭南的红色文化、革命文化记忆中，可以看到，有许多重要转折、重大事件发生在岭南这片革命的土地上，有许多杰出人物、革命先烈成长在岭南这片英雄的土地上；还有一些思想观念、革命理论产生于岭南的革命实践之中，或者与岭南的革命活动、革命运动有着密切的关系，成为红色文化的理想追求、革命文化的理论观念与岭南地区社会实践、思想文化传统相结合的产物，成为岭南对整个中国现代红色文化、革命文化做出的独特贡献。

在广东高校文化育人、人才培养的工作开展与各种实践活动中，有必要系统搜集相关文献资料，汇聚有关历史文化资源，在此基础上对这些历史文化资源进行深入的研究、评价，再经过适当调整、合理选择和有效运用，使之在高校文化育人工作及相关的文化思想活动中发挥作用，赋予广东高校的文化育人工作更加扎实深刻、深入系统的历史文化内涵和学术思想内涵，使这种珍贵的历史文化记忆在当代的文化育人工作中焕发出新的光彩，在新时代的高校人才培养工作中充分发挥其历史文化资源、思想渊源和借鉴启发的作用。

第六节　大学与岭南当代思想文化

党的十一届三中全会以来，中国开始了以改革开放为时代主题、以经济建设为中心任务的新时期，随着改革开放的不断深入和发展，整个中国走向了不断创新发展的新时期。在这一大变革、大趋势之下，岭南文化也进入了充分发挥特色优势、引领时代变革与前行方向的新阶段。这是中国当代社会发展进程中一个具有重大意义的显著标志，也是中国当代高等教育发展变革新时期开始的正式标志。

以党的十一届三中全会为显著标志、以改革开放为时代主题、以经济建设为中心的新时期的到来，使具有对外开放、创新发展传统的岭南迎来了又一个迅速变革、蓬勃发展的新时期，岭南文化的传统优势与现实机缘、独特地缘与发展可能都得到空前充分的展现。

自从20世纪80年代以来，岭南以其得天独厚的地缘、经济贸易、华侨华人、对外交流等方面的优势，成为中国改革开放的先行地、试验田，而且以先行先试的机遇和勇气，成为中国社会发展方向的号召者、引领者。在如此难能可贵的历史机缘下，岭南文化的各个方面得到蓬勃发展，价值地位和辐射力、影响力迅速提升，迎来了岭南文化迅速变革、高速发展的一个崭新时期。尤其是以珠江三角洲为代表的经济发展、社会转型、文化建设最有成效，珠江三角洲已经成为备受全国瞩目、世界关注的地区。岭南文化在广东改革开放先行一步优势的引领、促进下，得到全面、健康、稳定的发展，取得了空前突出的成就，反映了中国社会文化的未来发展方向。

在新时期以来开始的以改革开放为时代主题的文化进程中，广东又一次在中国社会变革、历史转换的关头，充当了重要角色，发挥了关键作用。特别是在改革开放初期的20世纪80—90年代，当中国的改革开放刚刚艰难起步，没有现成经验可以借鉴，许多问题都需要思考探索、许多问题上都存在争论、改革开放的前景还不明朗的复杂情况下，广东在国家的大力支持下，发挥其地缘、经济结构、对外贸易、华侨华人等方面的特色优势，以其特有的敢为天下先、敢闯敢试、先行先试的勇气，在经济体制改革、对外开放、对内搞活经济、对外经济贸易、引进外资、中外合资等方面进行了大胆而卓有成效的探索，走出了一条通往健康发展、不断富强的正确道路，使广东在不长的时间内就得到了迅速的发展，并为全国的经济体制改革、社会文化变革探索出一系列可资借鉴学习的宝贵经验。从这个角度说，广东不仅是国家改革开放政策的最早尝试者、最充分受益者，也是改革开放经验的最早探索者、总结者和推广者，在这一巨大而深刻的社会变革中做出了独特的理论贡献和实践贡献。

岭南文化在新时期以来发生的转换、取得的成就、做出的贡献，尚有待于更加丰富长久的社会实践和历史过程来充分地证明，其中的历史经验也需要在更加广阔的历史空间和文化场景下进行回顾和总结。但有一点是明确的，就是新时期以来是岭南文化创新发展，达到新水平、新高度，取得新成就、做出新贡献的又一次难得机遇。40多年来的历史经验证明，改革开放是中国走向国家强大、民族繁荣、文化复兴的正确道路。在这一战略判断、道路选择过程中，岭南又一次被推向了历史的前沿，岭南文化传统从中发挥了非常重要的基础性、驱动性和引领性作用，为整个中国的改革开放探索了道路、积累了经验、树立了标杆，留下了宝贵的文化史经验和精神财富，成为继续勉力前行、创新发展的良好基础。

第七节　大学与世界优秀传统文化

从广阔的历史时空中来看，具有数千年发展演进历程的中华文化，一直处于对外交流与借鉴、取长补短与互通有无的走向更高文明境界的历史进程之中。这种不同文化的接触交流、融会生新，是文化发展与进步的重要动力，也是人类文化发展进步的重要成果。可以说，中国文化发展演进的每一个重要时期、每一个关键阶段，都是以文化的开放交流、互鉴会通为主要特征和时代标志的。不同文化之间的相互交流借鉴、取长补短、共同完善和共同进步，是中国文化发展演进的一条基本规律，也是人类文化发展的一条重要经验。

处于中国大陆最南端的岭南，具有独特的地理环境和交通便利，也具有对外交流开放的内在需求和现实可能，从而显现出与其他区域文化明显不同的文化形态和对外文化关系。在长期的对外文化交流与发展过程中，岭南既是中华文化向外输出的门户，也是外来文化输入中国的窗口，在多个历史关键时刻、文化转捩点上发挥着独特的对外交流口岸、文化沟通桥梁作用。特别是在中国文化与外国文化接触交流的几个重要关节点上、关键时期，岭南文化经常发挥先导性和主导性作用。

由汉至唐宋的数百年之间，是佛教文化东来、对中国本土文化逐渐产生深刻影响，直至实现在地化转换、生根发芽并取得创新发展的历史阶段，并在很大程度上决定了其后中华文化的内部构成、基本面貌和价值观念体系。在佛教东来的过程中，岭南以其独特的地理环境和交通条件，成为中国最早的佛教文化输入区域，引导了其后长时段文化史进程中佛教文化影响中国本土文化诸多方面的交流互鉴格局。而且，佛教在中国在地化、本土化的过程中发生了创造性转化，结出了新的果实，产生了以南宗禅学为核心的中国化佛教思想体系。这种具有重要思想史意义并产生重大影响的思想转换的发生和完成，恰恰是在岭南完成的。其后岭南的佛教思想观念与原为中国本土的儒家思想体系、道家思想体系一道，融通互补、相互成就，共同成为中国传统文化的基本构成部分，也成为中国传统文化的核心观念和中国人的主要精神信仰。在这一影响空前深刻深远的历史进程中，岭南和岭南文化发挥了显著作用，做出了突出贡献。

另一次重要的中外文化接触和交流过程，是以明代后期以来西方传教士的东来所形成和促进的天主教、基督教文化的显著影响为标志的。由于16世纪后期澳门被西方航海探险家发现，西方国家对于中国这个原本神秘的东方古国的发现实际上首先是从接触和认识岭南开始的。从明代后期开始，西方天主教、基督教传教士在带来宗教仪式活动和思想观念的同时，也带来了代表西方科学与文明程度、人类进步水平的具有近现代性质的科学技术观念、文明价值标准及相关的思想观念。当时的多位传教士经常把澳门作为进入中国的第一站，随后就在肇庆、韶关等岭南的多个地区进行宗教文化活动，同时也介绍宣传一些西方的科技与文明观念。然后才从岭南地区北上，到达当时的政治中心——北京，以及文化中心——江苏和浙江等地区，并在全中国产生了深远影响。可见，西方天主教、基督教思想观念，近现代西方科学技术思想与文明文化观念对中国的输入和影响，首先是从岭南地区开始，并从岭南北上扩散，推向全中国的。岭南文化在中西文化交流过程中发挥的关键作用、做出的重要贡献，由此得到了集中的表现。

岭南文化在近现代以来开始的又一次规模、深度、影响均堪称空前的中外文化冲突和交流、调适与互鉴过程中发挥的探索性、先导性和关键性作用，岭南文化在中国走向世界、世界走向中国过程中发挥的先驱性、启发性和引领性作用，更是人们熟知的历史事实。由于岭南处于中国大陆最南端，濒临南海，海上交通便利，加上澳门开埠以来西方对岭南、对中国认识和了解的加深，促使岭南更加充分地发挥其地缘和地利优势，在对外接触与开放、国际文化交流、世界文化认同过程中一直处于前沿性、先发性地位，发挥着代表文化发展趋势、反映时代文化变革走向的作用。近现代以来，以欧美、日本为代表的西方科学技术观念、文化文明观念，经常是首先通过输入岭南、影响岭南进而输入中国、影响中国的广阔地区的。近现代以来反映中国文化学习西方文明、中西文化接触与交流成果的西方现代政治文化、思想启蒙思潮、科学技术思想、文明价值观念等，也都经常是以岭南为立足点、生长点和传播地，并经过岭南再传播到中国内地广阔地区并生根、发芽、开花并结出新的科技与文明成果的。岭南担任的这种文化口岸、文化走廊作用，也是岭南在整个中国对外关系中具有的独特地位、发挥的独特作用和做出的独特贡献的最好诠释。

20 世纪 70 年代末开始的改革开放新时期以来，当当代中国面临又一次重大思想选择、道路选择的时候，岭南这片具有悠久对外商业贸易传统、中外文化接触交流经验的文化区域，又一次被推向了历史的最前台，又一次担当起先导者、探索者和创新者的角色，并借助毗邻港澳的地利优势、借助拥有最丰富海外华侨资源的乡情亲情优势，为中国社会经济、思想文化的全面复兴、创新发展进行了富有责任感与使命感、富于毅力和勇气的试验与探索，从而成为当代中国新时期改革开放与创新发展的先行地、试验田和闯荡者、探索者，为其后日益全面深刻地展开的全国性改革开放、创新发展提供了富于启发意义和榜样力量的思想经验，为其他区域文化的调整探索、转换生新贡献了可资借鉴、富有示范性的实践经验。在这壮阔的改革开放历程中，岭南又一次发挥了探索者、引领者和推动者的角色，发挥了重大积极作用；与此同时，岭南文化的内涵底蕴、价值意义、地位影响也再一次得到了充分的发挥和有力的展现。

在考察岭南文化与外来文化关系、认识岭南文化对东南亚及世界其他国家和地区的影响的时候，必须充分关注和评估华侨华人的桥梁纽带作用。由于不同时期，尤其是清代及近代以来世界认识中国的逐步加强、中国认识世界的逐渐加深，大量华侨由于各种原因离开祖国，到东南亚、西欧、北美，甚至南美洲、非洲等地区谋生、创业和发展，成为旅居海外的华侨及其后代华人，成为一支传承、介绍和传播中华文化，进行中外文化接触、交流与认同的一支持久而重要的力量。中国的许多地区都是海外华侨华人的祖居地，但岭南是最大的华侨之乡。在目前拥有的 6 500 多万华侨中，祖籍地为岭南的占比接近 50%，因此，岭南是名副其实的中国第一大侨乡。在岭南文化长期发展变革历程中，特别是在岭南文化与世界文化接触、交流、认同、融合发展过程中，世界各地的华侨华人群体由于特殊的文化经历、文化身份和文化情愫，发挥了特殊而重要的作用。而且，华侨华人群体本身就是中外文化接触、融合的产物和文化交流、互鉴的象征。

在每一个岭南文化与外国文化接触交流的关键时期，在每一次中外文化交往交流的关键阶段，总是华侨华人从思想意识上、文化态度上、价值观念上发挥着引导者、启发者和示范者的作用，经常以独特的世界视野、海外见识、乡邦观念、桑梓情怀，启发、引导、促成和促进岭南文化乃至中国文化与世界各国文化的交流与融会，带动中国文化的转换与进步、完善与发展。在近代思想启蒙、政治改革时期，岭南籍海外华侨从多个方面对洋务运动、戊戌变法、辛亥革命等改革运动给予有力支持，在近代思想启蒙、政治改革历程中发挥了举足轻重的作用。在现代民主革命时期，侨居海外各国的岭南籍华侨发挥经济、思想、地缘、文化优势，以各种各样的形式对多个重要革命事件、革命行动给予有力支持。在以改革开放为中心主题的新时期，分布于世界各地的岭南籍华侨又一次站在了祖国思想开放进步、经济改革发展的时代前沿，以深沉真挚的桑梓之情、赤子之心，大力支持祖国的改革开放大业，尤其是在改革开放之初、经济发展之始对促进当代中国的观念变革、思想解放、文化建设和发展发挥了显著作用。

简要回顾既往的文化史历程就可以认识到，假如没有历代岭南华侨华人对岭南、对祖国建设发展多个历史转折时期、关键阶段的历史性贡献，岭南文化与外来文化的关系、交往和成果的多个方面必然会重写，岭南文化、中华文化的对外关系、改革开放、建设发展的历程一定是另外一番情景。因此可以说，岭南籍华侨华人是岭南文化对外联系、交往和发展进步的一支重要力量，在岭南文化与外来文化关系中发挥着积极而显著的作用，对岭南文化乃至中华文化的发展壮大、走向世界做出了突出贡献。

世界优秀传统文化在中国文化演进历程中发挥过如此重要的作用，也产生过如此广泛的影响；中国文化也对世界文化的发展进步做出了突出的贡献，并在世界文化格局中具有重要地位。中国文化的发展从来没有脱离过世界文化的总体格局，也从来不是在孤立、隔绝的状态下变革演进的。特别是进入近代社会以来，人类之间的接触与交流、不同文化之间的对话与互鉴，已经成为一种不可避免的现实，成为人类文化生存与发展的常态。一种文化对其他各种不同文化的关注、需求、向往越来越密切、紧迫，成为自身文化发展变革的外在力量和有益参考。在这样的文化格局和人类生存与发展背景下，高校的文化育人工作也必然在一种更加广阔、更加多元的文化格局中进行。

因此，在广东高校文化育人工作中，世界优秀传统文化当然是其中一种值得特别关注的文化资源，也是做好文化育人工作的一个重要保障。如何开发、汇聚、运用好世界优秀传统文化，将其恰如其分地运用于高校文化育人工作之中，展现其功能，发挥其作用，实现其效果，应当是目前广东高校文化育人工作中一项必须认真面对、妥善解决的重要课题。

第八节　大学与世界现当代优秀思想文化

世界现当代优秀思想文化是世界传统文化的传承与发展，是人类智慧与文明的延续和体现，也是世界优秀文化的现当代形态和最新文明成果的集中体现。在世界现当代优秀思想文化中，有相当一部分内容与人类的基本文化观念相连相通，是人类共同的精神财富和文化创造，也与大学的本来意义、基本内涵、核心职能密不可分，更与大学的基本功能人才培养观念密不可分。因此，世界现当代优秀思想文化必然是高校文化育人、人才培养的重要精神资源和文化基础。

从世界现当代文化的总体内容和基本形态上看，一些世界现当代文化思想观念与文明成果已经成为人类通用、各个国家民族共同的精神财富和文明规则，对人类社会产生着非常重要的规范、支撑、保护作用，对于人类来说当然也是无法离开、无法无视的一套观念、规则和制度。比如，关于现当代科学技术的一系列概念、规则、标准、制度都主要是产生于近代西方国家并进而通行于全世界的。从近代工业革命开始，到当代信息革命，产生的大量科学技术成果都是基于西方的科学技术传统、观念体系、科技精神与科学理想而形成和建立起来的。这些科学技术体系对于人类物质文明的创造与发展、规划与维护起着根本性的约束、保护作用，是现当代物质文明成果的基本存在形式和通行衡量尺度，也是包括大学在内的全世界科学技术文明的基本规范、科技标准和制度保障，其核心性作用和在理论与实践上的重要性显而易见，而且须臾不可或缺。

除了现当代科学技术以外，世界现代人文与艺术、政治与社会文明成果也是世界现当代优秀文化成果的一个重要组成部分。从整个世界范围来看，现当代哲学、文学、历史、音乐、美术等多个领域，都产生了可以代表时代最高水平、具有独特价值和广泛影响力的作品，也反映着世界文化、思想、人文等方面取得的新进步和新成果。比如，20 世纪以来兴起并逐渐发展壮大的西方诗化哲学与科技哲学思想学说，现当代欧美文学、俄苏文学、东方文学、拉美文学现代派及后现代派文学及其在多种文体、多个领域取得的公认成就，现当代新史学理论观念与研究方法及相关成果，西方古典音乐的重新阐释与现代派音乐、流行音乐的广泛传播，现代派与后现代派绘画及其在多个领域产生的深远影响，等等。这些在继承世界优秀文化传统的基础上，经过大胆创新所取得的新进步和新成果，不仅可以是现当代文化智慧与文明思想的结晶，而且可以在很大程度上反映世界文化的发展趋势与动向，代表了不同领域所达到的新高度和新水平，因而具有显著的标志性意义和启发性价值。高校作为人类多种优秀文化与文明的汇聚之地、交流之地和创造之地，当然不可能对此不予以足够的关注和运用。在高校文化育人工作中，必须汇聚和凝练世界现当代文化的优秀成果，将之作为进行文化育人、人才培养的思想资源和学术资源，使高校的文化育人更具有世界文化色彩和现当代文化品格，不断丰富和充实高校文化育人的内在品质和外在影响。

从高校文化育人的基本内容、主要目标来看，由于高校是一个具有多种功能的学术文化共同体，其核心内涵和基本使命就决定了多种文化因素、文化形态在高校中汇聚交融、转换生新的必要性和可能性，文化育人又是一项内容丰富、结构复杂的系统工程，因此，古今中外的各种优秀文化类别、文化内容、文化形态、文化观念在高校里相聚相生，就应当是高校文化形态、文化生态的一种自然状态，也是一种必然的形态。高校汇聚的优秀文化类别、层次、内容、形态越多，就越是表明高校文化形态的丰富、文化生态的多元和健康，也是开展文化育人工作的良好条件与基础。或者换个说法，高校文化类别和形态的丰富程度、文化生态的多元程度和健康程度，在很大程度上影响和制约着高校文化育人的能力、水平与效果，甚至可以在很大程度上决定着高校文化育人的成功与否、效果如何。

因此，必须清楚地认识到，汇聚和凝聚传统与现代、中国与外国、物质与非物质、雅正与通俗等各种文化类型和文化形态，并对之进行全面的考察、深入的研究、合理的选择，是高校文化育人的重要基础，也是开展高校文化育人的一个重要环节，而且是一个可能影响全局的重要环节，对于整个文化育人、人才培养工作可能产生根本性的影响。可见，这是一项必须做好的重要工作，也是高校文化育人和人才培养的必要前提。

第五章 大学文化与文化育人

第一节　大学校园与育人文化生态

大学作为高等教育实施的核心地，作为知识与文化充分汇聚、高度集中的地区，在很大程度上也具有社会空间的时代特征和区域特征，这是大学与其他社会空间具有相通性、相似性的一个重要方面，这是大学与社会产生联系、发生各种关联的重要基础。但是另一方面，也更值得注意的一个方面是大学的独特之处，是大学区别于其他社会空间、文化区域的个性特征，这是大学之所以成为大学的独特思想特征与精神特征，也是大学精神内涵与理想指向的集中表现。

大学是一个具有显著文化功能、文化风尚的空间，也是一个具有特殊文化氛围、文化生态的教育和学术空间。大学区别于其他社会空间的最基本、最重要特征，就是它的教育功能和文化功能，就是它高度集中的知识群体和科学技术与文化文明的汇聚，也包括它可以在很大程度上自立于一般的社会秩序和社会系统之外，形成某种独立自由的精神气质和思想风范，以及由此形成的一系列特殊的文化特征、文化氛围和文化生态。

大学的文化特征、文化氛围和文化生态既是通过大学的校园文化来承载，也是通过大学的校园文化来体现和传播的。从这个意义上说，大学文化不仅在很大程度上体现着大学的校园文化，而且是大学精神的重要载体，也是大学精神的具体展现形式和实现方式。因此，一所大学的校园文化建设得如何、传承得如何、发展得如何，在很大程度上反映甚至决定了这所大学的大学精神塑造与发扬，而且对大学本身的建设发展、人才培养、科学研究、文化传承创新、国际文化传播等方面都产生着极为重要的影响。

正如我们对“文化”概念的理解采取比较通行的说法，把文化划分为器物文化、制度文化、精神文化三个层次，也可以从存在形态的角度把文化划分为物质文化与非物质文化一样，我们对大学文化生态的理解也采取比较通行的做法，采取比较宽阔的眼光，这样应当更有利于对大学文化环境及文化氛围、文化生态的理解和分析，也更有利于从大学功能，尤其是从人才培养和文化育人的角度来认识和把握大学文化生态的作用。

大学的校园文化和文化生态首先体现在器物技能文化和物质文化方面，包括大学的外部环境、整体规划、校园、建筑、校道、花草树木、教学设备、文体设施等。这些固定形态、物质形态的校园资源，对于大学文化环境及校园文化的内涵、风格、特点、与人的关系、对于人的影响等，都具有相当明显、相当直接的影响。特别是其中最有标志性、显示度、代表性的部分，最有文化特征、文化意义、文化内涵的部分，通常能够对大学的校园文化和文化生态的形成、建设、传承等方面产生直接的影响。这是观察大学的校园文化、文化生态的时候必须充分注意的，也是考察大学校园文化建设、文化形态建设的时候必须密切关注并尽可能处理好的基础性问题。

大学校园文化和文化生态的另一个层次、另一种形态的表现是校园制度文化。从文化形态上看，这一层次的文化基本上属于非物质文化形态。这是大学校园文化的中层，较前一个层次深入了许多，也复杂了许多，同样也更加不容易直接、简单地感受或认识到。这一层次的校园文化主要包括大学的制度体系、管理体系、服务体系、运行体制、管理机制等方面，涉及大学制度比较内在、比较隐性的方面，也更能够反映一所大学的制度传统、运行与管理习惯和形成的办学风格。这一层次的文化内容、存在形态、显现程度和方式、产生作用的机理与方式及其功能与作用的评价与影响等，都处于比较不明确、不直接的状态之下。因此，这一层次的校园文化的建设更需要长时间的努力、长时期的坚持和持续建设，而难以期待在短期内发生较大的变化或根本性的改变，而通常需要较长的时间坚持或建设，或许多方面的共同努力才有可能见到一些效果、取得一些成果。

大学校园文化、文化生态的最深层次是精神文化方面，也是非物质文化的最深层次。这是最不容易建设和形成、最不容易感知和体悟，也是最不容易发生改变的一个部分。比如，一所大学的教育传统与学术传统，课程体系与教学体系，校风学风，校史校训，教师和学生的专业素养与文明程度，行为习惯和生活习惯，大学的社会文化形象等，都是大学校园文化中比较内在、核心的部分，也是最能够体现和反映大学精神的部分。这部分大学文化处于大学文化的最深层，是大学文化中最具有内涵、思想和价值的部分，通常需要较长时间的积累、凝聚、提炼才可能形成，也需要更长时间的传承、转换与发展才可能取得一些明显的成效，从而形成一所大学的学风、教风和校风的核心内容，并对其他层次、其他方面的大学文化产生内在的、深刻的、长久的影响。

就大学校园文化的建设、培育和发展的一般过程和规律来说，首先最容易给人留下印象，也是最容易引起注意的，往往是物质性、最外在、最表面的部分，其次是制度化、处于中层的、比较内在的部分，最后才是精神性、最为内在、最为核心的部分。这是大学校园文化建设的一般情况，这种情况也符合文化建设与传播的一般过程或一般规律。从体验、感悟和接受大学校园文化的角度来看，大致也是沿着这样一个由物质文化到非物质文化、由文化的表层到中层再到深层的基本过程来进行和实现的。也就是说，人们对大学校园文化的体验、认识和认同，也往往是由文化的简单形态到复杂形态、由文化的表面形态到内部形态来进行的。这不仅是由大学校园文化的存在形态、表现形态、结构层次来决定的，也是由人们接触、感受、体验和认识文化的一般过程、基本规律决定的。

因此，在大学校园文化建设中就必须注意，既要有紧迫意识和眼前观念，充分注意大学校园中基础性、物质性、保障性的硬件建设，及时补充完善在基础设施、办学条件、大学运行中须臾不可或缺的各种基础条件；又要充分注意大学校园中制度性、秩序性、具有管理功能与服务功能的中层文化的建设，加强具有保障大学正常运转、高校运行的各种规章制度等管理服务制度的建设，从而在较深的层次上为大学的文化建设提供不可缺少的制度性内容和管理性、服务性内涵，这是大学校园文化中层的核心部分；更要加强大学校园文化的最深层、最高层，即精神文化、文化氛围层次的文化建设，这是大学精神、文化氛围、文化传统最核心、最内在、最恒久的部分，也是大学校园文化传统和文化精神最充分、最集中的体现，是最深层次、最珍贵、最值得呵护的大学文化。

同时也必须认识到，在大学校园文化的建设中，不同的文化形态、文化类别、文化内容，其建设难度、建设方式也存在着显著的差别。总体上说，大学校园文化的建设难度也是随着文化形态、文化类别的物质形态或非物质形态、文化表层、文化中层或文化深层的变化而逐渐提升的。由于大学校园文化建设的形式、特点、难度存在着显著区别，所面临的难度、困难、问题也必然存在明显的差异。因而在建设中所需要采取的方式与方法、所需要投入的精力、所需要花费的时间和精力也会大不相同。只有充分尊重大学、充分尊重大学校园文化的内在规律与特性，才有可能在大学校园文化建设中处理好不同文化形态、文化类型中存在的诸多矛盾和问题，处理好短期与长期、临时与长远、权宜之计与长远谋划等之间的复杂关系，保持大学校园文化建设的循序渐进、有序建设、长期积累、着眼将来的品格，把大学校园文化建设提升到新水平，为高校文化育人提供优良的环境和可靠的保障。

可见，只有根据文化的特点，按照文化建设的规律和大学校园文化建设的目标，把大学校园文化的各个方面都建设好，实现物质文化与非物质文化建设的协同发展，进行器物技能层次文化、制度层次文化与精神思想文化的合理建设、有序发展、长期积累，才能不断优化高校的文化环境，形成优良的文化生态，才能为高校的文化育人提供有利的文化环境和文化生态，在适宜文化传承发展、不断创新的优良环境中实现文化育人的理想目标。

第二节 大学传统与文化育人

大学传统与文化育人的关系非常密切，大学传统在多个方面对文化育人具有明显的作用，对文化育人的多个方面具有深刻的影响。对于任何一所大学来说，大学传统的基本状况，比如大学传统的有无、长短、深浅、厚薄及其生存状态、被关注和重视的程度，大学传统在校园中的表现方式、传承方式和在校园中所处的地位、所具有的影响力等，都会对大学的文化环境、文化生态产生直接的影响，从而对高校的文化育人产生显著的影响。

一般来说，大学传统往往与大学的办学历史、高校类型、办学规模、教育水平、学术水平、个性特征、社会影响力和社会声誉等，都有着密切的关系。从总体上看，越是历史比较悠久的大学，其大学传统就越是比较厚重、比较丰富，也比较有影响力；同样，越是特征比较明显、个性比较突出、特色得到彰显的大学，其大学传统就越是比较突出、比较富于个性。这是由于大学传统的形成、内涵与传承的特点及其与大学建设发展的基本历程之间构成的密切关系所决定的，也是大学传统与不同类型、不同性质的大学之间构成的关联所决定的。

但是也要充分注意到，对于中国的许多大学来说，并不是每一所大学都具有比较深厚、比较悠久的历史，也并不是每一所大学都具有鲜明的个性、相当分明的特征。恰恰相反，从包括广东高校在内的中国大多数高校的实际情况来看，绝大多数高校并不具有办学历史年限上的优势，具有一百年历史的高校已经被视为历史相当长久、传统相当深厚的高校了。但是这样的高校在广东乃至整个中国显然并不占有数量上的优势，大多数高校仅仅有数十年的办学历史，有的高校甚至是近年才兴起的新型高校。从另一角度来看，除了办学层次、学科领域、专业特长等方面比较类型化的特征以外，我们的大多数高校表现出强烈的类型化、趋同化特征，而自身的学术个性、教育特点、办学特色并不突出，很难在大学文化，尤其是大学文化传统、大学文化特色的意义上表现出具有深刻文化内涵、教育理念、思想特征、发展方向等方面的个性。这种情况的长期存在和延续，一定会限制和影响大学传统的形成和大学的个性化发展。这是今天在认识大学传统、人才培养、文化育人的时候必须清醒地认识到和冷静地面对的现实。

这种情况实际上提出了大学品格的丰富性与多样性、大学的独立发展与个性化发展的问题，也提出了大学传统的长期积累、着意建设、用心延续、有效传递的问题。不论对于什么类型、什么层次、什么建设发展阶段的高校来说，都应当明确尊重大学传统、积累大学传统、发展大学传统，应当是所有高校的共同任务，也是所有高校建设发展过程中必然面对、妥善处理和解决的一个重要问题。对于高校来说，如何对待大学传统，大学传统在当下和未来的建设发展中具有怎样的地位、发挥怎样的作用，不仅反映了对于大学传统的关注与重视程度，反映了大学的建设理念，而且在很大程度上反映了现阶段的大学建设发展水平，也可以从中观察到这所高校未来的建设方向和发展可能。

因此，无论对于什么类型、何种水平、处于哪一建设发展阶段的高校来说，都有必要充分关注大学传统的发掘、积累、传承和弘扬，充分注意大学传统对高校人才培养、优化文化环境与氛围、提高社会影响力和美誉度的重要意义和作用。合规律、有计划、合理妥善地建设、积累和激发、弘扬优秀的大学传统，是当代大学建设发展的一项重要任务，也是新时代的高等教育新发展对大学人才培养、文化育人乃至大学其他功能的良好发挥提出的新期待和新要求。

在大学传统建设的具体工作中，则需要根据不同类型、不同水平、不同特点和不同建设发展阶段的大学的不同特点，有针对性、有区别性、有重点、有特色地进行大学传统的建设，并积极有序地开展其他密切相关的各项工作。

对于具有长久历史、深厚底蕴的高校来说，要注意发挥自身在大学传统方面的优势，特别是在大学优秀传统的凝聚、积累、提炼、传承、弘扬上下功夫，探索和寻求大学优秀传统在新时代、新背景、新要求下的转换与弘扬、创新与发展的理论可能性与实践路径，通过对本校历史经验、建设发展历程、人才培养经验、教学与科研经验对于大学传统形成所发挥的作用及所取得的成绩等方面进行回顾总结、凝练提升，进行新的诠释解读，充实其内容与内涵，为已有的大学传统增添新的思想因素、新的时代精神，以适应不断发展的大学精神、大学文化的需求。

对于办学历史较短，大学传统尚不丰富、不深厚的高校而言，在大学传统的建设上则需要着眼于建设和积累、创造和提炼、探寻和发现，在进行自身各个方面的建设发展的同时，更需要从文化建设、精神建设的角度着力进行大学传统的积累和凝聚，充分发掘自身所具有的大学明显特色、突出个性，尤其是发现和提炼具有独特精神价值、文化意义的大学传统和大学文化，逐渐积累和凝聚那些可能成为大学传统的文化因素，对之进行认真的呵护、充分的保护、合理的阐释，逐渐建立起自身文化传统的基本框架、总体轮廓，然后再逐渐进行充实、丰富和提炼，从而形成大学自身的文化传统。尤为重要的是结合高校自身的类型、特点、建设发展阶段、主要任务目标，有针对性、有计划性地进行大学传统的建设。

对于文化育人这项系统的人才培养工程来说，大学传统对于文化育人的各个方面都具有直接的作用，产生多方面的影响。不同层次、不同方面的大学传统对于高校的人才培养、文化育人发挥着不同的作用，从不同角度或方面诠释和展现着大学的功能、人才培养的要素，反映着高校的文化建设、文化传统对于人才培养所具有的基础性、恒久性作用。比如高校的学术传统对于专业人才的培养具有关键性作用，这是显而易见的事实。但与此同时，一所高校的学术传统对于文化传统的建设与形成、人才培养的特色与优势、学校建设与发展的方向等方面，都具有多方面的作用，都会产生直接的影响，也就必然在很大程度上影响着高校文化传统的建设与形成。高校的学科传统既是其办学特色和优势的表现，也是高校长时间建设发展、积累凝练而成的学科优势的集中表现。这种学科传统对于高校的科学研究、教育教学、人才培养都具有直接的作用，在很大程度上决定了高校的人才培养质量与水平、特色与优势，因而也必然会影响着高校的文化传统的建设与形成。高校的教育传统也是大学传统中的一个重要方面，通常是人才培养的综合能力、整体水平的反映，也需要经过较长时间的积累、建设、提炼和汇聚才能形成，主要表现为教师的教风和学生的学风，以及与此相关的整体的人才培养氛围和人才培养水平，因而一所大学的教育传统也会凝聚为一种重要的大学传统，成为大学传统中一个重要方面的内容。

可见，高校的思想传统是多方面思想资源、学术资源的长期积累和有效汇聚而形成的，一般处于大学传统的深层，却对整个大学文化传统的形成产生决定性作用，对于大学文化传统的品质、内涵、影响力、感召力等方面都具有深刻的影响，也是一所大学文化底蕴、思想内涵的一种表现形式，在大学传统建设中处于核心地位。

因此，如何有意识、有计划、有目标地建设和积累自身的大学传统，将大学传统进行时代性转换、有效激活并运用于当前大学的方方面面，使具有丰富思想内涵、深刻精神传统、鲜明价值导向的大学传统在大学建设、人才培养过程中得到有效的传承与发展，使活态的、具有生命力的大学传统融入大学教育、人才培养、文化育人的各个方面和整体过程，充分发挥大学传统在大学文化建设、文化育人中的基础性、引领性、前瞻性作用，是当前广东高校人才培养、文化育人工作需要抓紧抓好的一项重要工作。特别是如何从大学精神思想建设、长期可持续发展、人才培养和文化育人相结合的高度做好大学传统的积累汇聚、凝练提升、传承弘扬，应当是高校文化育人工作中的重要内容之一，也是摆在高校建设发展过程中的一个既具有理论深度也具有实践难度的关乎人才培养和大学建设方向与成效的重要问题。

第三节　大学校史与文化育人

大学校史是大学起源、沿革、主要经历、重要事件、主要成就、代表性学科、学术团队、学术人物的记述和展现，也是大学与时代教育发展、文化变迁种种关系的反映，特别是反映着大学在建立、成长、发展过程中经历的重要转折、留下的办学经验和建设发展经验。一部优秀的大学校史，往往能够比较准确翔实地反映一所大学人才培养、教育教学、科学研究、社会服务等各方面建设发展的主要过程和历史经验，不仅记录着大学的过往经历、已经成为历史的种种人物和事件，而且对于总结历史经验、更好地进行未来的建设发展，也有着深刻的借鉴价值和启发意义。中国传统思想中“以史为鉴，可以知兴替”的观念，在认识大学校史的功能和意义上也具有一定的启发意义。

大学校史是大学既往经历的记述，是一种具有价值引领、现实意图的记录和传达。因此，大学校史是一种既有历史感又有现实感的记录。在人们的生活记忆和思想意识中，大学校史不仅仅是一种客观性的存在，也是一种主观性的认识。大学校史不是一种自然而然的存在，大学校史更不会自然而然地留存、延续和传播，同样需要进行有意识的积累、记录、发掘和呈现，同样需要进行有规划、有传承的持续建设，以及有意识的表达。

大学校史是大学建设不可忽视的任务之一，大学校史建设得如何，可以从一个重要角度反映一所大学对于自己过往历史的尊重程度、对自己传统的体悟程度，也可以体现一所大学的对于自己过往、当下和将来的关切程度和理解水平。从这个意义上说，大学校史往往跟这所大学的对于自己历史的态度、对于当下建设发展的判断和对于未来发展方向的期待密切相关。校史意识如何，往往能够反映一所大学的人文环境和广大师生尤其是大学管理者的思想认识水平、管理能力、人文态度和人文情怀。

大学校史虽然首先是一种客观的经历、历史的存在，但是它被关注和重视往往需要一定的机缘或条件。比如一所大学的建立、延续与发展已经经历了比较长的时间，或发生了某些值得标记、纪念的事件，举办了某些具有特殊意义和影响的活动，等等。大学校史被关注、重视与否，也与一定时期的教育环境、教育理念、办学条件、发展方向密切相关。

从广东高校的基本情况来看，关注和重视校史也经历了一个变化的过程。从中华人民共和国成立到20世纪70年代末以前，由于处在比较复杂多变、相当特殊的思想文化背景之下，加之许多高校办学时间尚短，加上各方面条件、能力的限制，许多高校实际上是不怎么重视自己的校史的。这种情况到了改革开放新时期再到其后发生了明显的改变，到了21世纪来临之际逐渐得到强化，许多高校对于自己校史的关注程度、重视程度得到明显提高，对于自己校史的编写与出版，对于自己校史馆的建设和利用，以及相关文献史料的发掘、积累、留存和运用等都越来越主动、越来越自觉，许多高校对自己校史的关注和重视达到了一个新水平。大学校史在高校学生教育、教师培养、思想传承、传统转换与发展、精神凝聚与展现、建设发展中的作用逐渐彰显。

大学校史不仅对于一所高校的历史积累、现实评估与未来发展具有重要意义，而且对于高校文化育人也具有不可忽视、无可替代的作用。可以说，一所高校的校史资源如何、记述呈现得如何、运用得如何，可以在很大程度上反映这所高校的学术文化环境、育人条件和办学水平。

作为书面形态的大学校史的一般结构、内容特点和著述方式，或者作为展览形态的大学校史的主要内容、结构特征和呈现方式，提供了进行文化育人的独特空间、文化场景和多种可能。通过大学校史进行文化育人、发挥大学校史的育人功能，主要体现在以下几个方面。

一是学校的基本沿革、总体建设发展层面。对于新进入学校的各层次学生来说，对学校的历史沿革、基本情况、总体面貌进行尽可能细致准确全面的了解，应当是对学生们的一项基本要求，也应当是学生们的一种自觉需求。不论是哪一类高校的学生，或者什么学科专业的学生，也无论是哪一个层次的学生，了解校史、认识传统并在此基础上融入学校、发扬和传承传统，是学校进行校史教育、传统教育的重要内容，更是自我培养、自我发展的一项必要内容。不仅对于学生们如此，对于初入学校的青年教师而言，为了更迅速、更深入地融入学校，更好地开展各方面工作，实际上也有了解校史、理解传统的必要。

二是重要事件、重要转折层面。相当明显，任何校史都不是事无巨细、不分先后主次的现象罗列，也不是学校所有现象、所有事件的逐一排比。在校史的记录、表述和陈列、展现中，学校重要事件、重要转折等关乎学校重大发展变化，或者对学校的建设发展具有全局性作用和影响的事件，必定占有非常突出的地位。或者说，在一部校史著作或一场校史陈列中，重要事件、重要转折一定在其中占有突出地位，通常构成校史的主导性、核心性内容。因此，对于校史的认识和理解，抓住重要事件、重要转折是一个合理可行的办法，也是一条难以绕过的途径。同样道理，对于文化育人、校史育人来说，抓住主导趋势和核心事件，通过重要事件和重要转折，提纲挈领、以点带面地进行校史教育，达成育人目标，实现育人效果，就应当是一种颇为有效的办法，也应当是一条可以不断尝试、探索的途径。

三是重要学科专业、教学科研特色优势层面。不论高校的招生、办学、学制、管理怎样进行改革，各方面要求、规章和做法发生怎样的变化，学科专业在高等院校中的核心地位，对于高校人才培养、建设发展的核心性作用都是不容忽视的，更是无法否定的。学科专业对于高校人才培养、学生发展具有关键性作用，处于中心地位，是非常明显的事实。学生往往是通过学科专业、具体的教学过程、学习生活及其他活动，对学校产生印象，获得认识进而理解，并产生好感和认同的。因此，校史中对于学校学科专业渊源、重要学科专业、优势学科专业、特色学科专业等的记述和介绍，就显得非常重要。这通常是学生对自己所在学科、所学专业产生了解、理解和好感，并进而产生认同，甚至产生自豪感、荣誉感的一个重要途径，也是引导和激励学生优势化发展、个性化发展的一种有效方式。

四是代表性人物、标志性成就层面。大学是各种专业人才最集中的地方，人才培养也是大学的核心功能，既包括对培养对象的全面培养、促进其全面发展，也包括师资队伍的自我培养、自我完善。大学的历史说到底是人的历史，一部校史总是由代表性人物及其标志性成就构成的。代表性人物通常是一部校史最为具体生动、最感人的部分。许多学生就是通过对所在大学的代表性人物以及取得的教学、科研、人才培养、管理服务等方面的标志性成就真正了解大学特色、大学精神并以此进行自我规划、自我激励，迈向更高远的人生目标的。可以说，代表性人物的多寡、标志性成就的高低及其在校史中的地位如何，在大学中的地位和影响如何，是决定一所大学校史内涵、高度、价值和影响力的重要因素。不论是对于一所历史长久的大学而言，还是对一所历史较为短暂的大学来说，代表性人物、标志性成就都必将在校史中占有突出地位、发生核心作用。这是通过校史进行文化育人的最有力、最生动的榜样，也是大学最应当珍惜、最应当继承发扬的精神传统。

可见，不论是校史著作，还是校史陈列与展览，对一所大学而言都具有特别重要、无可替代的意义和价值。校史对于文化育人这一系统工程来说，也具有特别重要、不可或缺的作用。校史是联通一所大学过去、现在与将来的精神纽带，也是联结教师、学生、校友及各方面力量的津梁，更是大学思想传统、精神品格的汇聚和呈现，也反映着一所大学建设发展的历程、经验，并影响着当下与未来的发展方向。因此，校史的积累、记录与呈现工作如何，可以在很大程度上影响、决定校史作用和价值的发挥程度与水平，可以直接影响和决定文化育人的效果。对于各所高校来说，如何把校史的编写、相关文献资料及其他实物的收集与积累工作做好，是关系到大学建设发展、文化育人成效的一个重要问题，应当引起足够的重视。

广东高校对于校史在人才培养与文化育人中的地位和作用的认识，还存在一些明显的短板和不足。目前比较常见的情形是，广东的一些高校对于校史及其在人才培养与文化育人中的地位、意义的关注和重视程度仍有所不足，存在一些不尽如人意的情况。比如，有的高校甚至连一部比较翔实可靠的校史著作都还没有，要么过于简单，要么不够准确翔实；有的高校连一个比较体面、完整、可以准确全面反映学校历史的校史陈列或展览都没有，仅有的一点陈设要么过于简陋，要么无甚价值和影响。也有的高校虽然有校史类著作，但经常处于束之高阁、无人问津的状态，根本没有发挥其弘扬传统、影响后学的作用；有的高校虽然名义上有校史陈列或展览，但或者管理不善，或者很少开放，或者非常简陋，无甚价值，当然不可能吸引学生及其他人员前往参观，也不可能发挥其作用。对于一所高校而言，这种情况实际上是极不应该的。对于正在建设“教育强省”的广东而言，这种情况的存在和延续也当然是不正常的现象，应当引起有关方面和有关学校的足够重视。

第四节　大学校训校歌与文化育人

校训是现代大学教育建立和发展的产物，也是现代教育观念丰富完善推动下的结果。简单地说，校训就是学校为了进行精神传承、道德教育的方便，选择若干符合本校办学宗旨的具有格言警句意义的醒目词语，将其公之于众，作为学校全体人员的奋斗目标。校训体现了一所学校的办学传统，代表着一所高校的教育理念、精神追求，是教育思想和人文精神的高度凝练，是学校历史和文化的积淀。一所底蕴深厚的知名学校的校训，通常能够成为打开其历史文化传统之门的一把钥匙，成为眺望其精神家园的一扇窗户。

由于高等院校是培养专业人才的重要基地，是追求人的全面发展、追求真理、向往科学与文明的地方，也是教育的最高阶段，因此大学校训对于一所高校而言就显得更加重要。大学校训是广大师生共同遵守的基本行为准则和道德规范，既是学校教育思想、办学理念、大学精神的集中反映，也是校园文化建设的一项重要内容，是一所高等院校教风、学风、校风与教育特色、思想个性的集中表现。大学校训通常是大学文化理想、精神追求的核心内容，是广大师生追求和向往的精神境界和人生理想，在大学的建设发展中具有基础性、引领性作用。

对于任何一所高校来说，确立校训都不是一件轻而易举的事情，也不是一件随心所欲就可以完成的事情。优秀的校训应当是科学与文明思想的统一，应当具有思想性、人文性相兼顾的特点，也应当是启迪性、引导性的结合，还应当具有经典性、恒久性特征。校训还应当具有语言文字上的美感、声韵和谐的特征，具有易记易诵、韵味隽永、便于流传、经久不衰的思想内涵和艺术魅力。

由于校训的性质、作用和意义非常重要，加之具有凝练性、固定性、承传性等特征，往往能够成为一所高校的一个显著标志和重要特征，成为校园文化特色、校园文化表现形式的一项重要内容，容易在广大师生中流传并产生显著的教育效果。因此，对于高校育人来说，必须充分关注校训及其价值、意义，尤其是校训引导学生、启迪学生、感召学生的独特作用，把校训教育作为文化育人的重要方式和有效途径之一，充分发挥校训的精神启迪、思想引领、道德教育等方面的功能，也为文化育人工作加入新的内涵和路径，推动高校文化育人工作的深入发展，以期收到更理想的育人效果。

从广东高校校训的基本情况来看，由于各高校的渊源、传统、经历、性质、特点、发展目标等各方面存在着明显的差异性，加之不同时期、不同背景下对于校训的认识和理解不同，还有学校管理者对校训的认识水平、理解程度不同，目前一些高校使用的校训就存在着不同的情况，表现出不同的特点。

一种非常重要、占主导地位的情况是校训出自中国传统经典，尤其是儒家典籍中有关教育、道德、人才等的论述或格言警句。比如，中山大学的校训“博学、审问、慎思、明辨、笃行”，出自《礼记·中庸》中的“博学之，审问之，慎思之，明辨之，笃行之”，反映了传统儒家的教育观念；华南理工大学的校训“博学慎思，明辨笃行”的出处与中山大学的校训相同，只是表述方式稍有不同而已；暨南大学的校训“忠信笃敬”出自《论语·卫灵公》“言忠信，行笃敬，虽蛮貊之邦，行矣”。出自儒家传统经典著作的校训具有突出的优点，最突出地表现在其出处的经典性、思想内涵的深厚性、可接受程度的广泛性等方面。这种文献出处和表达形式的校训也是目前全国高校校训的主要形式。

当然这种校训也不是没有不足，最明显的不足就是难免重复、容易雷同，有时候甚至出现完全相同的情况。应当说，全国高校校训的相似性、雷同性，容易造成校训个性不突出、到处适用、难以区分的局面。这种情况实际上削弱或降低了校训的价值和意义，也削弱了大学校训的思想内涵与精神品质。这是校训拟定和运用中一个值得注意的突出问题。只要把全国各高校的校训集中到一起稍作比较，就可以更加深切地认识到这一点，有时候甚至会发现很尴尬、很不应该的现象。这是目前高校校训凝聚、提炼、表达和运用中存在的一个具有普遍性、共通性的问题。

另一种情况是一部分取自中国传统儒家经典，另一部分采用现代较通行的思想观念，形成古今结合、经典性与当代性相结合的校训。比如，华南农业大学的校训“修德博学，求实创新”，广州大学的校训“博学笃行，与时俱进”，广东外语外贸大学的校训“学贯中西，明德尚行”，广州中医药大学的校训“厚德博学，精诚济世”等，就是这种类型校训的例子。在这些校训中，除运用了被多所高校再三运用的《礼记·中庸》“博学之，审问之，慎思之，明辨之，笃行之”等论述之外，还运用了儒家经典《大学》开篇的名言：“大学之道，在明明德，在亲民，在止于至善。”“尚行”不仅有其出处，比如北宋理学家邵雍就曾在《皇极经世书·观物篇》中指出：

“尚行，则笃实之风行焉；尚言，则诡谲之风行焉。……是知言之于口，不若行之于身。”这种观念同时也反映了中国传统教育思想、道德哲学思想中影响非常广泛的“知行合一”的观念。

此类校训的优点是经典思想与现代观念相结合，假如运用得好，可以收到融汇古今、沟通传统与现代的效果。有的高校还在校训中着意体现本校的性质和专业特点，有利于给人留下深刻具体的印象，如广东外语外贸大学校训中的“学贯中西”，广州中医药大学校训中的“精诚济世”等就是。

还有一种情况是在现代思想文化背景、价值观念主导下，根据一定时期的现代教育观念、思想价值观念，考虑自己学校的性质和特点，进行重新概括、提炼而形成自己的校训，体现了另一种用意和特点。比如，华南师范大学的校训“艰苦奋斗，严谨治学，求实创新，为人师表”就属于这一类。“艰苦奋斗”反映了对于学校历史的传承和对于朴素校风的追求；“严谨治学，求实创新”反映了对于教风、学风的追求，晓示了广大师生的努力奋斗方向；“为人师表”则充分体现了师范院校办学类型、人才培养的特点。此类校训的特点是时代感强、号召力强，表达充分、容易理解。但是也可能存在着经典性不足、记诵不易、流传难广的局限性。

可见，校训对于校园文化建设、大学精神发扬、科学与文明思想凝聚具有不可替代的重要作用，对于文化育人也具有突出作用，应当是高校文化育人工作中值得予以特别关注、特别强调的一个方面。但是，校训本应具有的文化引领、思想凝聚、精神启迪作用，在一些高校的校园文化建设、文化育人工作实践中，还存在一些弱项或不足。比如，有的高校对校训的宣传、展示、运用不够重视，甚至将其置于可有可无、若有若无的位置，在相关工作中存在着明显的不足；有的高校师生对自己学校的校训并不熟悉，甚至不能准确无误地背诵出来，更不用说铭记于心、践行于行动了；有的高校并没有自觉地把校训作为文化育人、校园文化建设、人文环境优化的一个应有的部分，致使在校园中很难发现校训的影子或痕迹。这种种情况的存在和延续，不能不明显地限制和影响高校文化育人工作的有效开展和长期进行。

高校校歌是学校传统、办学理念、教育精神和理想追求的集中体现，也是高校校园文化建设的另一项重要内容。校歌的基本构成要素是曲词和音乐旋律，其内容和形式主要通过歌唱、音乐的形式进行表演和传播。从内容和形式、功能与传播特点来看，校歌本来应当具有较强的传播功能和影响力。从高校文化育人的角度来看，校歌也应当是高校文化育人的一个具有独特性、值得予以特别关注的方面。

许多高校都有自己的校歌。比如，中山大学的校歌创作于该校建校初期，由首任校长邹鲁作词，陈洪作曲。在其后长期的建设发展、转变演进中，随着时代的变化、教育思想等方面的变化，当时的部分内容已经不再适用。中华人民共和国成立后，特别是在社会主义现代化建设的新的历史时期，学校集体对原歌词做了局部修改，原校歌的曲调旋律保持不变。《中山大学校歌》："白云山高，珠江水长。吾校矗立，蔚为国光。中山手创，遗泽余芳。博学审问，慎思不罔。明辨笃行，为国栋梁。莘莘学子，济济一堂。学以致用，不息自强。发扬光大，贯彻主张。振兴中华，永志勿忘。"可见，中山大学校歌与校训之间有着相当密切的关系，也反映了这所由孙中山先生亲自创建的大学的时代特点和地理特点。又比如，产生于改革开放之后的《华南师范大学校歌》，是由时任校领导的黄家驹作词，本校作曲家雷雨声作曲，因而具有相当突出的本校特色。其词曰："浇灌红花数十年，培育英才万万千。建设祖国锦绣河山，华师儿女奋勇当先。珠江滚滚红棉艳，岭南大地草木春。改革开放阳光好，华师园里花烂漫。""艰苦奋斗众志坚，严谨治学成风范。求实创新重开拓，为人师表代代相传。教育改革宏图展，师范园地好摇篮。培育祖国栋梁材，神圣职责我承担。向前向前，向前向前，华师儿女永远向前！"同样可见校歌与校训之间的密切关系。也从另一个角度证明了校训对于一所大学的重要精神引领意义。

与校训相比，由于性质、功能、传播与接受方式的不同，校歌的流传性、影响力要明显弱许多。由于歌唱、运用的机会较少，校歌的传播力和影响力受到很大限制，其作用在许多时候也得不到充分的发挥。甚至有这样的情形出现：在某些庆祝、纪念或其他重要仪式场合，当需要唱校歌的时候，一些师生不仅对校歌的节奏、旋律不清楚，明显跟不上音响中的播放，甚至连歌词也都不怎么记得，往往需要打印出校歌歌词供人们观看，才可以勉强应付这些场合的需要。由此可见，校歌在一些学校师生中的影响力实在有限，其作用也没有得到应有的发挥和运用。从高校文化育人、校园文化建设的角度来看，这种情况可以说是有些意外的，也可以说是很不正常的。在这种情况下，校歌在文化育人中的作用发挥得并不能令人满意，甚至存在一些出人意料的情况，就是一种必然的结果了。因此，如何发挥校歌在高校文化育人中的作用，如何改变和完善目前存在的某些不能让人满意的情况，就是一些高校应当予以充分重视，并尽早进行修正、补充和完善的一个突出问题。

第五节　大学校庆与文化育人

大学校庆是大学文化建设的一个重要组成部分，是一种文化纪念，也是一种文化记忆，尤其是对于具有较长办学历史，取得突出人才培养、科学研究、文化传承、社会咨询与服务、文化合作与交流成就的大学而言，校庆就不仅仅是一种自然而然的存在，不仅仅是学校成立日的一种庆祝和纪念活动，同时也是一个教育积累、学术积累、文化积累的过程，是学校办学历程、取得成就、事业发展、社会贡献和文化影响力的一次集中展现，往往具有多方面的思想意义，也经常产生多方面的文化影响。

对于大学校庆的关注和重视，也是高等教育发展进步、管理体制发展完善、办学理念进步健全的一个标志。从总体上看，在 20 世纪 90 年代以前，国内高校普遍并不怎么重视校庆，校庆活动及相关活动也并不显得如何突出。各高校比较普遍地重视校庆，并适时地举办各种庆祝和纪念活动，是近 30 多年来，尤其是进入 21 世纪以来的事情。这种变化也反映了高校教育思想、办学理念、自我意识的变化，也是社会经济、思想文化等各方面发生变化、取得进步的一个标志。

越来越重视校庆、校庆期间举行大规模庆祝或纪念活动的做法和形成的风气，首先是从最知名的几所大学开始的，随后在高等教育界产生了显著的影响，并逐渐在各种各类高等院校中流行起来，近年已经形成了一种颇有影响、广受关注的高校文化活动或文化事件，甚至对基础教育等方面也产生了相当明显的影响，对社会文化的其他领域也具有一定的影响。

新时期以来，中国高等教育的一个重大变化就是大学逐步走向正规化并日益受到社会的关注。先是大学和大学生受到普遍尊重，后来是名牌大学和名校大学生受到追捧，再后来就是国外及境外大学和所谓“高考状元”的影响持续高涨。近年更有大学校庆逐渐被越来越多的大学重视并受到各界的关注，以至于形成了一种教育现象或社会文化现象。

目前的大学校庆存在着两种共同倾向：一是一些大学想方设法把自己的历史挖掘得越来越长远，于是校庆周年数也就随之变得越来越大，从而出现了一批历史很悠久、历程很曲折、经历很丰富的百年大学；二是一些大学校庆朝着大型化、高档化、表演化的方向发展，于是出现了一些规格越来越高、声势越来越大、影响越来越广的大学校庆。

这种情形的出现，当然充分体现了随着我国综合国力的显著增强、教育的高度发展，大学教育也得到了空前优越的发展机会，大学教育使命、文化影响力、社会政治地位显著提高。因而可以说是值得关注的现象甚至是可喜的现象。但是也应当看到，目前大学校庆中也出现了一些不尽如人意、值得充分注意并认真分析的现象。从这一角度来看，对大学校庆功能价值的充分思考和深入讨论就是其中应有之义，以期为大学校庆及相关活动提供有益的思考和借鉴。

从思考问题的逻辑起点和相关讨论所关涉的范围来看，要探究大学校庆及其功能、价值和意义，有必要首先简单探讨一下大学功能及其价值的集中表现——大学精神的意义和价值，以便为以下的讨论提供必要的基础。因为这是进入具体问题和表达见解的前提，也是认识大学校庆价值的角度和用意之所在。

虽然中国古代典籍《大学》中就说过：“大学之道，在明明德，在亲民，在止于至善。知止而后有定，定而后能静，静而后能安，安而后能虑，虑而后能得。物有本末，事有终始。知所先后，则近道矣。”但这主要是儒家道德哲学中所追求向往的大人之学，而不是今天经常说的现代大学。与此相似，中国传统经典中许多关于“大学”的论述也经常带有这样的思想色彩和道德人伦用意，所指也并非现代意义上的大学。

现代意义上的大学是西方社会文明进程中的产物，因此无论其外在形式还是内在精神，总是带有那个时代的某些明显的思想文化特征，尤其是与工业文明时代的核心价值观念密切相关。从一般的意义上看，大学的外在形式虽屡经变迁，但大学的内在精神品质与思想追求不仅是最有恒久价值和普遍意义的部分，而且是影响最为深远的内容。比如，对于理性精神、科学精神、人文精神的倡导，对于独立思想、自由意志、学术尊严、学术民主的推崇，均已成为现代大学精神品质的重要标志和思想象征。

“所谓大学者，非谓有大楼之谓也，有大师之谓也。”这是1931年现代教育家梅贻琦先生在就任国立清华大学校长时发表的就职演说里所说的话，如今已经成为一句流传甚为广远的名言。很明显，这句话从思想蕴含到句法形式均来源于《孟子·梁惠王下》所说的：“所谓故国者，非谓有乔木之谓也，有世臣之谓也。”从中不仅可见中国文化传统中对于“人”的重视，或者说对于“人本”的关注，而且可见中国教育家在阐述大学精神时对中国传统思想的有意吸纳。1929年，陈寅恪先生在《清华大学王观堂先生纪念碑铭》中所说的“独立之精神，自由之思想”，也是在西方现代思想照耀下对王国维学术理想与人生价值的“理解之同情”，其中寄托了极深的文化理想。可见，中国大学精神的建构与体认，既与西方现代大学精神相通，又与中国传统教育思想、文化观念相融。而且，由于有了中国传统思想精华的融入，才使得大学精神的内涵变得更加充实而丰满。

假如对梅贻琦所说“大师”的含义和陈寅恪标举的“独立自由”进行细致的解读，当可用心揣摩的是其综合古今中外、博采科学人文的用意深微的价值指向和具有思想底蕴、价值追求的丰富精神内涵。“大师”不仅必须是最高研究水平和学术造诣的标志，是引领学术发展、培养优秀人才的标志，而且应当是科学精神、文明思想、学术尊严、高贵气质的象征。也就是说，“大师”最值得崇敬的，是他们所代表的精神气质与文化理想，是他们彪炳时代的思想境界和精神光芒。也可以说，大师应当而且必须是现代大学精神的历史凝聚和集中显现，是时代精神、思想追求、人生境界的集中体现。“独立自由”也不仅仅只是从字面出发、停留于纸上的抽象概念，或者是个人或群体的思想意志或精神指向，而是具有深刻思想内涵与精神向往、科学价值与人文情怀的价值追求和意义呈现。

显然，大学精神是一个随着国度的不同、时代的变化、区域的差异而有所变化的概念，这是由于文化传统的不同、教育观念的差异所造成的必然。特别是在中国大学与西方大学之间、传统社会与当代社会之间，大学精神存在着明显的甚至是巨大的差异。这种差异性虽然是教育、文化差异造成的结果，但是有必要强调指出，对于大学精神而言，总有一些思想内涵、精神指向、价值追求是本质性的、规定性的，是中西古今的大学里应当共同地、普遍地具有的。也就是说，无论何时何地，大学精神的核心内涵却应当是明确的，也应当是恒久的。当代大学精神的保护、传承与建构，必须从这些核心内涵开始，并将其置于特别突出、非常崇高的地位。或者说，这些核心内涵的存在与否，被尊重和践行的情况如何，是衡量大学精神之有无、大学精神之水准的重要标准。

护持和弘扬大学精神，必须有追求真理的勇气。对真理的追求和向往是人类进步的动力。这种动力在大学精神中理应得到充分的展现，需要顽强的毅力和执着的勇气；要有崇尚科学的信念，科学是人类智慧的结晶，理性精神和科学信念应当在大学里自由飞翔；要有革新创造的气魄，这是基于对优良传统和已有经验的继承与超越。中国古代“穷则变，变则通，通则久”（《周易・系辞下》）、“变则堪久，通则不乏”（刘勰《文心雕龙・通变》）所一再表达的正是这种思想和行为的辩证法。这种思辨的智慧应当在大学精神中得到充分的体现；要有关心社会的情怀，学术象牙塔中的凝神静气、思接千载并不是忘却世俗的空虚的高贵，而是大学对于现世社会的精神价值的体现，大学精神与关注世道人心、国计民生的人间情怀息息相通；要有倡导文明的理念，文明不仅是人类物质创造和精神创造成果的结晶，而且是指向未来的灯塔，大学应当让这座希望的灯塔焕发出夺目的光辉。

传承和建构大学精神，要有冷峻批判的态度，这是知识分子（智者）一词的本意和知识分子的社会角色所规定的。智者总是怀有更加崇高的理想，总是怀有更加美好的期待，对现实总是不能满足，对缺憾总是不能心安。这种苏世独立、永不满足的精神应当在大学里发扬光大；要有忍受孤独的耐力，大学精神的承担者经常是时代的先行者，先行者总是孤独的，但这种注定的孤独不是不识时务和困苦弱小的表现，而是启蒙者伟大力量的象征；要有承受挫折的坚忍，因为清醒者的批判姿态、先行者的孤独旅途总是困难重重，必然遇到各种各样的阻碍干扰，必然受到来自多方面的排斥打击，这几乎是一种历史的必然。但更加强大的一种历史必然是科学与文明的胜利，科学和文明恰恰是大学精神的核心内涵。

无论是在中国还是在外国、在东方还是在西方，也无论是在传统社会还是在当代世界、在普通背景下还是在特殊环境中，人们言谈举止、次序先后、等级规范的文化含义经常是通过一些重要的仪式来表现和传达的。这些具有长久文化传统和深厚文化内涵的仪式经常积淀为一个民族、一个时代、一个区域的重要文化传统，从而对相关文化现象和文明传承产生直接而深远的影响。

大学校庆是现代大学产生以后的伴生物，也是教育发展、社会进步、文明演进的产物。由于地理、种族、时代的差异，由于教育传统、大学制度、物质条件、社会环境、风俗习惯的不同，大学校庆也具有显著的差异性，或者说表现出多姿多彩的面貌。但无论如何，对于现代大学而言，校庆总是一种体现教育理想追求，具有丰富文化思想内涵、深厚精神象征意义的重要仪式性庆祝活动。

大学校庆是一场隆重的庆典，是一种具有精神价值和思想意义的纪念仪式。大学校庆应该是一所大学对自己历史的追忆、现实的呈现、未来的展望，通过这种具有思想内涵的仪式过程更加深切地思考和品味自己的学术品位、办学特色、教育理念、精神传统与未来发展。这既是一种重温、提炼、概括和表达，也应当是一种前瞻、开拓、提升与畅想。在通常情况下，一所大学的历史越久，校庆所承载的精神思想含义就越深厚，就越具有科学精神与人文精神、理性思考与诗性情怀共同促成的教育理想和思想追求。在校庆期间，大学的历史、现实与未来通过一系列庆祝仪式获得了遇合与交融，从而可能迸发出更加璀璨的精神力量和思想火花，有助于更好地创造大学的未来。这是进一步凝聚、提升和发展大学精神的时刻，也是表现教育理念、科学精神、文明追求的时刻，更是提炼和表达大学特色、思考和概括大学风格的契机。

大学校庆是一个特别盛大的节日，是大学科学创新、人文追求、文化传承、教育进步的精神标志和仪式象征。校庆不是教师、学生、校友或者任何一部分人自己的节日，而是与这所大学具有各种关联的所有人士的共同庆典。无论是对于教师还是对于在校学生、对于曾经的学生校友来说，还是对于与这所大学具有各种关系的人们来说，校庆都是一个盛大的节日。在这个大家共同的节日里，大学的教育功能和文化价值都得到集中的展示，特别是在科学创新与进步、人文精神建构与弘扬、文化传承与发展、社会进步引领与促进等方面，都显示出大学的独特价值和特有魅力。因为这些都是大学的责任义务、功能价值的集中表现，也是一个时代、国家、区域高等教育水平、科学与文明程度的重要指标。而且，随着社会的发展、人类的进步、文明的提升，大学的功能和价值必将得到越来越深刻的认识，大学校庆的象征性也应该得到越来越充分的理解。也就是说，越是崇尚人才、教育发达、科学昌明、文明进步的国度和时代，大学和大学校庆的价值就越是应当得到充分的彰显。

大学校庆是教育成就的一次集中展示，是大学办学理念、教育水平、人才培养、社会贡献的集中表现。办学理念经常是教育思想、培养目标的表达方式，教育水平通常能够真正反映一个国家、一个时代、一个区域的科学文明水平。教育的发达程度总是与人们的生命质量、文明程度密切相关。大学的办学水平、教育能力、文化影响通常是一个国家、一个时代、一个区域科学与文明程度的集中体现，大学承担着极为重要的社会功能。大学的功能在于科学创新、文化传承、教育实施、培养人才，大学正是通过这种独特的不可替代的方式承担着教育责任、行使着教育权力，从而对时代和社会做出重要贡献。校庆应当是大学功能的集中展现，在这里，教师与学生，校友与各界人士，教育与社会，以及与这所大学具有各种关联的所有人士，都可以从中得到价值的认同、思想的归依、情感的寄托、精神的愉悦。大学的教育水平、人才培养和社会贡献也可以从这种薪火相传的历程中得到充分的显现。大学校庆通常能够集中而充分地体现大学与教育、大学与社会、大学与时代的关系，也通常能够反映高等教育的文化责献和思想价值。

大学校庆是一次思想的凝聚、精神的唤起和理想的向往，是教育理念、学术传统、办学特色、大学精神的提炼、凝聚和有力彰显，是大学发展进步的显著标志。如同学术的积累、文化的传承、人才的培养一样，一所大学的教育理念、学术传统、思想内涵、精神气质、办学风格甚至文化形象也需要积累，也通常有一个有意建构、凝练丰富、积渐而深的过程。这种文化积累可以体现在物质文化层面，如重要场所、标志性建筑、珍贵动植物、纪念性标识等方面，更应当体现在非物质文化层面，如著名学者、优秀教师、标志性学术成果、重大教育成果、优秀学生、杰出校友等。因为后者更接近大学教育的本质，也更能体现大学精神的丰富内涵和思想深度。假如说日复一日、年复一年的许多平常日子主要是大学精神、科学思想、人文情怀的自然产生、形成和发展过程，大学校庆就应当是积极地、有意识地对自己的精神传统进行概括、提炼、凝聚、丰富和升华的时刻。在这一刻，由于多种因素的触动和激发，一所大学的教育理念、学术传统、办学特色，所承载的大学精神、教育责任、社会贡献都应当被充分地唤起并得到充分的展现，从而使这所大学在精神唤起、思想追忆、教育进步、文化创造的氛围中走向更加高远的理想，迎接更加美好的未来。因此，大学校庆经常是学校发展进步的显著标志，是大学一定发展阶段中的标志性事件，大学校庆也因为这种丰富的意义和价值而显得更加值得纪念。

大学校庆是一种文化记忆，是大学自身的一种无可替代的文化经历和珍贵记忆，也是一个国家、一个时代、一个区域具有科学创新、人文追求、文明进步标志意义的文化记忆。人类总是在完善自我、创造文化、追求文明、向往未来的过程中发展进步的，这既是一个文化创造的过程，也是一个文化积累的过程。这一过程中留存下来的具有深刻文化含义、具有重要文化标志意义的文化记忆，不论是对于既往、当下还是对于未来而言，都具有非常重要的意义。大学的形成与发展、变革与进步、优化与创新，实际上也是对于自己的教育思想、精神传统、创新经验、文明建构进行反省、估价和记忆的过程，并由此对国家、时代、区域做出不可或缺、无可替代的文化贡献。大学也因此获得了超越教育本身的更加广阔独特的精神意义和文化价值。大学校庆就是大学对自身文化记忆的有意追怀、有力提示、用心营造，也是一种精神传统的深度唤起、着力提倡和发扬光大。因此，对于一所大学和一个时代、一个区域的教育体系、文化体系甚至整个社会体系而言，这种基于科学、文明、独立、自由等核心价值的文化记忆不仅指向既往，具有经验总结的价值，也指向当下，可供反省判断的参考，更指向未来，从而获得了理想追求的含义。

基于对大学校庆功能与意义的上述理解，就应当指出，大学校庆在积极借鉴各种经验、吸纳多种因素的同时，应当建立健全符合规范、科学合理、切实可行的规章制度和具体要求，应当自觉抵制一些不利因素的干扰侵蚀。尤其不应该沾染官场化、商业化、功利化、低俗化的色彩，也不应该走向娱乐化、明星化、江湖化、浅薄化的方向。大学校庆必须自觉抵制并有力制止大摆阔气、追求奢华、铺张浪费的现象，反对面子工程、形象工程、献礼工程的出现，更应当杜绝校庆成为个别人、少数人、某些群体、某些利益集团借机牟取利益的途径。因为这些与现代大学制度和大学精神格格不入，根本不应当与大学校庆沾边，更不应该成为大学校庆的内容。

目前，许多有悖现代教育理念、科学文明宗旨、思想道德追求、人格完善理想的观念和现象，通过大众传媒的推波助澜对青年学生包括大学生产生了极大的影响，对他们的人生观、价值观、世界观造成了巨大冲击，甚至产生了颠覆性的影响。这对于大学教育的负面影响是毋庸讳言、不可忽视的，同时也对大学教育提出了更加紧迫的要求和更加严峻的考验。在这种背景下，大学校庆也应当承担更多的教育与责任、科学与文明、发展与进步、理想与追求的使命，大学校庆应当强有力地发出行使教育责任、培养卓越人才、弘扬大学精神的洪亮声音。

因此，大学校庆的价值与功能，实际上是大学精神及其思想内涵、文化价值的集中体现，是高等教育的高贵气质、科学精神、文明水准、理想追求及其社会贡献的有力彰显，是处于一定发展阶段、文明水平的国家、民族、时代、区域的文化特点、时代风尚的一个显著标志。大学校庆必须守护教育的尊严、保持学术的高贵、追求思想的纯净、承传精神的价值、向往更加美好的理想。大学校庆不仅指向过去，面向当下，而且瞻望未来；

大学校庆不仅面向大学本身，而且面向广阔的社会。正因为大学校庆获得了如此丰富的内涵和如此深刻的意义，才显得并且值得常说常新，魅力无穷。特别是在一些大学陆续迎来校庆纪念日、庆典日的时候，我们思考大学精神的内涵意义，谈论大学校庆的功能与价值，不仅恰逢其时，可以为校庆增添更加深厚而隽永的含义，而且意味深长，可以引发丰富的联想和深远的思考。

基于上述认识，就可以说，大学校庆对于人才培养、科学研究、文化传承、社会服务、国际交流与合作可以产生多方面的影响，更是大学思想建设、精神凝聚、价值认同的一个重要方面，校庆在校园文化建设中所具有的突出地位显而易见。因此，大学校庆对于高校文化育人所能产生的作用、所具有的意义不仅是重要的，而且涉及多个层次、多个方面。如何运用好校庆这一时机做好文化育人工作，收到理想的文化育人效果，使校庆发挥其长久而深刻的作用，是一个值得充分重视并需要进行认真研究探讨的问题。特别是需要注意避免容易出现的短期性、表面化、过场化问题，避免各种活动中容易出现的被动参与、虚假热闹、应付了事等现象，将校庆活动落到实处，真正做得受到广大学生的真心喜欢、真情参与，也是一个值得深入探讨、认真实践的重要问题。

第六节　大学仪式与文化育人

各种文化仪式较为丰富、较为正规、讲究内涵和仪式感也是大学的特点之一，重视仪式也是大学学习和各种文化生活的特点之一。大学仪式的产生和延续是长期积累、建构和完善的结果，也是一定时期、一定国度社会文化观念、教育思想、价值观念的反映。大学仪式一方面与大学的起源、大学的功能、教育的本质和形式表现有关，另一方面也与现代社会秩序、文化活动习惯有关，具有一定的时代性、国别性、区域性、民族性特点，也具有一些普遍性、共同性特征。在大学这种人群集中、活动场所和方式集中、学习和生活节奏相当接近甚至步调相当一致的地方，假如没有了秩序、仪式、约束和各种规则，没有了大家共同遵守的行为习惯，没有了共同的行为方式，真的不可想象大学该变成什么样子。

仪式是人类社会发展到一定阶段之后形成的某些固定行为方式，是人们社会生活中不可或缺的组成部分。仪式的共同特点是讲究一定的秩序、一定的规则，并且包含着丰富的文化内涵。这些秩序和规则许多时候是来自管理者的外在的要求，有时候也是参与者的一种内在需要。大学中主要的仪式体现在课堂教学、学术讲座与交流、学术会议及其他会议、文化活动及其他活动等各种集体参与的教育教学事项当中。这些大学仪式不仅对于高校各种活动的有序进行、有效开展具有明显的保障作用，而且对于包括教师、学生在内的所有参与者来说，都是必要的教育培养、优良习惯养成过程，也是环境氛围的共同营造、共同分享过程。从仪式的功能和作用来看，可以明显地看到大学仪式对于大学文化建设、文化育人具有重要的促进和启发作用。

在高校的各种仪式性场合中，最值得注意的是开学典礼、毕业典礼等场合。虽然不同院校对开学典礼、毕业典礼的安排方式、举行方式和效果影响等会有所区别，甚至存在着明显的不同，但一般来说，开学典礼和毕业典礼都是高校最重要、最具有标志性和影响力的仪式性场合。对于大多数高校来说，开学典礼和毕业典礼不是经常举行的活动，一般每年才举行一次，通常在每学年开学之初、每学年毕业季才举行，对于新入学的学生、应届毕业生而言更具有非同寻常的纪念意义。因此，开学典礼和毕业典礼具有明显的时间性、节奏性特点，也具有相对固定、比较稳定的内容和形式。

不仅如此，由于开学典礼、毕业典礼的内容、性质、标志性、影响力的特殊性，这样的场合也往往是高校里其他文化传统、文化因素尤其是校训、校歌、标志性人物、标志性事件、最突出成绩集中展现的机会，也经常是对高校文化教育水平与能力、特色与成果、教风与学风、师生人文修养与综合素养的展示和检验，因而在高校的各种仪式性教育、仪式性表现中，开学典礼和毕业典礼往往处于特别重要的地位，发挥着非常重要的作用。由于开学典礼、毕业典礼这种活动的内容、对象、场合的特殊性及其所蕴含对于学生入学、毕业所具有的显著标志性意义，因而这类活动往往是最能体现和反映高校仪式性活动、校园文化建设、学校传统传承的最重要场合，也往往是对学生影响最突出、使学生记忆最深刻的仪式性活动。基于这样的认识和理解，开学典礼、毕业典礼等活动在高校仪式教育、文化育人中的特殊地位和重要作用，就是显而易见的了。

高校对开学典礼、毕业典礼的重视和社会各界对这些活动给予的关注，也是从新时期以来逐渐开始的，近年则有着声誉越来越高、影响越来越大的趋势。另外，由于各院校的传统不同、习惯有异，就更需要加强开学典礼、毕业典礼及相关仪式性活动的建设和规范，使这些活动走向正规化、规范化、习惯化，使之成为高校文化建设、传统建设的一个重要组成部分。高校的开学典礼、毕业典礼，通常是人才培养成就、科学研究成就、教育传统、办学成就和社会影响力的集中表现，也是高校教风、学风和校风的综合反映。

从目前广东高校有关开学典礼、毕业典礼等仪式性活动、庆祝性活动开展的情况与水平来看，还有一些需要继续丰富完善、充实内涵、提高水平、扩大影响之处。比如，有的高校对开学典礼、毕业典礼不够重视，相关工作明显跟不上，一般只是草草举行、匆匆走个过场；有的高校对开学典礼、毕业典礼的含义、影响理解不深，举行的相关活动规范性、正规性、庄严感和仪式感明显不足，甚至参加相关工作的各级负责人、教师和学生都以一种被动的心态和不得已的态度去对待，使本来应当非常庄重、正规、内涵丰富的活动失去了价值和意义。许多时候，一些高校教师、学生往往是因为缺乏这种仪式感、礼貌性修养，在工作和生活中会遇到颇为尴尬难堪，甚至专业交流受到严重影响的情况，给对方留下很不好的印象，也会影响学校的整体形象和社会声誉。

因此，在高校的思想建设、文明建设全面发展、提升的总体背景下，将开学典礼、毕业典礼等重要的仪式化活动纳入高校文化内涵建设、行为规范建设的计划，并长时间地坚持贯彻落实，不仅有必要，而且显得相当紧迫。

在课堂教学方面，在一门课程开始、结束的时候，往往有必要开展一些仪式性活动，或者习惯于举行一些仪式性活动。这实际上是高校仪式活动最经常、最集中、最重要的部分，也是最值得重视、最应当建设和完善并长期坚持的部分。这是由课堂教学在高校教育活动中所处的中心地位、占据的主要时间和具有的根本性作用决定的。比如，在一门课程开始的时候，任课教师往往向听课学生做简要而得体的自我介绍，学生起立、鼓掌或者以其他方式表示欢迎；在课程结束的时候，任课教师往往向听课学生表示感谢或给予鼓励，全体学生献花、鼓掌或用其他方式向教师表示感谢。近年来，随着手机功能的多样化，拍照片、录视频变得越来越方便，也经常有在课程结束时师生共同合影留念的仪式性行为。更具体地说，在每一节课开始或结束的时候，任课教师一般也会每次都向学生们问好，学生也应当向教师问好，从而形成有问有答、有交流有互动的仪式性场景，营造良好的教学氛围。

从大学教育的完善、文化氛围的营造、优良习惯的养成等方面来看，这些课程教学中的仪式性行为是必要的，应当积极提倡并努力坚持。对于这些具有教育意义、文化内涵的仪式性行为，并不能简单地理解为没有必要、多此一举，或者认为是毫无意义的累赘烦琐，以马马虎虎、应付了事的态度来对待。

目前许多高校普遍欠缺对课堂教学仪式、礼貌的关注和强调，或者虽有相关规定，但未能比较严格规范地执行，也有的高校对此不能长时间、习惯性地坚持这些应有的仪式和礼貌。一些高校对教师进行的关于课堂教学仪式感、礼貌性的教育普遍不足，一些教师对教学中的仪式和礼貌也不大讲究，有的甚至不以为然。许多高校对学生进行的关于课堂教学仪式、礼貌、规则等方面的教育更是严重欠缺，在课堂教学中应当具有的个人修养、行动方式、规则遵守、仪式感、礼貌性等方面存在明显缺失，在很多时候甚至会影响教学效果、影响课堂学习氛围的营造，当然也不能不影响到文化育人的效果。这种情况具有相当广泛的普遍性，应当引起各高校管理者、广大师生及有关部门的足够注意。

在学术讲座与交流方面，由于高校中学术讲座及其他学术交流活动较多，类型和形式也比较多样，举行这些活动的场合也多有不同，相关的规则和习惯也存在差异。从高校仪式总体结构和基本习惯的角度来看，这一方面的仪式性行为也应当具有相当突出的地位，对于高校仪式体系的建立和完善、对于广大师生良好习惯的养成具有重要作用。比如，讲座活动的主持方式、对主讲人的介绍方式与内容、听讲者的现场表现、记录和提问方式，讲座开始和结束时的鼓掌、是否需要起立表示敬意、是否需要献花表示感谢等，都是高校仪式的重要内容，也是高校学习生活的一个组成部分，与许多教师和学生相关，尤其是与广大同学们关系密切。

对于许多学生来说，特别是初入大学的学生们来说，对于讲座是什么、怎样听讲座、听讲座时的应有的礼貌和应有的准备、应当遵守的规则是什么，往往是不清楚的。特别是在讲座之后经常有的互动交流环节，应当如何提问、提问中应当遵守哪些规则或习惯，应当具有怎样的仪式要求和礼貌要求，都是应当关注并尽可能做好的关键环节。因此，在这样的时刻或场合，对学生进行有关仪式性、礼貌性的引导和说明，就显得很重要。有了比较好的准备，既可以保证讲座的顺利进行、收到预期的效果，又可以提高听讲学生的礼貌意识和仪式意识，从而达到通过讲座活动对学生进行专业教育、修养教育和仪式教育的目的。

在一些高校的讲座场合，听讲学生应当具备基本的仪式感和礼貌性，不懂得这种场合应当遵守的基本规范和习惯，在开始、听讲、提问、结束等环节，不讲仪式、缺少礼貌、安排欠妥、处理不当的情况经常发生，造成不顺畅、出意外、尴尬场面的情况也时有发生。这种情况的存在和延续，不仅不利于学术讲座等活动的顺利举行和活动效果的实现，甚至会出现适得其反的状况，而且不利于高校文化环境的优化、文化学术仪式的建设和传承。这种看似比较简单、相当表面化的仪式建设，往往会对高校的仪式建设、文化氛围建设产生重要的影响，因而必须引起高校及有关部门的足够重视，并采取有效有力措施，尽快进行弥补和完善。

在学术会议及其他会议方面，由于高校等级、层次、专业、地点等方面的差异，学术会议在不同高校中的地位、作用、影响力等也存在明显区别。一般来说，在学术地位较高、影响力较大的高校，学术会议及其他学术活动举行得比较频繁、比较经常，师生对于此类活动也比较熟悉、比较适应。而在有一些高校，举行学术会议及其他学术活动的机会明显较少，师生对此类活动的内心感受、行为反应、适应程度等也会有明显的不同。

不论对于哪一种类型的高校、哪一个发展阶段的高校，都需要加强学术会议及其他会议的规范性、严谨性，特别是通过应有的仪式性环节、场面和活动，增强学术会议对于本校师生尤其是学生的引导性、启发性和影响力。通过各方面的努力，将学术会议的功能、作用充分发挥出来，使学术会议既成为学术交流研讨的自由空间，也成为对师生进行仪式教育、礼貌教育和文化教育的良好机会。如果这样的机会利用得好、开展得好，还可以使学术会议等机会、场合成为展示学校文化底蕴、师生教养、仪式意识和展示能力的难得机会，收到一举多得的良好效果。

广东高校对于学术会议及其他会议的认识理解、安排处理、反应应对存在着诸多的不同，既反映出不同高校对于学术会议从认识理解到安排应对的明显差异，也反映出各高校在校园仪式、文化建设方面存在的差距。比较普遍的情况是，许多师生对于非本专业范围的学术会议觉得跟自己没有什么关系，往往采取漠不关心的态度，没有任何予以关注的兴趣，也缺乏有所参与的专业基础和能力。这种情况的发生，本来应当是正常的。但值得注意的是，有些本来属于自己专业范围或者与自己专业关系密切的学术会议，许多师生采取的仍然是漠不关心、不想参与的态度。这种情况的存在和延续，就不能认为是一种正常的反应或者是可以理解的现象了。这种情况实际上反映了高校师生对于自己专业动态进展、热门话题、前沿状况的冷漠、隔膜状态，反映了许多师生还没有进入比较良好的研究性学习状态，也可以认为反映了在仪式性教育、学风与校风建设上存在着明显的欠缺和误区。

在有的高校中，由于学术会议的需要，特别是开幕式等重要环节的需要，要求学生去填会场座位的情况也时有发生。学生们要么怀着懵懂疑惑之心，要么怀着逆来顺受之感，要么采取被动服从的态度，出现在这些场合，完成其填补会场座位空缺的任务。从高校文化育人、仪式感建设的角度来看，这样的安排和处理显然是不应该受到肯定，也不应该提倡的。而且恰恰相反，这种做法本身与高校的文化教育、仪式感教育的目标要求背道而驰，违反了教育、引导、启发的基本原则。还有的高校在学术会议等场合，特别是在互动交流环节，不能很好地运用这样的机会开展积极有效的、主动自由的交流讨论，而是经常出现预先安排提问者、预先安排所问问题的方式。这样的安排似乎做足了充分的准备，实则不利于交流讨论的进行，更不利于现场师生真正有意义、有针对性地对话，当然也是不利于高校文化育人、仪式感教育的出发点和预期目标的。

至于在一些交流互动环节提问不当、表达不清、举止不合规范或习惯的现象，就更加经常地出现在一些学术会议或其他交流讨论的场合，反映了高校在仪式感、场合感、规范性、得体性建设和要求等方面存在的欠缺与问题，也从另一个角度提出了仪式性、得体性教育在高校中多么欠缺、多么不足的现状，也提出了切实有效的加强高校仪式化教育、文明礼貌教育的重要性和迫切性。

文化活动及其他活动也通常是具有突出仪式性特点的活动，也是展示高校仪式化教育、修养水平的重要机会。高等院校作为文化活动及其他活动较为集中、频繁的场所，往往能够从各种不同类型、不同内容的文化活动中体现出一定的特色与优势，体现出时代教育发展、地域文化特色、学科专业特色在学校文化活动及其他活动中的运用情况和效用效果。尽管各个高校在类型、规模、特色、办学方向、建设发展目标等方面存在不同，甚至存在着相当大的差异，但是文化活动比较频繁、内容比较丰富、形式比较多样、参与者众多、影响力较大，大概是高校文化活动的基本特征和共同特点。比较常见的文化活动如田径运动会、文化节、文艺会演与比赛、学术活动月、读书月、演讲比赛、戏剧比赛、文艺晚会、作文比赛、诗词创作大赛、书法与写字比赛、学生文化成果展览等等，难以详尽列举。这些文化活动对于丰富高校的师生尤其是学生的文化生活、展现和培养学生的综合素养与能力、增强校园的文化氛围、充实校园文化内涵，都具有显著的促进作用，因而应当积极鼓励和提倡，当然也需要进行积极的引导，使之走上更受欢迎、更有影响力的方向。

高校文化活动及各种活动越来越多，许多师生尤其是学生们越来越忙，耽误了听课、读书的时间，影响了专业学习，造成学生疲于应付、分身乏术，是目前许多高校应当注意并需要妥善解决的一个突出问题。一些高校举行的各种文化活动，仍然存在着一些不尽如人意的情况。比较突出的问题如应景式、应付性活动多，真正受欢迎的活动少，不少活动主要是为了完成某种要求或任务，而不是出自学生专业发展、锻炼成长、内心情感的实际，往往造成流于表面化、形式化，而不大关注实际评价和效果；过于追求数量与规模，质量水平较低，效果也不理想，参与者较少、影响力小、自娱自乐的倾向比较突出，一些活动只是参与者或一部学生参与，而且经常是由组织者通过各种方式动员而来，未能把活动与学生的学习、生活和业余兴趣爱好真正结合起来，造成各种活动与学生的其他安排冲突，造成部分矛盾难以协调处理的状况。

从仪式性角度来看，一些高校开展的文化活动中，也存在着不规范、不得体、过于随意、过于娱乐化的倾向。特别是在各种活动的开幕式、闭幕式及其他关键环节，出现种种不当或欠妥状况的时候往往比较多。比如，在一些按照仪式要求应当起立、鼓掌、提问、回答、互动交流等环节，时常出现不得体、不礼貌、缺乏仪式感的情况。这些情况有时候会对活动造成一定的影响，有的甚至会对活动造成较大干扰，影响活动的顺利进行或预期效果。

因此，从高校仪式化规范、文化育人方面来看，如何搞好高校的各种文化活动，真正把活动办到学生心里，真正反映学生的期待和要求，更好地发挥各种文化活动的育人作用，达到通过各种文化活动锻炼人、培养人、熏陶人、造就人的目的，的确是广东高校文化活动提升与完善、实现其育人作用的一个重要问题。在各种文化活动中，仪式感、礼仪性教育是其中一个不可忽视的部分，也是一个需要大力加强的部分。

鉴于目前广东高校（也可以包括内地一些其他高校）普遍性地缺乏仪式建设、仪式意识的实际情况，特别是仪式化行为、仪式化活动存在明显欠缺、不经常、不规范、不受重视等种种与大学创新发展、文化建设不能适应的情况，有必要特别提出，高等院校应当把各种仪式作为大学文化建设、道德建设的一个重要内容，作为高校文化育人、优良习惯养成的必要环节，显著加强各种仪式建设，并在日常教学、科研、人才培养、文化交流和社会服务中扎实贯彻落实，促使高校的仪式建设走上规范化、系统化、日常化的道路，使懂得仪式、尊重仪式成为高校师生尤其是广大学生的一种良好行为习惯，成为他们的一种学习方式和生活方式，成为他们的一种内在修养和自身需求，让各种仪式在高校文化育人中的独特作用和文化价值得到充分发挥，并在高校的各项活动中得到践行和完善、传承和发扬。

第七节　大学校风与文化育人

大学校风就是一所大学的风气。大学校风是高校在办学过程中长期积累而成的具有行为准则和道德标准意义的风气，是在大学校内乃至社会上具有极大影响并被普遍认可的思想风尚和行为习惯。大学校风包括学校领导的工作作风、教师的教风和学生的学风，以及长期积累形成的教育教学习惯、学术研究风气、各种活动规范、生活习惯与行为习惯等。校风还存在于学校的各种具体事物和整体环境之中，更是大学所具有的整体性精神面貌、风格气质的稳定呈现和传承展现。大学校风是办学理念、育人方针、学术追求和办学特色的集中体现，也是大学思想传统、育人传统、学术传统、发展目标的集中体现，是大学品位和格调的重要标志。优良的校风既是长期教育和管理积累的重要成果，又在教育和管理中发挥着特殊作用。校风具有强大的同化力、促进力和约束力，是一种具有重要精神力量和感召力量的教育传统。

在高校的各种文化因素和文化资源中，校风可能是一种最深层、最抽象、最具整体感的文化因素和文化资源，也是最具有文化底蕴、文化影响力与生命力的文化因素和文化资源。对于许多高校来说，校风并不是在短期内、在比较简单容易的情况下就可以形成的，一些高校甚至还未形成什么明显的校风，也没有明确的校风意识和积累建设自己校风的能力。恰恰因为如此，在进行高校文化建设、开展文化育人工作和过程中，必须把大学的校风建设、校风教育提高到应有的高度，并将校风建设与文化育人紧密结合起来，使二者之间互相支撑、互相促进，形成共同建设、共同发展的良好局面。

优良的校风一经形成，就会构成一种独特的教育心理环境，形成一种有引导力的人文氛围，成为影响整个学校生活的重要而且稳定的因素。校风作为大学文化的主导性、核心性力量，在各种场合、各个不同的校内群体中，在各种活动和各种人际交往中，都可以分明地感受到它的存在，感受到它的独特作用和权威性影响力量。但是，校风主要是一种心理环境和人文环境，是无形的、抽象的，也是深层的、软性的，具有其自身的特点和规律，而不是学校发布的简单指令、硬性规定、行政措施。校风的建立和形成，往往需要一个长时期的凝练积累、理解认同、相互激发、共同教育、传承延续的过程，校风作用的发挥与形成也有其独特的方式和机制。因而对于校风作用及其发生机制、传承方式与作用影响等问题，也需要进行深入具体的理论研究，同时加强应用的实践探索，提高对校风积累凝练、意义作用及其延续影响的研究和认识水平，使校风在高校中的作用和价值更加充分有效地发挥出来。

概括地说，大学校风作为一定社会形态、教育制度、文化传统之下形成的大学文化中一个具有主导性、核心性地位的组成部分，除了有明显的国别性、时代性、民族性特征，也有其区域性、阶段性、类型性特点。同时，大学校风也可以体现出某些普遍性、共同性特点，也具有某些特殊性、区别性特点。这种多重角度、多重因素的结合，就赋予了大学校风以明显的丰富性、变化性、个性化特征，同时也具有一定的传承性、延续性和趋同性特征。这是认识和把握大学校风的时候应当予以注意并妥善处理的基本认识和思想观念问题。

大学是人类文明与科技、社会形态、思想文化发展到一定程度的产物，也是一定时代的文明成果、科技水平的集中体现，同时也是人才教育与培养、文明与科技传承创新的重要形式。不同时代、不同国家、不同民族，具有不同的大学校风和大学传统。这种认识，只要我们简要回顾大学的建设发展历程、观察当今大学的建设发展的基本格局、总体情况和未来趋势，就可以比较分明地感受和认识得到。因此，在认识大学校风及其价值、意义、作用和影响时，有必要对大学校风的时代性、国家性、民族性有尽可能清晰的认识，对大学校风的传承性与创新性、传统性与现代性等因素有比较准确的把握，以便在高校文化育人工作中，充分彰显和有效发挥校风的应有作用，为新时代的大学建设与发展做出扎实的努力和应有的贡献。

大学校风并不是一个孤立的存在，也不可能孤立地存在；大学校风也不是一种短时期的存在，短时期存在的种种风气、习惯无法构成大学的校风。大学校风存在于大学内部与外部的各种关系、关联之中，存在于大学的建设与发展、传承与转换之中，更存在于大学的长期积累、凝聚、提炼和表达之中。对于大学校风及其建设，应当充分注意其中的几对关系，并处理好其中几个重要因素之间的关系，真正将大学校风建设提高到新水平，充分发挥大学校风在新时代大学建设发展中的地位和作用。

第一，关于校风建设的长期性与阶段性。大学校风通常是长期积累、凝练、提升的结果，而不是短时期内就可以形成并产生显著影响、发挥显著作用的。因此，对于许多高校，尤其是建设历史较短的高校而言，首先应当认识到校风建设是一个长期的过程，是一个不断积累、有意识建构的过程，不应该操之过急、求之过切。但是，校风也不是自然而然地形成和积累的，并不是办学历史较长的高校就自然而然地、必然性地具有优良的校风的。因此有必要充分注意校风建设中长期性和阶段性的关系，往往是一个一个阶段性的建设目标，为长期的校风建设准备有利的条件、奠定必要的基础，然后才可能逐渐形成比较质实厚重的校风。对于建设历史较长、积累比较深厚的高校来说，除了发挥自己所具有的校风建设上的传统优势之外，也应当关注时代的发展、文明与科技的变迁和教育观念、教育思想的变革，适时地对校风进行丰富和完善，而避免以明显陈旧、不适应时代变化发展的校风应对新的时代发展需求的不正常、不妥当现象的发生。适时地把握校风建设的长期性与阶段性的关系，既保持校风相对的稳定性、传统性，又保持其应有的变化发展，就是一个值得重视并妥善处理的问题。

第二，关于校风建设的共同性与特殊性。不同高校的校风具有某些共同性，这是由“大学”的本义和起源决定的，也反映了人类文化与文明、科学与技术中存在的某些相通性、共同性。就国内的高校而言，由于相同的社会经济、思想文化、教育体系背景，各高校校风之间存在着更多的共同性和相似性，就是很自然的事情了。因此，在进行校风建设的过程中，首先要注意校风建设应当反映大学的共同特点、共同性质，要符合对于大学的价值、功能、意义的普遍性理解，保证大学与其他社会机构、文化与科技机构在基本精神、价值取向上的相通性、可沟通性，具有价值观念、教育理想上的交流可能和互补性。同时，对于不同时代、不同地域、不同类别的大学而言，也需要注意大学校风应有的特殊性。应当结合自己院校的办学特点、传统特色、所在区域、突出优势和未来发展目标，有意识地提炼、凝聚具有显著特色、可以区别于其他院校的标志性校风，以避免校风建设上容易出现的雷同化、表面化倾向，甚至造成不同院校之间的校风难以区别、无法辨识的情况。在关注共同性基础上注意特殊性、在体现普遍性的基础上体现自己的个性，可能是一个值得思考和探讨的方向。

第三，关于校风建设的传承性与创新性。大学是社会文化的产物，随着社会的发展变迁而发展变迁。对于许多高校来说，校风建设中首先应当重视的是传承性，关注学校已有的传统、积累、特色和优势，这是必须予以明确和坚持的重要前提。对于办学历史较久、大学传统比较深厚的高校而言，校风建设中尤其应当重视优良传统的意义和价值。对于办学历史较短的高校来说，虽然从传统中寻求资源、汲取思想的可能性较小，但也需要关注对自己学校传统经验的记取和总结，特别是需要适时地进行提炼、概括，将本来可以汲取的经验保留下来、传承下去。另外，不论是对于办学历史较久的高校，还是对于办学历史较短的高校，都需要关注时代的发展变化、文明与科技的发展、教育思想观念的完善等方面给高等教育提出了新问题、对高等教育提出的新期待，适时地将这些新内涵、新思想和新期待在校风建设中表现出来，体现校风建设的创新性特点，反映时代变革对于高校校风建设的影响和促进。因此，在校风建设中，处理好传承性与创新性的关系，既保持校风厚重、丰富的人文内涵，又反映校风鲜活、生动的时代精神，就是校风建设中应当予以足够重视并妥善处理的又一个重要问题。

在新时代背景下，为了办好人民满意的教育，对高等教育提出了新的要求和新的期待，对高校校风建设也提出了新要求和新目标。广东在建设“文化强省”“教育强省”的进程中，更加有必要深入总结经验，发扬敢于探索、勇于创新的精神，提高文化自觉、教育自觉的信心和勇气，在高等教育全面发展中，把校风建设摆到更加突出的位置，在校风建设中取得应有的成绩，为“文化强省”建设、“教育强省”建设做出积极的探索和应有的贡献。

关于大学校风建设与文化育人的关系，应当进一步提高认识，采取切实有效的措施，有效弥补目前一些高校存在的薄弱环节或不足，进一步密切优良的大学校风建设与高质量文化育人工作之间的关系。特别是有必要强调，要注意以下几个方面的问题，处理好以下几个方面的关系，以利于大学校风建设与文化育人工作的开展，尤其是协调好、处理好二者的关系，使二者形成互相支撑、共同发展的良好关系，把校风建设和文化育人建设都提高到新水平。

有的高校尚没有明确的校风意识和校风观念，也没有形成清晰可感、为广大师生认可并接受的校风。这种情况的存在，有时候跟学校的建设历史比较短、文化资源不多、积累较浅有关；有时候跟学校的办学层次不高、可支配资源不多，难以合理地凝练、概括出合适的校风有关；也有时候跟学校办学条件有限，由于种种困难局面的限制和影响，无暇考虑校风建设这一类比较长远的问题有关。此外，可能还会有其他种种情况，特别是不同的高校面临着各种各样的困难，对校风建设不同程度地产生不利影响或干扰。但是，需要明确的是，校风建设说到底是高校的办学理念、教育思想和教育观念问题，虽然与学校的传统、教学与科研资源、财力等因素有关，但归根到底还是办学方向和指导思想问题。

因此，种种不利情况、各种困难因素、各种条件限制等，都不应该成为轻视或缺少校风建设意识、建设能力和建设成绩的理由。校风建设不是要等到高校发展到较高水平、较好程度、较为优越以后才去想到的事情，也不是单纯依靠等待就可以实现的事情，而是高校建设的核心内容之一，是高校文化建设的主导性内容，应当在各种发展阶段、生存条件、建设水平、社会地位和影响的所有高校里都受到重视和关注。校风建设应当贯穿于大学建设的始终，体现在大学建设发展的各个方面、所有环节、整个过程，尤其是体现在高校全体师生员工的思想意识、行为习惯和整体风气上的一种思想自觉和行为自觉，而不是为了某种现实目的、眼前任务而采取的一种短期行为或权宜之计，更不是故意做做样子、装点一下门面给他人观看的装饰物。这是今天在认识高校校风的价值、功能与校风建设的基本原则、总体思路的时候必须明确并严格遵守的原则。

还有一种常见的情况是，一些高校没有长期进行校风建设、校风凝练并坚持校风营造的耐心和定力，造成校风不彰显、不突出的现象，或者校风难以发挥作用、难以产生效果的情况。由于校风具有抽象性、渐变性、长久性等特点，又具有软性突出、弹性明显、难以量化的特点，校风的建设与发展往往需要相当长时间的经营和努力，而且见效也未必很明显，特别是短期内无法看到效果，难以衡量其成绩与进步，因此在目前的高校体制和管理习惯之下，存在着一些对校风建设颇为不利的因素。比如，有的是由于主事者任职的时间比较短、面临的各种变化较多，或者由于种种情况而估计任职的时间不会长，因而对于校风这种需要长时间建设积累才可能有所成效、有所进展的工作没有什么关注的兴趣和投入的信心，也觉得没有进行这方面工作的紧迫性和必要性；有的是因为高校面临的各种学科建设、教学与科研考核、评比过于频繁，非常紧迫，而且非常重要，将对学校的建设发展产生直接而重要的影响，因而不得不放松对于校风建设的关注和强调，自然也无余力、无闲暇对这种需要长时间努力才能有所改进的工作投入大量时间和精力了；有的是因为目前高校各种考核、评比、资源分配等普遍地采用量化方式进行，通过数字化、图表化方式进行比较、排序并作为评价的主要依据，而校风建设往往是比较软性、柔性的工作，具有抽象性强、可比性弱的特点，因而这样的工作通常不会引起主事者的重视，也难以形成真正有效的考评机制、评比方法，往往容易流于形式化或被轻视。对于高校的中层如院系、学科专业及其他单位来说，通常会认为校风建设是学校的事情，与自己所在的院系、学科专业关系不大，自己的本职工作中可以不包含校风建设的内容，因而也经常采取漠不关心的态度。就广大师生员工层面而言，许多人经常会认为校风建设是高校主事者、管理者的事情，与自己关系不大或者本来就没有什么关系，因而采取一种淡然处之或者漠不关心的态度。

在这种情况下，就会出现一种颇为令人困惑、难堪的局面。高校中许多人，不管是学校管理者还是有关职能部门，不管是院系部门还是广大师生员工，都可以觉得校风建设并不是自己的事情，与自己的主要工作、本职工作距离比较遥远，也就都不会把校风建设置于比较重要、突出的位置。于是出现校风建设说起来非常重要、人人有责，做起来却非常空泛、人人无力的局面。长此以往，校风建设在一些高校中就不能不处于非常边缘、次要的地位，校风建设中经常出现空洞、无力、难以有力坚持和长期坚守的难堪局面。这是目前高校校风建设与文化育人相结合过程中最为突出、最容易出现的一个问题，也是最经常面临、最难处理的一种尴尬状况，因而也是一个值得深入研究探讨并寻求有效解决方案的问题。

在高校校风建设中，还有一种值得注意的情况，即校风理解偏差、宣传中的短期化、功利化、时尚化倾向，造成校风建设与宣传的稳定性、持久性、有效性不足。由于各种因素、各种条件的制约和影响，高校在一些工作中经常出现过于重视短期、眼前利益的倾向，而经常缺少长远性、前瞻性思考和规划。各种过于频繁、迅速的变化经常令高校难以应付、疲于应对，无暇进行具有长期性、远见性和超越性的思考与设计。这种情况几乎已经成为高校工作中的一种无法避免的循环，成为一种难以摆脱的怪圈，对高校工作造成了明显的影响和困扰。在有的高校，由于对校风的理解存在误区，过多地强调校风可能带来的眼前利益，或者可能具有的时效性作用，而对其内在的思想内涵、精神品质关注不多，过多地强调校风对于可能发挥的暂时性作用及可能带来的局部性好处，而对其持久性、整体性关注不够。也有的高校对校风进行过于时尚化、实用化的强调，缺少对其中应当包含的传统性内涵、传承性内容进行准确的理解和宣传，于是造成校风建设与宣传中的肤浅化、表面化倾向，不能使校风真正深入广大师生的内心，见诸师生们的行动，仅仅成为被一部分人了解和关注的一种装饰性、打扮性内容。很明显，这已经远远离开了校风及校风建设与营造的本来意图，不仅对于高校的建设发展不利，而且可能成为一种有害的现象。在进行高校校风建设和宣传的进程中，这种情况也是需要引起注意并进行调整完善的。

高校校风建设应当显著加强，不仅应当充分认识校风建设的长期性、持久性、传承性特点，而且要充分认识到校风建设对于学校建设发展的基础性、根本性、标志性意义和价值。尤其要把校风建设作为高校文化建设、思想建设和精神建设的一个核心部分，作为人才培养、科学研究、文化传承和社会咨询与服务的重要基础和文化底蕴，进行长时期的建设、营造和传承、弘扬。自觉地、有意识地把高校校风建设与文化育人工作结合起来，使二者形成互相补充、互相成就的良好关系，形成合力，见诸实效，共同促进高校人才培养、科学研究、文化传承和社会咨询服务各项功能的实现与完善提升与发展，应当是一个重要的努力方向。

第八节　大学校友与文化育人

大学校友是指曾经在同一所大学、研究院（所）进行学习、进修和工作的学生、教师、职员及其他人员。校友可以作为一种比较广义的称谓，凡是在同一所大学学习、工作过的所有人员，都可以称为校友。校友这一称谓对于已经毕业的学生而言具有更深切、更重要的意义，许多时候，恰恰是毕业离校、走向社会之后，甚至是毕业多年之后，才越来越真切地意识到母校的意义与价值，才越来越深切地认识到校友的价值和意义。

高校校友的活动均是以母校为中心，母校是最重要、最核心的联系基础和情感纽带，通过母校与校友、校友与校友、母校与社会之间产生各种各样的物质、文化、教育、学术、人才等方面的交流，给母校、校友以及社会带来一定的客观收益。虽然各个层次的学校都有校友和校友组织、校友活动，但是由于高等院校通常是教育的最高阶段和最后阶段，这一阶段的校友也通常处于最有发展、最为成熟、最有社会能力的时期，因而在不同阶段、不同层次的校友中，高校校友的作用通常最为突出、最为显著，因而也通常具有最重要的地位和作用。

一般来说，高等院校具有人才培养、科学研究、文化传承、社会咨询服务、对外交流等功能，这是由高校的性质、功能和任务决定的，也是高校的社会责任与文化使命之所在。但是，需要明确和坚持的是，在高校的各种功能中，人才培养是首要功能，是各项功能的核心，其他各种功能都从不同角度、不同侧面支撑和服务于人才培养这一基本功能，这是认识高校功能的时候必须明确的。

因此，对于一所高校而言，所培养的人才规模、质量、声誉、贡献、影响如何，往往是检验高校办学水平、社会贡献、文化影响的最重要因素。可以说，人才培养是衡量一所高校办学水平和社会贡献的最重要标准与最核心指标，对于人才培养的重视程度决定了一所大学的办学方向、发展水平和社会价值、文化贡献。一般来说，越是办学历史悠久、学科门类齐全、师资水平较高且教学科研能力较强、办学条件优越的高校，人才培养能力也越强、质量也越高，社会影响力和美誉度也就越高。许多时候，所谓名校、名学科、名专业的形成，往往是由其所培养出的优秀人才来证明和成就的，甚至名师、大师的形成，在很大程度上也是由其培养的杰出人才、知名学生成就的。

考察国内外的知名高校、知名学科与专业的建设与发展、取得的成就与经验，甚至考察知名教师、知名学者的成长之路、成就的取得，都可以从中发现人才培养对于高校整体建设发展，对于其中的个体人物的学习成长、事业发展通常起到关键性的作用。也就是说，一所知名大学的形成，一个名牌学科或专业的产生，乃至一批优秀教师、杰出学者的出现，无不是大学人才培养能力、办学特色和社会价值、文化贡献的集中体现，无不是大学校友成长进步、不断汇聚积累的结果。或者换个角度来看，假如一所高校经过多年的建设发展，总是不能培养出一批足以代表学校人才培养特色与水平的杰出人才，总是培养不出可以在各个工作岗位上取得突出成就、做出突出贡献的优秀毕业生，当回顾和总结自己的办学经历、人才培养成绩的时候，总是难以挑选出具有典范性、代表性、标志性意义的校友来，那么，这样的高校的办学水平、人才培养能力就不能说是突出的或者是成功的，就需要进行认真的反思和反省了。

校友通常具有突出的代表性，可以集中反映高校人才培养的特色与水平，从校友中可以看出高校人才培养的发展方向、取得的成绩、成功经验与社会贡献。校友通常具有强烈的引导性，通过校友的成长之路、成功经验、社会贡献等为后来的校友们树立学习的榜样、建立成功的信心，为后来者提供有价值的经验，启发和引导后来者走向成功的方向。校友群体对母校具有强烈的向心性，母校把校友们紧密地联系在一起，对于母校的感恩之情、留恋之情经常可以转化为一种强大的凝聚力，在母校需要的时候，校友可以做出积极的努力和贡献，为母校的建设发展贡献各种力量。校友还可以为母校提供各种各样的资源，为后学者创造各种各样的有利条件，为他们的成长和成功提供有效的帮助。

校友对于母校及后学者的重要价值和意义，往往在办学历史较长、人才培养成就突出、比较知名的高校中表现得特别充分，而在一些高校的代表性学科、标志性专业中也通常能够得到集中的表现。对于许多高校来说，其社会声誉、社会贡献和文化形象，往往是通过所培养的学生及历届校友的工作表现与业绩、社会贡献与形象、社会声誉和影响力来展现的。因此，校友与母校的名字经常紧密地联系在一起，校友之间也以母校的名义彼此取得各种各样的联系、建立密切的交往，从而形成一种特色鲜明而长久的情感关联和影响力量。

由于校友对于高校的办学水平、人才培养能力、社会贡献和文化传承具有特别重要的意义，也具有标志性和引导性力量，因此校友对于高校文化育人也应当具有不可或缺的作用，应当在文化育人工作中发挥其特色和优势，成为推进文化育人工作的一个有利条件。推动校友工作与文化育人工作的紧密结合与相互促进，也是一项应当长期坚持并努力做好的重要工作。

高校对于自己学校校友的关注和重视，也是近年来逐渐开始，并在有的方面的工作中处于越来越重要的地位的。早在改革开放新时期到来之前，由于各方面条件、观念的限制，加上高校经历的曲折、坎坷、动荡、变故太多，各高校对于校友实际上并不是很注意的，更没有引起足够的重视。20世纪70年代末新时期开始以来，特别是进入21世纪以来，由于教育观念、办学条件、办学规模、高校功能等方面的变化和进步，更由于社会思想、经济环境、文化观念等方面发生的深刻变化，随着高校各项工作的改革与发展、调整与进步，尤其是对高校功能、价值与地位、贡献和影响等方面的关注，各高校对于校园文化、教育资源、文化资源的重视和强调程度日益提高，校友及其价值意义也在这种背景下得到了日益充分的重视，校友及相关的文化活动、文化资源也得到重视和开发，对校友及其在高校建设发展中所具有的价值、意义和作用的认识也越来越准确、充分。

关于目前高校的校友工作，应当注意避免以下两种倾向：一种是过于强烈的功利化、短期化倾向。在一些高校，校友工作存在着相当明显的功利化、短期化倾向。不是把校友工作作为高校文化建设、友谊联系、友好交往的一个环节或者一个部分来进行，也不是将此项工作作为长期重视、坚持开展的正常工作来进行，而是平时并不怎么在乎此项工作，也不肯投入应有的精力和时间，但是等到需要校友支持、帮助的某些时候，比如学校开展重要项目、举行重要活动、进行重要基础建设等需要资金支持及各种帮助的时候，往往通过校友进行相应的联络并进行一些其他活动，似乎只是在这样的时候才想起校友的力量和校友的帮助。这种带有非常强烈的功利目的、实用目标的做法，已经在很大程度上离开了校友工作的本意和初衷，往往并不能取得预期的效果，而且也往往会引起校友的反感，甚至会带来不良的社会影响。

另一种是过于明显的局部化、个人化倾向。有的高校并不是从全体校友的角度出发，也不是从全体师生员工的利益出发，而是针对某种现实需要或具体事项，从学校的局部利益、某些个人的需要出发开展校友工作，将校友当作学校局部或少数人需要或需求才去开展的一项工作。在相关工作中所针对的，也主要是校友中的一部分人士，特别是那些在党政机关、教学与研究、企业与事业、社会活动等方面取得了突出成就、具有一定能力和资源的人士，而对于大多数校友则缺少关注和联系的兴趣，也不会把这部分各方面都显得比较普通且没有什么特殊职务、成就和地位的校友置于重要的位置。本来应当面对和覆盖全体校友的工作被这种明显的局部化、个人化倾向所影响，往往会在校友们中间造成不良的影响，而且必然影响母校的良好形象，也不可能收到理想的效果。这必然会给广大校友留下不佳的印象，也会给在校师生造成不良的影响。这种不良倾向，应当引起足够的注意。

这两种情况在高校举行大规模庆祝、纪念活动，或者开展重要基础建设项目、重大活动时很容易出现，也往往会带来不良的校内外影响。比如，随着近年来高校校庆活动越来越受重视，举行的校友活动及相关文化学术活动也比较频繁，因而一些高校利用这类机会进行校友联络、开展相关活动的机会也有日益增多的趋势，其中就出现过上文所说的过度功利化、短期化的情况，也出现过明显局部化、个人化的状况。这种情况的出现，是由于没有正确认识和理解校友工作的本意，偏离了校友工作的根本，以过分功利、现实的眼光和态度对待这项本来应当富有感恩、情感、友谊等母校情怀的工作，将一件具有深厚情谊、浓厚感情基础的工作变成了一项功利化、利益化的工作。不能不说，这样的结果一定是非常失败的，也是一定会影响甚至伤害母校形象和校友情感的。

从高校校友与文化育人的关系上看，首先要强调校友工作中母校的情感中心力量和感召力量，把这种情感性和感召力置于首要地位，特别是要避免因为各种功能考虑、眼前利益而影响甚至伤害了这种珍贵的母校感情和母校形象。母校是校友形成的最重要基础，也是联系校友的最重要的情感纽带。这种情感基础和纽带力量把校友与母校紧密联系在一起，是最值得珍视、呵护的一种情感，也是最能够持久的一种情义，这是必须明确认识到并在具体工作中坚持和坚守的。有了这种情感的力量，就有可能把校友的榜样力量、成功经验和社会影响力充分展现和发挥出来，把各种力量和资源汇聚起来，有意识地建立高校的校友文化形态及其承载方式，使之成为高校文化育人的一个不可或缺的重要组成部分。

具体来说，要特别重视师生友谊和情感这条重要的校友纽带，将师生情谊这条最重要的情感纽带纳入校友工作和文化育人工作之中，使之从中发挥应有的作用。虽然说对于母校的感恩之情、美好记忆是一种相当普遍的情感，也是许多校友内心都拥有的一种感受，但是，许多学生对于母校的情感往往是通过具体的师生交往、情感和友谊来承载的。这种具体的师生情感往往是将校友与母校联系起来的最重要、最生动的方式或途径。许多学生是因为与自己的老师有较多的接触、深入的交往，从而结下了深厚的感情，产生了对于学科专业的兴趣，并进而对母校怀有深刻的感情。一些学生毕业多年以后，提起母校，印象最深刻的，仍然是当年对他们的学习、进步、成长给予过指导帮助、发挥过重要作用的老师。因此，师生情感、友谊是开展校友工作与文化育人的一个重要方面，尤其是对于联系校友与母校而言，教师经常可以在其中发挥重要作用，从而获得理想的沟通效果。

总之，虽然高校校友通常是指曾经同在一所高校学习或工作的人员，学生毕业离校之后也有各自的去向和发展方向；校友也经常分布于全国甚至世界各地，不同专业、年级、层次、届别的学生也可能相隔许多年，存在专业、年龄、职业、处境、事业发展等诸多方面的差异，但是，从高校思想文化传承、人才培养与事业发展的角度来看，应当充分认识到校友对于高校建设发展所具有的多方面意义和作用，有必要把校友工作纳入高校日常工作体系之中，予以足够的重视，确立其应有的地位。从高校校友与高校文化育人的角度来看，应当明确，校友是文化育人的一支无可替代、不可或缺的重要力量，也应当是值得充分关注并在具体工作中予以重视和强调的一个重要方面。如何做好高校校友的各方面工作，发挥高校校友在文化育人工作中的作用，是一个值得继续探讨的问题。

第六章
大学类型与文化育人

文化育人是高校育人体系的重要组成部分，也是所有高校的共同责任和义务，所有高校都应当努力做好。同时也应当认识到，由于各个高校的类型不同、专业差异、发展阶段不同等多方面情况的存在，实际上，在文化育人这一共同任务、共同主题之下，各个高校的文化育人工作是可以而且应当存在一些差异性和互补性的，这是高校文化育人工作中必然面临而且应当努力处理好的一个问题。如何运用和发挥好各种类型高校的特色与优长，避免由于类型不同可能带来的局限性，在高校文化育人工作中做到“扬长避短”，的确是一个值得充分关注、深入探讨的问题。因此有必要关注和探讨高校类型差异与文化育人之间的复杂关系，推动和促进高校文化育人工作的全面开展。

第一节　综合性大学与文化育人

综合性大学在高校系统中通常处于比较重要的地位。这不仅仅是因为综合性大学一般规模较大、专业比较齐全、学科与专业分布比较合理，而且是因为综合性大学通常办学水平较高、教学和科研水平较高、社会影响力较大。在一般情况下，综合性大学通常能够代表一个地区高等教育的特色与水平，也可以反映该地区高等教育的发展状况和区域优势。

由于综合性大学在高等教育系统中具有特别突出的地位，经常发挥主导性、核心性作用，因此各地区对于综合性大学的建设发展均颇为重视。由于具有这种综合性、代表性特点和明显优势，综合性大学在文化育人工作中也应当发挥其特色与优势，推进和带动文化育人工作的开展和整体水平的提高。

综合性大学开展文化育人工作，应当具有一些突出的优势。重要的问题是如何认识和对待这种可能存在的优势，并在具体工作中得到有效发挥，在文化育人工作中表现出应有的能力和水平，展现出文化育人工作与专业教学研究工作相互配合、相互促进的新思路和新可能。

从大学传统方面看，综合性大学一般具有比较深厚、长久的大学传统，而且综合性大学的传统通常会比较丰富全面，可以涉及或涵盖大学的各个学科与专业，因而会具有较旺盛的生命力和较广泛的影响力，从而对大学各方面工作产生积极的影响。对于文化育人工作来说，综合性大学的这种传统优势、文化特色可以而且应当在其中发挥显著的作用，有效凸显综合性大学在文化育人工作中的传统优势，为文化育人提供丰富而深厚的传统资源和文化保障。

从学科专业方面看，综合性大学通常以人文科学、社会科学、自然科学等基础学科为根基，基础理论研究实力突出、学科专业理论创新能力强是许多综合性大学的突出特色，也是其具有较高学术地位、产生广泛影响的最重要因素，有的综合性大学在技术创新和应用等领域也具有较好的条件。对于文化育人工作来说，基础学科雄厚、理论创新能力突出，都是非常有利的条件。这种有利条件不仅突出表现在人文科学、社会科学领域，也应该表现在自然科学领域。因为文化育人不仅需要人文社会科学学科的支撑，同时也离不开自然科学与技术学科的支撑。不论是人文社会科学还是自然科学，都为文化育人提供了重要的学术基础和优越的学科背景、学术氛围。重要的问题是如何把这种潜在的优势、可能性充分发挥出来，使综合性大学在文化育人工作中发挥出自己的特有能力和水平。比如，如何使文化育人与不同学科、不同专业尽可能自然、紧密地结合起来，避免容易出现的某些学科专业的学生对于文化育人工作不感兴趣或者缺少认同、缺少参与热情的问题；如何注意避免由于不同学科、专业之间的观念差异、理解不同，造成对文化育人工作的理解出现过大分歧、难以深入沟通合作的问题；还有如何改变一些师生对本学科、专业以外的活动、事物缺乏兴趣，不愿意参与文化活动及相关活动的问题；等等。这些都是综合性大学需要予以注意并妥善解决的实际问题。

从师资队伍方面看，师资雄厚，各个学科专业都拥有一批专业水平高、业务能力强的教师，包括老、中、青不同年龄段的教师，有的学科专业还拥有国内外知名的专家、享有各种教学与学术荣誉的杰出学者，通常是综合性大学的突出优势，也是综合性大学学术地位、学术贡献和影响力的有力证明。雄厚而全面、丰富而多样的师资队伍不仅是综合性大学人才培养、科学研究、创新发展的最重要力量，也是学校建设发展的核心动力，而且应当是综合性大学营造优良文化环境、开展文化育人的有利条件。广大教师全面准确地认识和理解新时代大学人才培养的任务和要求，全面准确地理解自己所肩负的育人使命，除了在本学科、本专业领域搞好教学与研究，做好各方面工作之外，自觉把文化育人纳入自己的工作范围，把文化育人也作为自己本职工作的一个部分，是非常重要的。这是发挥综合性大学师资优势、全面开展和落实文化育人的一个重要条件。

从文化设施方面看，综合性大学一般都具有比较优越的办学条件，包括各种文化设施，这是进行文化育人的重要条件，也是应当妥善运用、充分发挥的一种优势。文化育人需要具备一定的条件，不可能凭空进行。必要的条件是文化育人中不可缺少的保障，也是开展相关工作的基本前提。由于综合性大学通常具有比较优越的办学条件，加之全面、多样的学科、专业特点，可以有力地支撑文化育人工作中所需要的主要条件，为文化育人工作提供有效的设施保障。各种设施的有效利用、基础作用的充分发挥，与广大师生及各学校方面人员的通力协作、密切配合，是开展文化育人工作的重要基础和前提。一般来说，在综合性大学中进行尝试和持续地开展文化育人工作，最具有条件与可能性，也最具有广阔的前景，是一个可以继续进行理论与实践探索、进行经验积累的工作方向。

第二节　师范院校与文化育人

在数量众多、类型丰富的高等院校中，师范院校通常占有比较大的比例，而且分布于各种层次当中；加之师范院校大多以办学规模大、招生数量多、专业比较齐全为突出特点，因而在高等教育体系中处于相当重要的地位，在各方面尤其在文化教育界的影响力也较大。从学科专业分布和建设的角度来看，师范院校一般以传统的文史哲、数理化等基础学科为主，兼及教育、心理、生物、地理、体育、艺术等学科领域，大致以基础学科、基本理论的教学与研究为主，主要学科分布与基础教育领域的学科分布情况、专业设置、师资需求密切相关。从师范院校的基本特点、基本要求来看，比较普遍地强调基础知识、基本理论和基本技能的教育、训练与养成，将其作为从事教育教学工作的重要基础。因此，师范院校一般具有重视基础、强调技能、关注教学的特点，对培养人才的写作能力、口头表达能力、教育教学能力都比较重视，从而形成比较扎实、朴素、勤勉、上进的学风。这是一些师范院校具有的比较突出的特点，也可以为文化育人工作提供比较优越的基础和条件。

从文化育人的角度来看，师范院校如何发挥其学科特色、人才培养优势，发挥其招生规模大、影响力广的特点，在人才培养中发挥师范院校的特色与优势，确是一个值得关注和深入探讨的问题。比如，一些高校马克思主义理论、思想政治教育及相关学科力量比较雄厚，也具有较强的教学和研究实力，具有比较突出的学科地位，在基础教育政治思想、道德伦理等课程的师资人才培养方面具有突出优势。这样的特色与优势假如运用得好、引导得好，可以成为文化育人的重要基础和有利条件，同时也可以为原来的学科专业赋予新的内涵、生长点，进一步扩大学科专业的影响力，增强其人才培养能力和整体实力。哲学、文学、史学、音乐与舞蹈学、美术学、戏剧与影视学等人文学科基础比较雄厚、教学与研究比较发达，也是一些师范院校的学科特点。这些传统人文学科的许多内容与中国传统文化、外国优秀文化密不可分，有的部分就是古今中外优秀文化传统的组成部分或表现形式，与文化育人的内涵、主题、理想目标密切相关。如何发挥这些传统人文学科的特色和优势，特别是把握和运用好文、史、哲、艺术等传统人文学科比较齐备、比较发达的学科分布特点，在文化育人工作中充分运用这种学科资源优势，应当是有条件的师范院校深入探讨、积极尝试的方向。

除了传统人文学科之外，一些重要的社会科学学科如教育学、经济学、法律学、管理学等，一些学科内涵、教学与研究内容、基本原理与观念等，也往往与文化的许多方面关系密切，或者思想观念、精神实质相通，这些内容也完全可以成为开展文化育人工作的重要基础和有利条件，值得予以充分关注，并对相关问题进行认真的探讨。

除了一般所说的传统文科以外，一些交叉学科、新兴学科如地理学、教育学、心理学、新闻与传播学等学科领域，实际上也与广义的文化有着非常密切的关系，其中的一些基本内容、理论观念、实践方法等，也与文化育人工作相通，这些学科也应当作为文化育人的学科基础。不仅如此，一般所说的理科，如数学、物理学、化学、生物学等，从表面上看，这些一般被称作自然科学领域基础学科的各种学科，在理性精神、科学精神、求实思想、追求科学真理等方面，实际上与文化育人的基本观念、核心内涵、理想目标也是相通或一致的，并不存在由于学科不同而造成的不能沟通交流、难以相互借鉴、无法相互促进的问题。

因此，文化育人可以从不同角度、不同侧面与各个学科领域相通、相合作，而不是只有文科及相关领域才与文化育人工作相关。文化育人工作更不可能孤立地、枯燥地进行。在充分调动和运用不同学科，尤其是人文科学、自然科学等基础学科方面，师范院校应当具有其独特的特色和优势。这种特色和优势也应当在师范院校的文化育人工作中得到越来越充分的体现和彰显。

第三节 理工科院校与文化育人

理工科院校是高校的另外一个重要类别，而且是一直以来颇受重视、颇有地位的一个类别。由于中华人民共和国成立以来对高校建设与发展基本结构、学科布局的总体安排，使理工科院校一直处于比较核心、主导的地位，也通常具有超过其他几种类型高校的发展动力和社会影响力。比较明显的，如在20世纪50年代初进行的高等院校“院系调整”过程中，由于当时的主导倾向是学习和效仿苏联的高校建设体系，对一批理工科院校予以特别的重视并给予更加突出的地位，作为重点发展方向和学科建设方向，而对于以人文社会科学学科为主的院校或一些以人文社会科学为优势和特色的综合性大学则进行了另外一种调整。此次“院系调整”对其后数十年的我国高等院校学科布局、建设发展方向产生了至今犹在的极为深刻的影响。

到了20世纪70年代末至80年代，在改革开放的时代潮流中，在经历了拨乱反正、以经济建设为中心的战略调整之后，高等教育又受到了空前的重视，也得到了迅速的发展。当时提出的教育要面向现代化、面向世界、面向未来的基本方略，确定了包括高等教育在内的中国教育的基本建设发展方向。随后又正式提出“科学技术是第一生产力”的思想，又一次明确和促进了高等教育的重点发展方向和建设目标。在这一思想背景和教育背景下，国家把许多精力、财力和物力用于发展最能够直接促进经济建设、科学技术发展进步的理工科院校方面。理工科院校又一次受到了空前的重视，得到了迅速的发展。经过四十多年的建设和发展，理工科院校已经成为当代中国高校中建设发展最迅速、科技贡献最突出、办学条件最优越的高等院校类型之一。

在20世纪90年代后期开始的“985”大学、“211”大学建设中，理工科院校再次被置于非常突出的地位，逐渐成为中国当代高等院校中的主导性力量。理工科院校再一次得到了极佳的建设发展机会，有的方面甚至得到了跨越式发展，越来越显示出其学科类别及应用可能、促进经济社会建设发展等方面的独特优势。在近年正在进行的高水平大学建设、一流大学建设中，理工科高校仍然被置于特别突出的地位，有的省份甚至提出专门建设高水平理工科大学的口号。

可见，中华人民共和国成立以来，在历次社会变迁与转换、高等教育调整与变革中，由于不同时期的主要建设任务、教育发展目标和科学技术进展、经济社会发展的需求，理工科院校在高等教育系统中一直处于核心性、主导性地位，也为国家的科学技术进步、经济社会发展做出了独特贡献。理工科院校在中国高等教育体系中一直处于比较主导、核心的地位，这种情况也从一个侧面反映了中国当代高等教育建设发展的总体趋势和时代特点。

从文化育人的角度来看，由于专业设置、学科分布多偏重于应用技术及各种以理工为基础的应用性领域，理工科院校似乎没有什么特别的优势，也较难体现出自己的突出特点。但是，从高校文化育人的基本任务、主要目标及其意义价值等方面来看，理工科院校不仅不应当轻视文化育人工作，而且应当将此项工作作为必不可少、必须做好的重要工作之一来对待。这种要求和期待不仅是高等教育学科体系、培养目标、育人使命的需要，特别是培养全面发展、高素质发展、综合性人才的需要，而且是理工科院校构建和发展应有的人文社会科学学科，优化和完善校园人文环境、文化生态的要求，也是高校人才培养的使命与责任之所在。这就要求理工科院校对文化育人工作有深切的理解和深入的认识，并对自己学校所具有的、可以运用的各种文化资源有着准确而充分的把握，以此为基础，有效地开展有关文化育人的各种工作，显示出理工科院校文化育人工作的应用特色，开创文化育人工作的新局面。

一是理工科院校各个专业所具有的科学精神与技术应用中所包含的价值追求和思想指向，应当成为理工科院校开展文化育人工作的重要基础。理工科院校虽然不以一般所说的人文社会科学学科而著称，或者有的院校人文社会科学力量并不突出，难以展示其在文化研究、文化育人等方面的优势，但值得注意的是，无论在什么类型的理工科院校，也无论学科特色、专业设置、人才培养层次如何，对于科学精神的追求、对学术真理的向往、对科学原则的遵守，都应当是一切学科专业的基本原则，也应当是所有理工科院校里所具有、所彰显的共同价值观念。这种共同的科学精神和价值观念应当是理工科院校进行文化育人的重要思想基础和学科基础。这种认识应当成为理工科院校师生的共同观念，也应当是理工科院校进行文化建设、开展文化育人工作的重要前提。

二是理工科院校中所具有的有关思想政治教育、人文社会科学学科领域的教学资源和师资力量，开设的有关人文科学与社会科学的通识课程，应当是理工科院校开展文化思想建设、文化育人工作的重要资源。在理工科院校中，都有思想政治教育课程的资源和师资力量，也有以大学语文、美学与艺术、中国传统文化等为主要内容的通识教育课程及相关的师资力量。从一般所理解的学科体系、专业方向、教学地位来看，这些属于公共课程、通识课程类的内容在理工科院校中并不处于主导性、核心性地位，而是经常处于比较边缘、次要的地位，在通常情况下也较难受到各个专业的师生，尤其是学生的重视，学校也往往缺少在这类课程上投入大量精力、时间和热情。这几乎是一些理工科院校普遍存在的一种现象。

但是，从人文社会科学与自然科学及技术的关系来看，这种重理工科、轻人文社会学科的情况，割裂了本来相互依存、相互支撑的不同学科体系，将人类文明与科学的完整体系生硬地分离开来，不仅不利于人文社会科学的生存与发展，而且就文明与科学的基本关系、根本价值来看，也不利于自然科学与技术应用的发展。因为缺少了深刻人文关怀、真善美价值指向的自然科学与技术，是无论如何也发展不好、不能长远的；缺少了科学技术伦理、价值导向、崇高理想的科学和技术，非常容易误入歧途，甚至走向人类文明与进步、和平与真善美的反面。历史上和现实中的许多事实已经证明或正在证明着这样的道理。基本的文明观念和真善美价值观念是一切科学技术的基础，也是人类共同的基本价值观念，应当被置于思想基础、科学基础的地位。这是今天在学科与专业意义上认识和理解科学技术及其意义价值、发展走向、应用可能的时候必须清醒地认识到的。

从文化育人的角度来看，理工科院校中的公共课程、通识课程体系不仅不应当处于次要、边缘的地位，而且应当居于主导性、核心地位。这些学科专业应当是理工科院校进行文化环境优化、文化教育活动、文化育人工作的主导性、核心性力量，应当在文化教育、文化养成、价值观培育、文明思想与良好行为培育中发挥核心作用。这是目前一些理工科院校尚未清晰认识、及时调整完善的一个重要问题，也是目前一些理工科院校进行文化教育、思想教育过程中难以突破的一个突出难点。有关院校和专业、管理人员和教师、学生也应当提高认识，更新观念，正确认识和处理人文社会科学、通识教育学科在理工科院校中不可或缺的地位，使这些学科专业发挥应有的作用，共同助力文化育人工作的开展。

三是理工科院校中所具有的各种可以有力支撑文化育人工作的校园文化资源，不仅是校园文化不可或缺的元素和内容，也是进行文化育人的有价值内容和有利条件。开发、调动和运用好这些校园文化资源，是理工科院校开展文化育人的一个重要途径，也是目前理工科院校亟须重视、亟待显著加强的一个重要方面。一些理工科院校的校园文化在许多方面体现着其自身的专业性质和学科特点，这种基于自身学科与专业特点的设计和安排，还有可能突出自身特色、显示自身优势。但是应当清醒地认识到，从大学校园文化建设、文化育人长期建设发展的角度来看，在理工科院校中如何建构应有的人文社会科学环境，优化理工科校园的文化与文明生态，通过人文环境和文明生态的建设与优化，丰富和完善理工科院校校园的文化条件、文化资源，使这些条件和资源与理工科学科专业一道，共同成为大学建设发展，尤其是文化环境与文化生态优化、文化育人的有利条件和资源，确实是一个值得特别关注并进行深入研究探讨的理论和实践问题。

第四节　农林医药类院校与文化育人

农业、林业、医学、药学类院校是另外一个比较重要的高校类别，在高等院校系统中具有比较特殊的地位。这类院校的突出特点是专业性较强、行业性特点突出，在各个时期的高校建设发展中都处于必不可少的地位，但同时又经常难以处于最主导、最核心的地位。也就是说，由于这类院校的专业特点、学科特点，以及这些行业所具有的突出的应用性、特殊性，使这些类型的院校在高等教育体系中经常处于伴随、服从于主要发展方向、重点建设领域的地位。因此在一般情况下，这类院校一方面具有不可或缺的地位，一直以来都能够得到一定程度的重视和关注；另一方面也难以具有主导性、核心性地位，而是经常性地处于比较边缘、非主导的位置。

但是，随着中国高等教育体系的渐趋完善、高等教育思想与观念的不断发展，各方面对于农业、林业、医学、药学类院校的认识程度逐渐加深，对这些院校的人才培养、科学研究、文化传承、社会服务等多方面功能的认识也逐渐提高，因而也出现了越来越重视、越来越突出这类院校的趋势。

一种比较常见的情况是，一些农业、林业、医学、药学类院校由于学科分布、专业设置的原因，在一般所说的人文社会科学、思想文化教育等方面并不具有明显的特色或优势。尽管这些院校也有一定数量、一定规模的公共课程、通识课程师资及其他资源，也具有开展一般所说的文化与文明教育的基础条件，但是由于专业特点、重要学科、主要建设发展方向等方面的原因，这些院校在许多情况下很难将关于思想教育、道德培养与综合文化教育类课程置于最主导、最核心的地位，也很难把这一部分师资力量及其他教育教学条件作为重点建设方向或发展目标来安排。在这种情况下，在农业、林业、医学、药学类院校中，文化建设条件、文化培养能力就难以具有或者显示出特别的优势与特色，就是比较自然的事情，也是一种常见的情况了。

但是，从高等院校长期建设发展、人才培养目标、高等院校与社会需求之间的关系等方面来看，对于全面发展的专业人才的培养，对于社会发展进步和文明境界、崇高理想的关注与追求，是任何种类的高等院校都不可或缺、不可偏离的。而且，越是专业性强、应用面广、社会需求突出、社会影响广泛的高等院校，就越是需要加强思想文化建设、文化环境和条件建设，越是需要有完善的文化素养与文明追求、文化理想与文明境界的教育环境，使之与专业培养、专业教育密切结合、融为一体，共同在高等专业人才培养中发挥作用，为培养出具有优良综合素养、全面发展的社会主义新人而共同努力。这是必须强调和明确的高等教育人才培养目标，也是高等教育建设不断进取、不断发展完善的时代反映。

从文化育人的角度来看，农业、林业、医学、药学类院校也应当注意发掘和运用自己的特色与优势，在文化育人工作中探索出一条行之有效且具有较高显示度的路径和方法。除了可以运用院校自身具有的公共课程、通识课程资源开展关于文化观念与文明观念、价值观与审美观等方面的教育外，更重要的是可以结合自己院校的学科特长、专业特点，有针对性、有特色地进行文化思想教育、文化育人等方面的工作，将文化育人、思想培养、价值观培育等方面的教育和培养工作与专业培养、专业发展紧密结合起来，发挥自己院校所具有的专业特色和优势，在高等院校全面建设与发展、专业建设发展与文化思想建设、文明观念建设中进行积极的探索，为培养更多更好的专业人才做出积极贡献。

对于农业、林业类院校来说，在文化育人过程中，需要着重思考和妥善处理的是，如何通过人文环境的优化、人文精神的构建和人文氛围的熏陶，有效开展文化育人及有关的文化学术活动，优化校园环境和氛围，如何发挥自己院校的长处，运用好可以调动和运用的教育教学资源，有特色、有效果地开展文化育人及有关的学术活动、校园文化活动。比如，可以结合中国传统社会以农业立国的传统，通过对古代农业文明、林业文明思想的回顾、认识和转换、发展，运用现代生态学、生态文明理论与观念，从生态文明建设，人与自然和谐共生，人对于农业资源、林业资源的依赖等方面，进行有特色、有理论价值和现实意义的文化观念、文明思想教育，将自己高校的学科特色、类别特点转化为文化育人的有利资源和特色优势，在高校文化育人工作中显示出应有的优势，确立自己的地位，显示出自己的意义。与此同时，农业、林业类院校可以将自己所具有的通识教育师资和其他教学资源，结合院校的专业特点、学科专长，有计划、有针对性地开展文化育人等关乎学生成长、人才培养质量的重要工作，把文化育人工作落到实处，实现预期的教育效果。

医学、药学类院校虽然是以医药为主要学科特长、专业设置的高校，但并不仅仅是为了培养一批具有医药学专业知识、能力和技巧的工匠式专业技术人员，而是应当培养具有医药学的系统专业知识，同时具有高尚的思想觉悟、道德素养，具有全面发展能力的新时代专业人才。这是医学、药学类院校人才培养的重要内容，也当然是这类高校建设发展的必然需求。除了文化育人工作的某些共同性以外，在医学、药学类院校开展文化育人工作，也存在着一些特殊性，也可能探索和形成自己的特色与优势。对于专业教育和通识教育、文化育人共同性与特殊性关系的把握和处理，是医学、药学类院校需要着重探讨和妥善解决的一个问题。这既是本校教育教学、人才培养的需要，也是时代、国家对于高校办学方向、教育理念、人才培养目标的要求。

实际上，假如处理得当、运用恰当，医学、药学类院校在人文教育、文化教育方面可以发挥出自己的特色和优势，也可能把人文教育、文化教育等方面的工作开展得有声有色。医学、药学类院校除了充分运用本校具有的人文学科、通识教育、思想政治教育等方面的教学资源、师资力量之外，结合医学、药学类专业的思想传统、专业目标、理想追求，将本专业的深厚基础、文化底蕴与专业培养、专业发展紧密结合起来，就有可能生发出更多的思想空间和文化空间。比如，从医学、药学类专业与健康观念、生命价值、人道主义等所具有的深刻关联，对于专业发展所具有的基础性、根本性价值和意义来看，可以更加深切地体会医学、药学类专业所具有的超越自身学科专业以外的更加广阔的人文意义，从而更加深刻地认识医学、药学类专业与人文思想、生命价值、生态观念的内在关系，从更加广阔的意义上认识医学、药学类院校的学科建设、人才培养、社会服务、文化交流与长期文化建设、文化教育的关系，在更加长远的意义上认识文化育人与专业发展的密切关系。

概括而言，对于农业、林业、医学、药学类院校来说，在文化育人工作中，需要关注和妥善处理的主要问题包括：第一，改变或纠正容易出现的只重视本专业领域的专业发展、学科建设、人才培养，轻视或虚化人文环境、人文精神建设，从而出现文化教育、文化育人不够深入、不能持久或流于表面化、流于形式化的倾向；第二，从更加广阔的学科建设、师资队伍建设立场出发，有意识地充实和加强有关人文社会科学、思想文化、通识教育等方面的师资力量和其他教育教学资源，有效整合师资力量和文化学术资源，充实有助于文化育人的各方面能力和实力；第三，结合自己的院校特点、学科专长、人才培养主要方向，通过专业建设、学科建设加强对本学科领域应当具有或体现的人文精神、道德情操、人生理想的发掘和体认，在更加深切的意义上、更加广阔的角度理解和认识自己专业领域所具有或包含的人文价值、文化思想，使之成为文化育人的有效力量。

第五节　艺术体育类院校与文化育人

艺术类院校主要包括以美术、音乐与舞蹈、戏曲与影视等学科领域为主要专业方向的高校，体育类院校包括以传统体育、现代体育为主要学科领域的高校。艺术类院校和体育类院校都是我国高等教育体系的重要组成部分，而且通常是特色鲜明、个性突出的高等院校类别。不言而喻，从文化育人的角度来看，艺术类院校和体育类院校当然是整个高校系统文化育人总体格局中一个不可或缺的组成部分，也是其中一个具有特殊地位和意义的部分。

自中华人民共和国成立以来，国家一直重视艺术类院校和体育类院校的建设与发展，对于艺术人才、体育人才的培养和重视已经成为我国高等教育的一个突出特色，艺术类、体育类院校也是积累了丰富经验的高等教育的重要领域。新时期以来，尤其是近年来，由于高考制度、考生结构、社会环境的变化和影响，特别是“德智体美劳”五位一体教育目标的进一步明确和被强调，社会上对于艺术类院校、体育类院校的重视程度有明显提高的趋势，艺术类、体育类考生的数量和类型也有逐渐增加、不断丰富的趋势。这种社会文化环境与教育理念、考生类型与方向选择的变化，使社会上对于艺术类、体育类院校的关注程度日益提高，相关学科专业的招生规模、数量也有逐渐增加的趋势。与此同时，艺术类、体育类考生所面临的选择与考验、机遇与难度也在发生明显的变化。

在这种情况下，对于艺术类、体育类院校来说，在发展目标、办学规模、学科定位、人才培养、社会声誉等方面也面临着日益明显的变化，特别是在众多的相近性、相似性或同质性、类同性院校中，如何真正明确自己的办学特色、人才培养特色并取得显著的进展，在众多院校中显示出自己的特色与优势，建立起自己的学科建设、人才培养、社会贡献及其他方面的教育与学科传统，是许多艺术类院校、体育类院校不得不面对并必须妥善处理的问题。从长期的人才培养和成才、发展的角度来看，其中一个突出的问题就是文化育人如何与艺术类院校、体育类院校深度结合，寻求长期可持续发展。这不仅是高校文化育人工作的要求和需要，也是艺术类、体育类院校自身持续发展，加深内涵底蕴，形成自己深厚的办学传统，不断优化和完善学风、教风、校风的必然要求。

在艺术类和体育类院校开展文化育人工作，需要有意识地改变一些不恰当的观念和不符合实际的认识。比如，从社会层面来说，一些人认为艺术类院校和体育类院校的学生通常文化基础不好，文化水平不高，文化理解力和感悟力不强，因此进行文化培养、文化教育并不是艺术类、体育类院校的长处，实际上也没有什么必要；从高校自身的角度来看，艺术类、体育类院校内部的一些师生也认为文化素养和水平不是自身的专业长处，也不是人才培养与专业学习的主要方向和重点内容，没有必要在这方面花费或者浪费自己过多的时间和精力。因此无论是在思想观念上还是在教学实践中，艺术类和体育类院校都经常出现种种对文化水平与素质、文化修养与习惯不大在意、不予重视的情况。

从大学建设和人才培养、长期规划和可持续发展的角度来看，这种不正常情况和不利现象的存在与延续，对于艺术类、体育类院校的学科建设、人才培养、社会服务、文化传播等各个方面来说，都是极为不利的。从文化与艺术、体育的关系上看，艺术、体育本身就是文化的一个组成部分，是文化的一个门类或领域，文化与艺术、体育本来就是密不可分、一体相连的关系；从艺术类院校、体育类院校的建设发展方向来看，与这两类院校的建设内涵、发展目标密切相关的文化，本来就是这两类高校建设的基础、发展的后劲，也应当成为这两类院校进一步建设、寻求新发展的重要基础和不可缺少的资源；从艺术类院校、体育类院校师生的专业需求、发展方向来看，假如缺少了作为专业支撑、精神内涵、思想引导的文化，仅仅停留于、满足于表面化、肤浅化的专业理解和专业认识，仅仅局限于本专业的某些技巧、技能，而不把文化作为自身专业需求、专业发展的一种有力支撑、重要资源的话，这样的艺术专业、体育专业必定是没有底蕴、没有内涵的，当然也是没有前途、没有价值的。

因此，不管是社会公众，还是教育主管部门，不管是艺术类院校、体育类院校的各级管理者、各类参与者，还是艺术类、体育类院校的广大师生，都应当更新观念、完善认识，正确理解文化内涵、文化底蕴和文化教育对于艺术类院校、体育类院校的特殊价值和重要意义，真正把文化教育与院校自身的建设与发展、师资队伍建设、学生培养、校园建设紧密结合起来，自觉将本身的学科方向、专业类别、专业特长与文化资源、文化支撑、文化价值统一起来，从而赋予艺术类、体育类院校更加丰富、更加深邃的精神内涵和价值底蕴，为艺术类、体育类院校的建设发展，为艺术人才、体育人才的培养做出更加扎实有效的努力。

具体而言，艺术类、体育类院校需要结合自身的建设发展阶段、办学方向、发展目标、专业特点、人才培养规格、社会需求等方面的具体情况，进行扎实有效的思想文化建设，积极主动地开展文化育人教育工作，使文化育人成为艺术院校、体育院校的一种内在需要和自觉追求。从一般印象或感受的角度来看，艺术类院校、体育类院校似乎与一般所说的文化或文化教育距离较远，但这只是一种并不恰当，也不符合实际的印象或看法，当然也是一种应当修正、改变与完善的印象和看法。不论是社会公众还是相关院校的师生，都不应当存有这样的不准确、不符合实际的认识或看法。实际上，只是由于对于文化或文化教育的理解不同，艺术类院校、体育类院校对于文化传承与传播、文化教育与体现的内容和角度、方式与方法与一般所谓的文化与文化教育存在着比较明显的差异性，才容易使一些人形成或持有这种不符合实际的不恰当认识或印象而已。同时，这种情况也提出了一个值得思考、值得注意的问题，即艺术类、体育类院校如何更加恰如其分、准确合理地在文化传承、文化教育中发挥自身的特色和作用，彰显出自己在文化育人过程中不可或缺、不容忽视的地位和作用？

实际上，不论是艺术类院校的民族音乐与舞蹈、戏剧与影视、美术等学科领域，还是体育类院校的传统体育、现代体育等领域，都与中国传统文化关于艺术史、艺术理论、艺术表演、体育史、体育理论、体育运动等内容直接相关，而且与现代艺术、现代体育的诸多领域相互联系，在理论和实践上都构成一体性、一致性的密切关系。这种联系不仅是艺术类院校、体育类院校与文化、文化教育关系密切、不可割裂的有力证明，而且是艺术类院校、体育类院校彰显文化特色与内涵、进行文化育人的有利资源和有利条件。关键的问题是如何全面准确地认识艺术类院校、体育类院校在文化教育上的特点与优长，并在人才培养、文化建设实践中切实运用并发挥好这种特色和长处。

表演、表达和表现，是艺术类院校师生的重要特点、显著特征之一，这种以表演为基础的专业特征、学科特色在青年学生身上表现得更加充分、更加突出。这是艺术类院校进行文化建设、文化育人、特色建设、优势发展的时候必须充分注意并充分运用的一个特色优势。因此，艺术类院校可以结合自身的学科方向、专业特点和人才培养目标，更多关注中国传统文化中关于戏剧与说唱、传统音乐与民族音乐、不同民族舞蹈与各种民间文艺、民间文艺与通俗文艺等内容，将文化育人的任务与专业内涵建设、人才培养特色与目标紧密结合起来，充分融通起来，更加内在、更加自发地开展文化教育，使这项工作成为学科建设、科学研究、人才培养、文化传承和公共服务的组成部分，内化为自身建设与发展的自觉力量、自发行动。如此，方能够将艺术类院校的文化育人开展得扎实有序、长久有效。

比如：在丰富的广东地方文化体系中，广东音乐、广东戏剧与曲艺、岭南画派、岭南地方文艺、岭南文艺与外国文艺的接触与交融等，都具有鲜明的地方文化特色，而且产生了全国性甚至世界性影响，不仅在岭南文化中占有突出地位，而且在整个中华文化体系中也占有不可忽视的地位。这已经被相关领域的理论研究工作者、教育教学工作者所公认，也是许多高等院校师生都具有深切体会、一致认可的事实。因此，对于广东的艺术类院校而言，如何加强运用地方文艺资源的自觉性、主动性，提高运用地方文艺资源的能力与水平，真正运用好这种特色鲜明、价值独特、影响广泛深远的文化资源，使之在文化育人过程中发挥应有作用，不仅是一个值得重视的认识问题，而且是一个具有现实意义的紧迫的实践问题。

运动、竞争和提高、进取，是体育类院校师生的重要特点、显著特征之一，这种以运动为基础的特色和特征在许多体育专业中都有着充分的体现。不论是以传统体育为主的学科专业，还是以现代体育为主的学科专业，运动、竞争和积极进取、不断超越，都是体育类院校师生的重要信念和精神追求。这种特征在处于成长期、进步期的各类学生中表现得尤为鲜明。

因此，体育类院校应当充分利用师生长于运动、反应敏捷、善于表现等方面的特点，选择适宜的文化内容，发挥自身特色优势，进行有针对性的文化教育活动，将专业教育与文化教育更自觉、更有效地结合起来，在人才培养中收到专业发展与文化发展互相促进、互相成就、共同进步、共同提高的效果。

具体地说，岭南文化中包含的丰富的传统体育、武术、球类、功夫、技艺等资源，不仅是岭南文化中特色鲜明、价值独具的重要组成部分，而且在中华体育文化格局中也具有突出地位。如此珍贵的体育文化资源，是今天进行文化教育时可以运用的珍贵资源，理应得到足够的重视和有效的利用。同时，岭南地区还是中外文化接触与交流最早、最充分、最有影响的区域之一，许多现代体育项目、体育观念、文化观念，往往是通过岭南地区进入中国，落地生根，并形成具有中国特色的体育文化成果的，同时也留下了值得反思总结的中外体育文化交流经验。包括现代球类、赛马、田径在内的许多现代体育项目，包括综合性体育运动会、各种体育赛事、体育表演、体育展览等活动，也往往首先是从国外传入岭南，再由岭南传往中国内地的许多地区的。这种体育文化走廊、体育文化口岸性质和地位，也给岭南地区留下了独特的文化成果和文化经验。

因此，广东体育类高校在进行文化教育、开展文化育人工作的时候，确有必要认真梳理如此独特、如此丰富的文化史经验，尤其是传统体育传承转换、中外体育接触交流、现代体育形成发展的经验，在体育类高校文化育人工作中进行积极有效的尝试，取得有特色、有实效、有示范性的成绩，为体育类高校文化育人进行有价值的理论探索和实践探索。

第六节　地方院校与文化育人

中国的高校具有非地方性与地方性的区别，也存在着其他各种区分的等级标准，从而把高校分成各种级别、各种类型，因而也就具有了相应的等级、地位、价值和影响。这也是中国高校所具有的一个非常突出的特征。尽管中华人民共和国成立以后，已经取消了原有的“国立”与“省立”之类的字样，也取消了按照所谓“国立”或“省立”进行划分的标准，但是，类似的划分标准与区分尺度仍然以其他的形式存在于高等教育体系之中。高校按照等级、类型、地位所做出的种种区别和区分，对于各个高校的建设与发展，对于整个高校体系的建设与发展，都具有根本性的意义和影响，对各个高校产生了极其深刻的影响。

严格地说，地方院校是指非教育部直属，而是由各省（市、区）教育主管部门管辖的高等院校，也包括省（市、区）以下教育主管部门管辖的高校。教育部直属院校在全国高校中虽然仅占有很小的比例，从数量上看，远不是高校的主要部分，但是这些为数不多的“国字号”高校却通常足以代表国家高等教育的最高水平，因而也具有最高的等级、最高的地位和最大的影响。

宽泛地说，凡是办学地点处于非省会城市与中心城市的高校，一般被称为地方性高校。从学校数量上看，地方性高校占据了中国高校的绝大多数；从招生规模上看，地方性高校的招生规模远大于非地方性高校。尽管这些地方性高校并不处于高等教育体系的最高端，也通常不能够代表高等院校的办学水平、教育特色、社会贡献和社会影响，但是这些高校却在数量上、规模上占有绝对优势。对于青年学生和社会公众而言，地方性高校通常是认识和了解高校的最直接、最有效、最真实的途径。因此，不论怎样理解“地方性”的内涵，地方性高校在高校体系中的数量优势、招生优势、影响优势都是不容忽视的。

由于地方性高校处于高校系统的中下端，学校的学科设置、教学与科学水平、人才培养能力、办学资源与能力、获得的经费投入、社会影响与贡献等方面都不仅不可能占有什么优势，而且经常表现出明显的劣势，因而在许多方面都不可能与处于高校体系最高端的非地方性高校相比。从这个意义上说，地方性高校进行文化教育、开展文化育人工作的时候，也不大可能占有什么优势。这种情况和由此引发的结果，就如同地方性高校在其他方面存在的劣势一样明显。这种情况的存在和延续，虽然不能说是理所当然、自然而然的，但是在认识不同高校的等级、地位、资源和影响的时候，不仅是不可无视的，而且是应当直接面对、不可否认的。

但是，从更加开阔、更加长远的角度来看，地方性高校存在的种种显而易见的劣势、局限性，也具有另外一些可能性；或者可以从另外一些角度、一些方面去考虑和认识地方性高校在文化育人工作中所可能具有的特殊性、特色性，努力为自己的文化育人工作的开展寻找独特的文化空间，开拓可以具有的文化特色，从而在文化育人工作中做出有探索性、启发性的努力，取得值得学习、值得借鉴的文化育人实效，在地方性高校的建设与发展中做出具有开拓性、进取性的探索，在文化育人工作中做出独特贡献。

对于广东的地方性高校来说，在文化育人工作中，重要的是根据自己的学校地位、办学特色、学科方向、专业设置、学生生源、毕业去向等基本情况，结合本校和高等教育未来可能的发展方向与变革趋势，认真考察自己的办学传统与特色，准确认识自己的文化特色，深入体认自己学校与所在地文化传统、文化环境、文化资源等方面的密切关系、深刻关联，发掘可以运用、可资利用的文化因素与文化资源，从而在本校化、本地化、特色化、区域化的意义上凝聚起有利的文化思想资源，使之成为文化育人工作中的有利资源，开拓文化育人的可行途径，采取符合师生情况与需求的有效形式和手段，将此项工作开展得有名有实、有声有色。

其中，广东区域文化形态、风俗习惯、社会环境等方面的丰富性、多样性、差异性，就是非常有利的文化条件和文化资源。广东或岭南地区物质文化、非物质文化的多种存在形态、多种表现形式、丰富的内部构成因素、复杂多样的关联与关系，也都有可能、有必要成为广东地方高校进行文化育人工作充分关注、合理开发、有效运用的文化资源。比如，广府地区的地方性高校，可以更多地结合珠江三角洲地区、粤港澳大湾区的物质文化资源、历史人文景观、杰出历史人物与重大历史事件、对外经济贸易与思想文化交流等特色，尤其是宋明以来、近现代以来在社会动荡变革中形成，并在激烈的社会转换、时代变革过程中不断彰显的抗争精神、国家观念与民族意志、革命精神与红色传统，进行有导向性、针对性、历史感与现实感相结合的文化思想教育，开展区域性特色与超区域性特色相结合的文化育人工作；而且还应当注意发挥这一区域地方性高校集中、种类繁多、学科门类齐全、学生人数众多、流动性与影响性较大的特点，将文化育人与地方性高校的特色、区域性文化的特点紧密贴切地结合起来，从而在文化育人工作中实现最佳的效果，取得预期的成效。

潮汕地区的地方性高校，可以结合本区域丰富的自然资源、历史人文资源，对外贸易与文化交流，本地教育文化发展与内地人物思想影响的关系，区域文化的海洋性、商业性与外向性等方面，开展既有区域特色，又有广泛影响力的区域文化教育，将区域文化特色资源与文化育人的总体要求、基本内涵紧密结合起来，增强文化育人的特色性与可接受性，收到预期的文化建设和文化教育效果。

粤东客家地区的地方性高校，可以在深入探讨、准确把握本地区深厚的农业文化根基、浓重的农耕社会底蕴的基础上，对于移民社会的形成与影响、农耕文明与南方山区环境的结合方式、耕读传家与农商相结合的生活习惯和行为传统等基本文化因素进行仔细体会、精深把握，特别是从区域性建设发展与超区域性意识形成与发展、本土性眼光与全局性眼光的结合与视野的开阔、观念的更新等方面，深切认识客家文化的区域特色与共同性价值，赋予文化育人以更加丰富的内涵、更加深刻的意义。

五邑地区的地方性高校，处于广东侨乡文化的核心区域，具有深厚的华侨文化传统、丰富的侨乡文化资源，五邑地区曾经是华侨文化最为发达、华侨文化资源最为丰富，也是最具有海外影响的区域，留下了丰富的华侨华人史、中外文化交流资源，也留下了可资借鉴的对外经济贸易、华侨热爱祖国和家乡、支持家乡建设发展的宝贵经验。这一地区的高校可以充分利用这种传统深厚、特色突出、海内外影响广泛的文化优势，在文化育人过程中凝练自己的特色、确立自己的优势，在文化育人工作的开展与本地历史人文资源、思想文化传统的结合上走出自己具有特色性和示范性的道路。

粤北地区的地方性高校，可以多注意发掘和运用本地区自然资源丰富、早期人文资源丰富、红色革命文化资源丰富的传统，以移民南迁的路径、中原地区与岭南地区连接与交流的文化走廊、精神纽带为线索，深入发掘粤北地区在唐宋两代及以前的早期南北经济往来、思想交流、文化交往中所具有的突出地位，发挥的关键作用，从而将文化育人与本地区的文化资源、特点、优势密切结合起来，彰显自己的文化特色和优势，并为其他地区的文化教育工作提供有价值的参考。

粤西地区的地方性高校，也可以从更加深入广阔的视野中开掘和运用本地区的思想文化资源，在文化育人的探索与实践中突出自己的特色，发挥应有的优势。在岭南文化的长期发展、曲折演进过程中，粤西地区曾经扮演过重要角色，发挥过重要作用，特别是在岭南文化兴起、发达，与中原文化互通交流过程中发挥着显著的经济桥梁、文化走廊作用，这种作用在汉唐时代、宋代表现得尤为突出。而且，粤西地区作为广东地区乃至中国大陆最接近海南岛的区域，在向海南地区输入中原文化、传递经济资源、促进大陆地区与海南经济往来、人员迁徙、文化交流等方面发挥着不可或缺、无可替代的作用。这种关键性的经济走廊、文化走廊的作用应当得到更加充分、更加准确的认识，并在文化育人教育中进行合理融入、充分体现，使粤西地区高校的文化育人工作体现出自己应有的特色，并为其他地区的文化育人工作提供有借鉴价值、有参考意义的经验。

总之，对于广东各种类型、各个地区的地方性高校来说，在文化育人工作中，如何一方面按照文化育人的共同做法、一般规律有计划、有步骤地进行，在普遍性意义上展现文化育人的特点和规律，取得预期的效果，另一方面根据本地区、本学校的区域性特点、类型与规模，区域性文化资源与特色，进行深入探究、仔细研判、有效实施，在文化育人工作中充分找准自己的定位、发挥自身的优势、体现自己的创意、实现理想的效果，是一个更需要引起充分重视、予以足够关注的重要问题，也是对有关高校文化育人能力与水平的一个考验和检验。

第七节　高职院校与文化育人

按照通常的划分标准和一般的看法，高等职业院校在高等院校系统中并不占有突出地位，也不具备特别的优势。尤其是与那些基础、资源、发展、社会声誉都具有相当地位和优势的普通高校相比，高职院校所表现出来的，通常是比较一般化、比较弱势的一面，至少没有优势。这种情况的存在和长期延续，一方面是教育资源配置上长期形成的结果，虽然这种结果未必合情合理；另一方面也是高职院校与普通高校必然具有的差异性的表现。不得不承认，这是长期存在并将延续的事实，短期内难以得到明显的改变。

尽管高职院校与普通高校之间存在着各种各样的差异，但是在进行文化传承与建设、开展文化育人工作的意义上，高职院校与普通高校之间并不应当存在明显的或本质性的差异。

既然文化育人同样是高职院校的教育内容和重要任务，就必然要对高职院校提出一个必须面对并思考和解决的问题：高职院校应当怎样开展文化育人工作，并做出一些特色和成绩，取得预期的效果呢？从总体上看，高职院校开展文化育人工作，最重要的不是与普通高校进行全面的比较，也没有必要照搬运用其他院校的做法。对于高职院校来说，尽管借鉴普通高校、其他院校的成功做法和有效尝试都是应该充分注意、合理进行的，但最重要的是深入研讨和把握文化育人的内涵、途径与要求，密切结合本校的实际情况，有针对性、有特色地开展文化育人工作。在文化育人的理论探索和具体实践中做出自己的特色和成绩，这是高职院校开展文化育人工作时应当充分重视和重点探索的方向。

具体而言，高职院校开展文化育人工作应当着重关注和重点探讨的，是如何结合本校的专业特点和人才培养目标，发掘和发挥职业院校的专业特点，动员各方面可以运用的力量，有特色性、有针对性、有目标性地开展文化育人工作，把文化育人与本校的建设发展紧密结合起来，探讨二者深度融合、互相促进、共同发展的可行路径。从学校各层面思考这一问题，至少应当包括以下几个方面的内容。

从学校方面来看，职业性、应用性、目标性是高职院校的突出特点，是高职院校显著的办学目标和发展方向，也是高职院校区别于普通高校的突出特点。从自身人才培养目标、建设发展进程与文化育人的关系来看，高职院校应当从学校层面深入认识原有职业人才培养与文化育人工作的深刻关联，认识二者的不可或缺性、不可替代性和可能产生的互相促进、互相激发、共同提高的内在关系。不论什么性质的高职院校，都需要从自身的职业人才培养特点出发，更多地关注职业教育、职业人才培养与文化育人之间的关系，探索和寻求将职业教育、职业人才培养与文化育人相互结合、深度融合的可能性，包括路径、角度、步骤与方法，例如从学校层面长期策划、合理规划、稳步实施职业教育与文化育人相结合、相融汇的可行性路径。学校应当把文化育人工作纳入学校自身人才培养、建设发展的整体规划，作为学校的一项重要责任和任务，并将其作为一个重要的组成部分来实施，而不应当把文化育人与职业教育割裂开来，更不应当把文化育人视为一项额外的工作或多余的事情来对待，这是必须强调和充分认识的。应当充分认识到，在文化育人工作中，学校的认识水平、总体把握、顶层设计和建设规划，对于学校的建设发展方向、人才培养质量水平、学校的社会声誉和影响等具有决定性的作用，因而是一个必须抓紧抓好的极为重要的环节。

从院系学科方面来看，不同的高职院校有不同的职业方向、专业特点，也通常会显示出一定的办学特色和竞争优势。这种职业方向、专业特色和竞争优势，通常是通过学校所设置的各个院系、各种专业来体现的。从学校的职业人才培养、专业发展、学科建设等方面来看，院系、学科、专业在其中发挥着核心作用，也是学校人才培养、学科与专业建设发展的关键环节，具有极为重要的地位。从文化育人落实、实施及其与高职院校建设发展关系的角度来看，高职院校的人才培养如何与文化育人紧密结合，如何在二者之间建立密切的关系，形成彼此依托、互相促进的格局，在学科建设、专业发展的意义上体现自己的特色与优势，就是高职院校的院系、学科、专业必须充分重视、认真思考的一个问题。院系、学科、专业在进行规划、建设和发展的时候，不应仅仅局限于、满足于自身专业的职业性、应用性、技术性和技能性，而应当同时关注本专业所具有、所相关的文化内涵、文化底蕴，关注其中具有的人文性、思想性和艺术性，对自身的专业性质、内涵、发展方向与创新可能做出更加具有文化性、思想性的理解和设计，从观念上、认识上加强、加深对于高职院校学科、专业所可能具有、应当具有的文化精神、思想内涵、人文底蕴的把握，并在学科、专业建设中得到适当的体现，使之与本来的职业性、应用性、技术性和技能性紧密结合起来。这既可以增强高职院校学科、专业的人文性、文化性，又可以促进原本就见其优长的职业性、应用性的发挥，更好地把高职院校的学科、专业建设发展与文化育人工作自然地、深度地结合进来。假如处理得好，可以收到一举两得、共同发展、共同提高的效果。可以说，在学校的整体规划、总体方向确定之后，院系、学科、专业就是文化育人的关键环节，也是实施具体方案、进行人才培养的核心环节。

从教师方面来看，高职院校教师的一个突出特点，就是专业上的职业性、应用性、技术性和技能性，这是高职院校教师与普通高校教师的一个明显差别。从纯粹的科学研究，尤其是基础理论研究的角度来看，高职院校的教师并不占有任何优势，甚至经常表现出一定程度的劣势，这也是高职院校教师不得不面对的一个难题。但是，如果调整一下观念，改变一下评价的尺度和标准，得到的结果就会有明显的不同。从职业教育的角度来看，正是这种职业性、应用性、技术性和技能性，奠定了职业教育的重要基础，也是高职院校教师专业特色的集中体现，其中包含着其他类型的高校教师难以具备或无法具备的特色和优势。从文化育人的角度来看，假如高职院校的教师能够在已经具有的职业性、应用性、技术性和技能性特点之外，再着意加强综合性的文化素养，更多关注和探究这种职业性、应用性、技术性和技能性背后所包含的文化底蕴、所蕴含的价值观念与精神指向，对自己所熟悉的应用性、技术性因素进行更加广阔、更加全面深入的认识，则有可能在文化育人工作中发挥出自己的特色，展现出自己的优势，使职业教育、专业教育与文化教育、思想教育更密切、更自然地结合起来。这应当是一个引起高职院校教师足够注意并努力追求的发展方向。

高职院校教师的另外一个明显特点，就是教学任务重、所要承担的课程门类多且杂，许多教师必须成为教学上的“多面手”或“全能教师”。这种情况一方面提升了教师的综合性、适应能力，要求教师要适应多种教学要求；多样的课程需求，另一方面也往往会影响教师的专业发展，限制了教师的专业精深程度。这也是许多高职院校教师不得不面对的现实。从文化育人的角度来看，如何发挥教师的综合性、多面性能力，将这种特点转化为文化修养、文化教学意义上的优势，是一个值得关注并探讨的问题。

特别对于高职院校的综合性、基础性学科的教师而言，加强综合性的文化修养、思想内涵、精神底蕴的凝练，提升人文修养、中国优秀传统文化修养并将其有效运用于课堂教学及各个教学环节之中，应当是其充分重视、努力实践的一项工作任务，也是自我提高与发展的可能性方向。

从学生方面来看，与普通高校的学生相比，一般来说，高职院校的学生在基础理论、创新学习、研究能力、总体水平等方面并不占有什么优势，甚至可能表现出一定的劣势。这是不得不承认的现实，也是高职院校学生与普通高校学生存在的一个显著区别。这实际上也是高职院校与普通高校存在的一个明显区别。造成这种区别的原因是多方面的，当然也不能简单地认为这种区别是必然的、合理的、不可改变的，但这种区别的确是一种明显的、不得不承认的现实。另一方面，与普通高校学生相比，高职院校的学生也不完全是处于劣势，也不是必然处于被动的地位。从总体上看，高职院校学生的技术运用、技巧把握通常比较突出，应用能力、动手能力也比较强，总体上的协调能力比较强，对于具体的职业方向、应用领域、技术环节、操作技巧等的认识、掌握和领悟能力比较突出，这是应当充分看到并予以高度肯定、大力鼓励的方面。

从文化育人的角度来看，也应当从高职院校学生的实际出发，思考和探寻高职院校学生所可能具有、可以发挥的特色优势，将职业教育与文化教育紧密、自然地结合起来，收到专业教育和文化教育密切结合、相互支持、共同提高的良好效果。无论是从高职院校学生的职业教育和职业发展来看，还是从高职院校学生的终身教育和长期发展来看，高职院校学生都应当放宽视野，看得更长远、规划得更长远，更多地从自己的专业技能学习与运用、职业能力培养与发展、自身人生价值实现和对社会的价值与贡献等角度思考和规划自己当下的学习和未来。

从文化育人的角度来看，高职院校的学生在学习中，不应当仅仅把自己局限于眼前的专业技能、操作技巧、技术应用等方面，而应当更多地从这些技术、技能、技巧所包含的丰富内涵，所蕴含的自然规律、人文思想、价值观念、文化精神等方面进行思考和规划，把自己的职业学习、专业训练与更加广阔的文化思想观念联系起来，尤其是与中国优秀传统文化思想、人文精神联系起来，赋予所学习的专业、所从事的职业、所掌握的技能技巧以更加内在、更加丰富的内涵和底蕴，也为自己的职业规划、专业发展开拓更加广阔的思想空间和文化空间。职业院校的学生既要坚守自己的专业领域和职业方向，又要不受狭隘的职业性、应用性所限制；既要熟练掌握自己专业的技术应用和操作技巧，又要不仅仅满足于这种简单的应用与操作，而且应当以此为基础，去探索、寻求更加深广的思想文化空间，体悟更加丰富的人文精神内涵。这应当成为高职院校学生学习成长中的一个自觉努力的方向和自我追求。

从课程建设方面来看，在高职院校的建设发展中，课程建设同样是一个核心性的组成部分。如何尊重高职院校的课程建设规律与特点，进行高水平、高效率的课程建设、教材建设，通过课程建设、教材建设和课堂教学提高高职院校的教育水平和人才培养能力，的确是一个关系重大的问题。从思想观念上说，应当对课程建设进行更广阔、更贴近学生发展需求、更适应社会发展需要的理解，并在实际的课程建设工作中体现和落实。高职院校的课程建设不应仅仅满足于普通的职业技能培养、职业技巧训练，而应当从更深层、更长远的角度出发，关注职业技能、职业技巧背后的规律性、思想性和人文性，关注各种技能、技巧中所蕴含的价值取向、思想文化因素，从对表面技能、技巧的关注深入到对其内部、内涵、规律、价值的关注，将职业技能、技巧的训练、培养提高到新高度和新水平。

与课程建设直接相关的教材建设也是一个特别值得关注的方面。一般来说，教材的建设水平通常能够比较集中地体现一门课程的发展程度、建设水平，也能够相当充分地反映该领域的教学与研究进展和总体水平。同样，教材在高职院校课程建设、课堂教学中的地位和作用不言而喻，教材建设水平如何、完备程度如何、优化程度如何，可以在很大程度上影响或决定高等职业教育的水平、人才培养质量。因此，如何把职业教育以技术、技能、技巧教学为中心的教材与文化思想教育、价值观、生命观教育结合起来，并在教材中得到应有的体现，也是一个值得充分重视、深入探讨的问题。应当深入认识和准确把握职业技术教育与文化思想教育的关系：一方面，职业教育为文化教育提供具体可感、切实可行的角度和基点；另一方面，文化教育赋予职业教育更加丰富、深刻的内涵。而二者的结合与融会，将带来更加开阔、深入的教育理念，更加生动活泼的教育形式，也将取得更加理想、更加优秀的教育效果。

因此，不论是从高等职业教育人才培养的角度来看，还是从高职院校课程建设、教育建设的角度来看，都必须把职业技术、技能、技巧教育和文化思想、精神内涵教育紧密结合起来，形成二者协同发展、共同提高的格局，为人才培养和质量提升提供更加有力的支撑与保障。假如有了这样的课程设置、教材建设，也必然对课堂教学提出新的要求。在具体的课堂教学中，就要求任课教师具有更加深广的专业修养和文化素养，对课程教学、教材使用有更加深入全面的理解和把握，对课堂教学内容、所教学生的专业水平和思想动向有更加准确的认识和把握，在课堂教学中将专业技能、技巧教育和文化精神、思想内涵教育紧密结合起来，而不是仅仅停留于、满足于普通的职业技术技能教育，显著提高职业教育的专业内涵和文化内涵。这应当是高等职业院校课程设置、教材建设和课堂教学中专业教育与文化育人相结合、相促进的努力方向。

从社会实践方面来看，专业体验、社会实践是高职院校教育教学的突出特点之一，也是职业人才培养的必要环节，在职业教育过程中占有突出地位。从职业人才培养及其长期发展、适应需求、贡献社会的角度来看，高职院校学生的社会实践除了必须考虑自身的专业性、职业性、锻炼价值、实践意义等方面的因素外，还有必要考虑这些社会实践的文化内涵，考虑社会实践中应当包含、可以体现的人文性、思想性和价值引导、精神指向，从而在社会实践中将职业性、技术性、技巧性与文化内涵、思想内涵、价值导向紧密结合起来，追求职业性与人文性的统一、技术性与思想性的统一，使社会实践发挥其最大作用，实现理想的实践效果，为职业人才培养和职业规划与成长提供更加长久的可能性。这是高职院校人才培养过程中进行社会实践有必要特别关注并尽力做好的一个重要方面。

总之，高等职业院校的文化育人，关键是更新观念、改变做法、完善机制，要特别注意寻找和发挥自身的特点、个性，将职业性、专业性、技术性和技巧性与人文性、思想性、价值观念紧密结合起来，寻求二者的融会和统一，从学校到院系，从学科到专业，各个层次、各个方面分工协作、齐抓共管、形成合力，不断提高高等职业院校的人才培养能力和人才培养质量，将职业教育中的文化教育推进到新水平。

第八节　民办高校与文化育人

民办高校是我国高等教育体系的一个重要组成部分，在人才培养、服务社会需求、服务地方行业需求等方面成为公办高校的一个必要的、有益的补充，对整个高等教育体系也是一种有益的补充和完善。

由于办学性质、专业基础、培养目标和社会影响等方面的差异，民办高校与公办高校之间存在着明显的差异，表现出多方面的不同。必须承认，从总体上看，与公办高校相比，民办高校在许多方面的差距是相当明显的，比如在办学条件、建设基础、师资力量、综合实力、社会影响等方面，都很难与公办高校特别是高水平的公办高校相比。但是，与公办高校相比，民办高校也不必妄自菲薄，更不必觉得自己一无是处，而应当看到自己的特殊性、灵活性和自主性，特别是在办学方向、建设目标、发展规划、争取社会资源等方面所具有的独特优势。

应当清醒而深刻地认识到，从高等教育综合发展、专业人才培养和发展的角度来看，民办高校同样需要进行文化教育，文化育人同样是民办高校的重要教育任务和人才培养使命。而且，民办高校的性质、办学模式、运行方式等方面的特点，也赋予其具有更多自主性、灵活性、多样性的特点。这可以说是民办高校在开展文化育人工作时应当充分注意并很好利用的特色和优势，也是将文化育人开展得有特色、有个性、有效果、有影响的重要基础和条件保障。

对于民办高校来说，没有必要也不可能与一些公办高校进行全面的比较，也没有必要从这种比较中看到自己太多的劣势，并由此丧失信心和动力。在文化育人过程中，对民办高校来说，重要的是如何根据自身特点、具体情况，结合文化育人的普遍要求、一般规律，寻找并确定自己的特色和重点、方式和方法，在文化育人中积极探索、大胆尝试并做出自己的特色。

从学校层面来说，应当结合本校的办学特点和主要发展方向，结合文化育人的基本要求，充分认识和重视文化育人的重要性，将此项工作作为教育教学工作总体内容中的一个重要组成部分，从学校总体建设发展、人才培养质量水平的高度出发，积极谋划本校文化育人的总体方向、基本内容、实施步骤和预期效果，将文化育人与学校的教学科研、人才培养、质量提高、扩大社会影响等联系起来、结合起来，将文化育人作为学校总体规划、建设发展的一项重要内容、一个不可或缺的组成部分，而不可以把文化育人当作一个额外的任务、一项多余的工作来对待，为文化育人确立应有的突出地位，留有足够的发展空间。

对于民办高校的教师来说，由于民办高校的教育特点、教学目标、课程设置、教育管理等方面与普通高校存在显著区别，教师在教育教学工作中的自主性、自由度较大，教师的专业特点、职业特长也通常表现得比较充分，因此在教育教学工作中，可以更加主动、更加有效地按照教育教学总体规律和具体要求进行教学，也可以在专业教育、课程教学等环节将文化教育、人文精神教育有效融入教育教学的各个环节，从而进一步凸显教育教学特色，激发学生学习兴趣，实现理想的教学效果。对于民办高校的教师来说，关键的问题是要有意识地加强文化修养和人文修养，强化在教育教学工作中融入文化教育的意识和能力，提高在教育教学工作中进行文化教育的自觉性和主动性，提高文化教育的能力，运用好自己的教育教学空间，通过课堂教学、课后辅导、主题班会、学业比赛、活动交流等各种方式，将文化教育贴切自然、有意有效地融入整个教学过程之中，从而在原有的课程教学、专业教学、职业培养、职业训练等环节中，增加文化教育的内容和具体方式，丰富和充实原有教学内容，优化教育教学方式，实现更加理想的教育教学效果。必须明确，教师是教育教学活动的组织者、实施者，在整个教学活动中处于核心、主导地位，因此教师教育教学思想、意识、能力、水平的完善和提高，尤其是文化意识、文化水平、文化能力的提高，在民办高校的教育教学中具有关键地位，应当发挥主导性、核心性作用。

从学生方面来看，跟普通高校的学生相比，一般的认识是民办高校的学生并没有什么优势，在某些方面或许还存在一些劣势，这是不得不承认的现实，至少从一般的角度看来是如此。但是，这种印象并不能全面反映真实的情况，也不是一种有充分根据、有充分合理性的认识。对于民办高校的学生来说，更没有必要受到这种印象、认识的影响和干扰，重要的是在学习、发展过程中，不断提升、持续上进，把自己的思想素质、专业能力、综合素养提升到应有的水平，达到预期的目标，从而在高等教育阶段得到尽可能充分、尽可能完善的发展。

一般来说，民办高校的学生在个人活动能力、课余活动开展、个性化发展与才华能力展示等方面具有较突出的优势，支配和利用课余时间的自主性、可能性较大。这是民办高校学生的突出特点和明显优势。因此，合理运用这些特点和优势，充分发挥这些特点和优势，恰恰是民办高校学生的优势和特点。关键的问题是如何将这种可能具有的优势和特点发挥出来，真正成为民办高校学生开展文化育人工作的有利条件和特色优势。这并不是一个自然而然、一蹴而就的过程，而是一个自觉的过程，从自我意识到自我实现的过程，需要民办高校的学生具有这种自觉性，并在学习实践中进行探索、持续努力，将这种可能性变为现实性，为自己的教育过程、成长经历增添更加有内涵、有价值的因素，促进自身的成长和成才，为国家和社会做出应有的贡献。

第七章
大学空间与文化育人

文化育人不仅是一个时间性过程，也是一个空间性过程。在文化育人的过程中，往往是时间性和空间性的交叉互补，才为教育行为、教育过程提供了可以展开、可以持续的时空可能性。因此，在文化育人过程中，不仅要重视时间性过程，同时也要充分重视空间性过程。只有时间性和空间性的结合统一，才可能把文化育人落到实处。而且，文化育人的对象是高校学生，文化育人的实施者是高校教师及其他人员。从更加广泛的意义上看，每个人都处于一定的由时间性和空间性构成的时空结构之中。因此对于教育空间的充分关注、对于教育空间的合理运用，就是文化育人工作中必然关注、必须处理好的一个重要方面。

第一节　大学课堂与文化育人

课堂是大学生最重要的学习场所，无论是对于何种类型、层次的高校，何种专业、年级的学生来说都不能不如此。因此可以说课堂是所有大学生最重要的活动空间，也是最能反映大学生活内涵与特点的场所。完全可以说，一所大学的质量如何、水平如何、人才培养能力与水平如何，在很大程度上取决于课堂教学的质量和水平。同样道理，也应当说，课堂是最重要的文化育人场所，也是最重要的文化育人空间，这是需要特别明确并在教育教学活动中扎实实践、努力践行的。

对于高校的文化育人来说，应当特别指出并明确的是，文化育人不是大学教育外在的附加物或附属物，而是大学教育的根本任务、根本目标。因此，课堂教学不仅是文化育人的重要场所、重要环节，而且是文化育人最重要的场所和环节。文化育人不仅必须回归课堂教学，而且必须成为课堂教学的重要内容之一。可以说，文化育人进行得怎么样，取得的效果如何，在很大程度上取决于课堂教学与文化育人结合得如何、融会得如何。

因此，在文化育人工作中，必须紧紧抓住课堂教学这一重要场所、中心环节，把文化育人与课堂教学紧密结合起来，把文化育人与专业教学紧密结合起来，一方面保证文化育人的专业品质、文明与科技内涵，另一方面为专业教学、专业人才培养赋予丰富的人文内涵、文化色彩，切实在人文精神、文化教育与科学教育、文明教育的结合上，在专业内容与文化通识的结合上，为大学的课堂教育增添深刻的文化底蕴、文化色彩。

第二节　思政课程与文化育人

在许多人看来，思想政治课程是我国高校课程体系中一个相当特别的系列，在高校课程体系中处于相当特殊的地位，对于各个院系、专业的学生都具有很强的约束力，也都必须进行学习并通过考试，达到各种要求。思想政治课程的教学内容也当然主要集中于思想政治教育、时事政治等方面，是独立于各种专业课程之外的一种具有特殊意义、特殊要求的课程体系。

鉴于思想政治课程所具有的思想政治色彩、时事政治要求，一些人容易觉得这类课程仅仅是一种政治教育、思想教育而已，并没有突出的专业性质，也缺少足够的学术含量，因而对这类课程并不怎么重视，往往只是以应付的方式来对待，学习者只是为了及格、过关而已，往往不会真正将这类课程的学习置于特别重要的位置。

这显然是不正确的认识，也是不恰当的方式。实际上，思想政治课程作为我国高校课程体系的一个重要组成部分，作为公共课程的一种重要形式，在整个教育体系、课程体系中具有不可替代的地位。从文化育人的角度来看，思想政治课程不仅不应当处于边缘或附属地位，而且应当处于主导性、核心性地位。这是由思想政治课程的教学内容、教学要求、教学目标等决定的，也是由文化育人的丰富内容、高远目标和重要意义决定的。应当明确，在文化育人过程中，思想政治课程必须发挥重要作用，并且与其他课程一道，在文化育人过程中共同发挥作用，从而形成文化育人的课程体系和内容关联，将文化育人与思想政治课程、专业课程紧密结合起来，不同性质、不同内容、不同特点的课程之间形成合力，共同为文化育人做出积极努力和贡献。

在文化育人过程中，为了取得更佳效果，达到课程目标要求和学生期待，适应新时代对于思想政治工作的新要求，思想政治课程本身也需要根据新标准、新要求、新目标做出应有的调整、优化和提高。从教学组织者、实施者的角度来看，至少包括以下一些主要方面：从教材方面来看，应当在新局面、新要求和新目标之下编写更加具有政治思想性、思想教育作用，更具有文化内涵和精神引导力，更加适用的教材，提高思政教材的编写水平，提升教材的适用性，避免过于生硬、简单、空洞、一厢情愿的政治说教、思想灌输色彩，编写出既能很好地进行思想政治教育，又能让学生们真正喜欢、爱读爱用的教材。从教师方面来看，思想政治课程的教师不应仅仅满足于教材的讲授、讲义的宣读，或者一般意义上的完成教学工作量而已，而应当结合课程、教材、教师和学生的具体情况，深入开展教学研究和科学研究，深入切实地进行课堂教学各方面重要问题、主要方面的研究，从人才培养、事业追求、职业贡献的角度认识自己从事的教育教学职业及其意义，提高思想政治课程的教学质量和水平。从教学方式和效果来看，教学方式和教学效果是教学活动水平、教学质量的重要体现，也是评价和检验教学过程、教师教学、学生学习的重要途径，在思想政治教育课程中同样具有核心地位。

鉴于目前思想政治教育课程的总体情况、存在的主要问题、出现的值得引起注意的现象，必须把改善教学方式、优化教学方法、提升教学效果置于非常突出的地位。假如没有教学方式的不断完善、教学质量的持续提升、教学效果的逐渐显现，是没有可能把思想政治课程的教学搞好的，也不可能实现思想政治课程与文化育人的深度结合、共同发展。

与此同时，还需要明确：文化育人不仅仅是教育者主动灌输、受教育者被动接受的过程，而应当是一个教师与学生互相激发、积极互动、共同创建教育情境的过程。在课堂教学过程中，学生必须提高思想认识，增强参与意识，共同创建课堂氛围，共同创造教学效果，在教学活动中切实加强主体意识和参与意识，积极参与课堂教学的全过程，共同创建良好的教育教学情境，实现理想的教学效果，达成文化育人的预期目标。学生尤其要明确思想政治课程对于自身大学教育、专业学习、未来发展所具有的根本性、方向性意义，将思想政治课程的学习与专业学习紧密结合起来，在二者之间建立和形成一种互相融合、彼此促进、共同进步的良好关系。一方面为专业课程学习与专业发展确立正确的政治方向、价值取向和人文导向，另一方面为思想政治理论课程学习赋予充实、深厚的专业内涵与科学内涵，真正在思想政治课程与专业课程之间，在思想政治教育与职业发展之间形成一种良好的互动、互相促进的关系，从而为自身的全面发展、高质量发展，为高校人才培养质量和教育水平的提高做出扎实努力和积极贡献。

第三节　专业课程与文化育人

对于高等教育来说，不论是哪一种类型的高校，也不论是高校中的哪一个学科专业，专业课程都具有特别突出的地位，也最能引起各级各类学生的重视。专业课程不仅是各种不同学科专业知识体系、教学体系、人才培养体系的充分体现，也是不同学科领域建设水平、研究水平、人才培养水平的重要标志。高校的专业人才培养，往往是通过不同类别、不同层次、不同内容的各种专业课程才得以达成的。因此，专业课程在所有高校的课程体系、教学活动、人才培养体系中必然处于主导性、核心性地位。这应当说是一种常识，也是一种正常合理的状态。

但是，从另外一个角度来看，也应当清醒地认识到，专业课程并不是高校课程体系的全部，也不是高校人才培养体系、培养目标的全部，专业课即使处于核心、主导地位，也不能认为只有专业课程才有价值、才有意义，也不能因此而忽视其他课程、教育活动的意义和价值；而且，任何专业课程也都必须纳入高校整体的课程体系、教育教学体系才可能更好地体现其价值和意义。也就是说，在高校所有专业课程的设置、讲授过程中，不可能也不可以缺少价值观念、思想导向、文化理想的引导，这是必须在思想认识上予以明确，并在教育教学实践中一直坚持和实行的。假如高校专业课程的设置和讲授缺少了正确价值观、世界观、方法论的保证和引导，这样的专业课程必然出现严重的偏差和问题，这样的专业课程设置和教学取向必然是不可取的。

因此应当非常明确，高校的专业课程必须有先进、正确的价值观、世界观与方法论的保证和引导，高校的文化育人必须紧密地与专业课程相结合。一方面，文化育人的思想、观念和方法可以为专业课程提供思想方向、思维方法、专业素养和专业目标等方面的根本性保证，也提出了各方面的要求，可以有效避免为专业而专业、为课程而课程，失去正确的价值观、方法论引领的混乱局面；另一方面，文化育人、价值引领、世界观培育等内容，只有与专业课程紧密结合、融于一体，才能获得充实与丰富的内容、扎实而深刻的根基，从而使文化育人、价值观教育引领不至于空泛、空洞。

基于这样的认识，就必须强调，在专业课程的教材编写、课堂讲授、课程考查等重要环节中，应当在充分尊重相关专业课程内容、特点、要求、目标的基础上，有意识、有计划地将文化育人、价值观引领、方法论教育与专业课程紧密结合起来，实现融会贯通、共同发展、共同为专业人才培养服务的目的。

就目前高校专业课程教学与文化育人关系的处理、教师和学生的专业学习与思想现状来看，特别需要提出的是，在专业课程教学中，必须改变个别教师只爱管专业不爱管价值、只关心专业不关心方向、只热衷知识传播不善于进行思想传递的不良倾向，形成对专业课程教学与文化育人、思想价值引领之间关系的正确认识，并在教学实践中贯彻落实。这是把专业课程教学与文化育人结合起来的最关键、最重要的环节。对于学生来说，也必须更新和完善观念，提高思想认识，改变在专业课程学习中只关注专业知识、专业能力而不关心价值指向、不关心思想文化内涵的不正确倾向，在专业课程的学习中自觉融入思想价值观念、文化品格的养成与完善。

这种专业课程教学与文化育人、价值引领的结合，也应当纳入高校的教学管理与评价体系，从而从教育教学管理、评价体系与指标上对文化育人的因素、内容、内涵在专业课程教学中的体现、效果予以制度化、常态化的约束和保障，真正把专业课程教学与文化育人的结合落到实处。

第四节　公共课程与文化育人

公共课程是所有类型高校课程体系、教学体系中都具有的一个部分，而且对于目前国内高校的所有学科专业来说，所有的公共课程综合起来，可以形成一个占有相当大比重、具有相当重要地位的课程体系和教育教学内容。因此公共课程在高校教育教学体系中的地位和意义显而易见。也恰恰是因为如此，在高校文化育人工作中，公共课程不仅不可以也不可能缺席，而且应当在其中占有相当重要的地位，发挥应有的作用。

对于许多高校来说，除了上文已经专门讨论过的思想政治课程以外，还有外语类、体育类、计算机与教育技术类课程，也都是公共课程的主要内容。在一些人看来，这些公共课程在高校的课程体系中有可能处于比较一般、比较边缘、比较不受重视甚至不受欢迎的地位，不仅一些学生对这些公共课程的重视程度不高，就是一些专业课教师对公共课程的认识也可能存在不到位、不准确的情况，甚至某些从事公共课程教学的教师本身对自己所从事教学的课程也时有认识不清、态度不明、热爱程度不高、教学研究投入不足的情形出现。显而易见，这种情况的存在不仅是不正常的，而且是不应该的。

从一般的角度来看，高校的各种课程都是课程体系的组成部分，都具有相互配合、相互成就、密不可分的一体化关系。对于各种课程的认识和理解，应当是平等、友好、兼容、互补的，本来就不应该存在所谓重要或不重要、主导或非主导、核心或非核心的区别。教师和学生对公共课程都应当形成合理、妥当的认识，并对这些课程的教学进行妥善的安排处理。这是认识和对待高校公共课程时必须明确的、必须坚持的。

公共课程作为高校课程体系中一个不可或缺的重要组成部分，同样应当具有文化育人的功能，也必须履行并完成文化育人的任务。因此，在高校公共课程教学中，如何与文化育人工作融合、贯通，如何通过二者的紧密结合从而实现更理想的教学效果、育人效果，就是一个非常突出、亟待解决的问题。

要清楚地看到目前公共课程教学中存在的突出问题和明显不足，更要清醒面对和妥善解决公共课程与文化育人的关系问题，需要高校各个方面各司其职、相互配合、共同努力，把公共课程与文化育人的结合统一作为一项重要的教育教学改革、优化、创新任务来对待，以利于公共课程与文化育人的深度结合，以期取得预期的成效。

首先，高校要提高认识、妥善安排、正确处理，把公共课程置于应有的地位，有关配套措施、政策要求、管理规程、考评机制也应当得到应有的修正和完善，为公共课程提供和创造尽可能优化的教育教学环境与思想学术氛围，以保证公共课程教学的顺利进行和教学效果的实现。其次，从任课教师方面来看，教师应当提高思想认识和专业能力，加强对教材、课程、教学方法的钻研，认真进行教育教学改革创新的探索，尤其要拓展思想文化视野，把自己讲授的课程与其应有的文化观念、文化内涵、价值观念、思想方法自然无痕、有方法、有效果地结合起来，提高公共课程的教学质量、教学水平，进一步优化教学效果，提高学生的满意度和美誉度，更好地实现人才培养目标，切实改变某些公共课程任课教师为教学而教学、为课程而课程、为完成任务而应付了事的心态和做法，从教学效果、教学方式和手段上有力改变公共课程不受重视、不受欢迎和教学效果不佳的尴尬状况，真正把公共课程纳入文化育人的整体体系之中，赋予公共课程更加丰富深刻、更具有思想底蕴的思想文化内涵。最后，从学生方面来看，在公共课程的学习中，学生需要充分认识公共课程的价值和地位，认识公共课程对于自我成长具有不可或缺的作用，应当投入更多的精力和时间，更充分地激发学习的兴趣和热情，在教师的有效引领和启发下，自觉主动地把公共课程的学习作为全面发展、自我成长的一个重要组成部分来看待，像对待专业课程一样严谨认真、踏实专注地进行公共课程的学习，将公共课程的学习与专业课程的文化内涵、思想底蕴、价值观念结合起来，实现更加理想、更有利于育人成才的教育教学效果。

第五节　学术活动与文化育人

学术讲座、学术节、学术比赛等各种各样的学术活动是高校校园文化生活的一个重要组成部分，是高校校园中一道不可或缺、颇为亮丽的文化风景线，也是高校学生课外学习及各种活动的一种重要形式，在许多高校中占有相当突出的地位。学生也往往会在学术活动方面投入较多的时间和精力。因此，学术活动对于高校人才培养、学生成长具有重要意义和作用。

高校中的学术活动作为课堂教学之外一项颇为重要的学术内容，不仅是课堂教学的有益补充、有益延伸，也是高校校园文化建设、学术氛围优化的一种独特方式。一方面，学术活动往往可以体现一所高校的办学水平、学术传统、学科优势、专业特色等，是高校学术氛围、校园学术文化的重要组成部分；另一方面，不同高校的学术活动也可以体现不同的学术风气、学术交往和学术地位、学术影响。因此学术活动对于教师通常具有直接的影响和启发，学术活动对于学生则更具有引导性和启发性。在高等学校里，许多人的学术启蒙、学术感悟、学术旅程，经常是因为受到一次学术活动的教益和启发而开始的。

既然学术活动在高校的学术文化氛围建构中具有如此重要的作用，在高校人才培养中具有如此突出、如此独特的地位，文化育人又是高校人才培养中一项关乎根本性、方向性的核心内容，那么在文化育人过程中，当然不可能，也不可以缺少学术活动的作用。

对于许多高校来说，值得密切关注并深入讨论的问题是如何组织好各种各样的学术活动，丰富和完善高校校园的学术氛围，发挥学术活动在文化育人中的作用和优势，使学术活动与课堂教学等其他教育教学活动分工协作、优势互补、形成合力，共同为文化育人做出实际努力、贡献力量，共同推进高校文化育人的开展和深入，以利于真正取得成效，切实提高人才培养质量，扩大学校的影响力和美誉度。

对于一些高校来说，在开展学术活动的过程中经常会遇到一些困惑或困难，往往感觉到某些学术活动的效果不佳，难以达到预期的效果，也难以产生应有的影响。一方面，学校、学院及其他主办者经常会感觉到有的学术活动不受学生欢迎，收不到预期的效果和影响，有时候也会抱怨甚至批评学生参加学术活动不积极、不配合；另一方面，学生也经常会对学校组织的学术活动表示不满意，抱怨学术活动不多、学术环境不好、学术氛围不浓厚，感觉到没有特别期待、特别喜欢的学术活动。这种不正常情况或反常现象的出现，实际上反映了高校开展学术活动、高校学术活动规划与进行中的一些深层次问题，值得高校管理者、院系专业和有关教师关注和重视。

从组织者方面来说，要改变为了活动而活动、为了组织而组织，通过行政命令、生硬要求等方法强加于学生、强行组织听众进行捧场的倾向和现象。从学术活动的本来出发点、举办目标来看，应当是从学生的课外学术生活需求、学术信息获得、学术意识养成和提高的角度组织和进行各种学术活动的。也就是说，学术活动本来应当是为了学生，也应当是受到学生欢迎和喜爱的。但是，假如不能把握和坚持学术活动的本来含义和目的，而是为了其他目的、其他意图把学生组织起来、召集起来参加学术活动，或者不考虑学生的真正需求和真实感受，仅仅把学生当作填补座位的听众，当作可以被动驱使的群体，那么这样的学术活动就很难说是成功的、真正受学生欢迎的。

这种因为其他原因、为了其他目的而开展学术讲座、学术节及其他学术活动的现象在许多高校都不同程度地存在，在部分高校中表现得尤为突出。应当清醒地认识到，学术活动的组织者不应当，也不可以主观臆断地、一厢情愿地安排和组织这种学术活动，也不应当把学生当作可以任意驱使、用以填满座位、装点场面的工具。从学生的需要出发，根据学生的心愿、期待来组织学术活动，真正把学术活动做到学生的心里，这样的学术活动才可能是成功的、有效果的，也才符合学术活动的本来意义。这是目前许多高校在安排、组织学术活动的时候需要特别注意的，也是改善和提高学术活动影响力、美誉度的重要因素。

对于学校、院系专业和教师来说，如何考虑、设计和安排学术活动，是对组织者的一个考验，也是对教育教学、学生管理、思想教育等各方面工作的一种检验。能不能从学生的培养、成长、成才需求出发，恰到好处地组织学术活动，而不仅仅是做一些表面文章，能不能从学生的专业特点、学习需求、发展需要出发，为学生带来有学术价值、有参考作用、有启发意义的学术讲座及其他学术活动，是对组织者工作能力和水平的一种考验，也是对一所高校人才培养理念、教育能力和水平的一种检验。

学术活动不是组织者的单边活动，而是组织者、参与者的共同活动。从学术活动的本来意义来说，应当确立以学生为中心，以学生愿望、需求为中心的理念，并在学术活动中得到体现与落实。在学术活动中，尤其是在学术活动效果、影响的检验中，作为听众的学生、作为接受者的学生，必然在其中扮演着更加重要的角色，发挥着更加重要的作用。可以说，假如没有了学生，高校的学术活动是无从开展的，至少是不能顺利开展的。

因此，作为学术活动主体的学生，也应当不断调整、完善和更新观念，在学术活动中摆脱被动服从、简单应付、任人驱使的地位，真正获得主体性、主导性地位。比如，学生需要改变仅仅对课堂教学感兴趣、仅仅满足于课堂教学的观念，自觉培养广泛的学术兴趣和关注新的学术动向、新的学术信息的意识和能力，认识学术活动对于课堂学习的补充、延伸、深化等多方面作用，自觉主动地参与到有意义、有启发性的学术活动中去；学生要树立探索性学习、研究性学习和创新性学习的观念，并在学习与成长过程中自觉持续地践行，要改变对任何学术活动都没有什么热情、没有什么兴趣的习惯，自觉培养参与学术探索、关注学术进展的兴趣和意识，通过课堂内的学习与学术活动的相互促进，提升自己的学术意识和学术能力；学生也需要改变只对一两个问题或局部领域感兴趣的狭隘观念与认识，培养对更加广泛、更加深奥的学术问题、学术空间、学术领域予以关注、进行探索的兴趣和能力，踏实自觉地通过学术活动拓展学术视野，锻炼学术眼光，培养学术意识和学术创新能力。

假如作为听众、作为接受者的学生真正发挥主体性、提高自觉性和参与意识，高校的学术活动及其方式、内容、效果就一定得到显著提高，整体学术氛围、学术环境就一定可以得到逐步完善。学术活动作为课堂教学的一种必要补充、有益延伸、应有深化的作用得到充分发挥，学生对学术活动的参与感、获得感，学术活动的影响力、美誉度就一定能得到稳步提升。与此同时，学术活动在大学教育、人才培养中的作用就可以得到更加充分的发挥，作为文化育人的途径和环节之一的学术活动，也就自然而然地参与了文化育人的过程，并在文化育人过程中发挥其应有的作用，达到学术活动与文化育人紧密结合的效果。

第六节　课外活动与文化育人

除了上文已经提及的学术活动之外，高校还有各种各样的课外活动，比如文娱活动、体育活动、比赛竞赛、联谊联欢等。这些活动有的由学校、院系不同方面组织开展，有的由上级有关部门进行设计安排，也有的是学生或学生群体组织安排，当然也有其他途径或方式进行组织、安排的课外活动。因此可以说，课外活动在高校学生的学习生活中占有相当大的比重，也具有非常突出的地位。高校学生课外活动的方式、途径、内容、效果及影响，可以在一定程度上反映高校的人才培养质量与水平、特色与能力，更可以反映这所高校的校园文化、学生课外生活的质量与水平。可见，课外活动在高校学生的教育、成长过程中占有相当突出的地位。

既然文化育人是高校人才培养的一项根本任务，高校的各种课外活动也应当是文化育人的一种方式和途径，课外活动也自然是文化育人的一个环节，而且是一个具有独特意义的环节，因此应当引起组织者、参与者的高度重视。

广东高校的一些课外活动，普遍地存在着为活动而活动、为热闹而活动，对活动的内涵、意义等考究不多，过多追求表面化、形式化的问题。这种情况的存在和延续，不能不对课外活动的意义、效果等产生不利的影响。于是，经常出现的情况是，高校学生的课外活动不少，总体看起来热热闹闹、欢欢喜喜、颇为活跃，实际上有的活动冷冷清清、不受欢迎、效果不佳。这种情况不仅对高校的课外活动本身造成了不良的影响，而且也间接地影响着高校的文化育人活动。因为课外活动开展得不好、没有收到良好效果，必然对文化育人工作造成不利影响。

因此，如何优化、完善高校的课外活动，丰富活动形式，充实活动内涵，发掘活动意义，并将各种课外活动与学生愿望、学生需求、学生成长、学生进步紧密结合起来，同时在课外活动中加强对文化育人的关注和实施，将课外活动与文化育人紧密结合起来，收到寓文化教育于活动、通过活动体现文化教育的效果，是许多高校开展课外活动时必须充分注意并持续加强的一个重要方面。

从组织者方面来说，要牢固树立以学生为中心的理念，在进行课外活动的设计、安排、组织的时候，首先要考虑学生的愿望和需求，要把是否对学生有引导性、启发性，是否对学生的成长有益，是否受学生欢迎置于首要地位。而不是像在一些高校中时常发生的那样，课外活动的组织只是组织者一厢情愿，或者是出于其他目的的礼貌性、交际性安排，只是把学生及其他听众当作一个个填满座位的工具或道具，而不是关注学生参与课外活动的感受如何、收获如何，也不大考虑课外活动的效果如何、影响如何。非常明显，这样的课外活动是难以真正受到学生欢迎的，也当然不能说是成功的。

因此，在高校课外活动中，切实减少某些外在因素、外在条件对于课外活动的影响和干扰，真正从学生需求、学生发展、人才培养的角度设计和组织丰富多彩的课外活动，是对设计者、组织者教育观念与素养、工作能力与水平的一种考验。如何把高校的课外活动设计好、组织好，把高校的课外活动做到学生的心里、取得理想的效果并产生应有的影响，是高校课外活动策划者、组织者应当深入思考、认真对待的一个重要问题。

从参与者方面来说，学生也需要树立课外活动中的主体意识，真正从课外活动与课堂内容的配合、互补出发，从活动的效果和收获出发，进行活动的选择和参与，改变在课外活动中的被动性、随意性和形式化、务虚化倾向，改变经常出现的为了活动而活动、为了参与而参与的现象，真正提高课外活动的质量和水平，增强课外活动的有益性、趣味性，提高参与度和获得感，使课外活动成为高校学生自我教育、自我提高、相互交流、共同协作、成长成才过程中的重要环节。

在高校学生会、研究生会等组织中，有相当一部分时间和精力是用来开展各种各样的课外活动，相当一部分活动是以课外活动的方式进行的。这就更加要求改变学生在一些课外活动面前只有被动应付、无权利进行自主选择的现象，真正把参与活动的学生置于主体、主导的位置。否则，高校学生课外活动的性质和内容、形式和效果就容易向不良的方面发生改变，相关活动和工作的声誉也必然受到质疑和影响。应当明确，能不能给予参与者充分的选择权、自主权，能不能给予学生充分的尊重和关心，确实从活动内容、形式、途径、效果等方面为了学生着想、为了参与者着想，是高校课外活动中必须认真面对、妥善解决的一个突出问题。

可见，课外活动作为高校学生活动的一种重要形式，作为高校学生课外生活的一个重要组成部分，是学生展现才华能力、发展特长爱好、参与集体事务、协作发展进步的一种重要途径，对于学生的教育、成长、进步、成才、发展都具有重要作用，产生深远影响。课外活动开展得如何，形式如何，效果如何，影响如何，在很大程度上是高校办学水平、校园文化、学生发展进步、师生互动交流的集中体现。高校课外活动开展得如何，也必将对文化育人工作产生明显的影响。

因此，必须从学生全面发展、共同进步、综合素质提高、综合能力提升的角度开展好课外活动，使课外活动在文化育人的总体要求、总体目标的要求和促进下，得到更加充分、更加迅速的发展，在课外活动与文化育人相结合、相促进方面进行更加积极主动的探索，为高校课外活动的开展增添新的内涵和新的元素，收到更好的育人效果。

第七节　学生社团与文化育人

高校中有各种各样的学生社团，这些社团大部分是由学生自发组织形成的，同时也由学校、院系及相关部门予以指导帮助；也有的是在学校有关部门如学生工作处、团委或院系有关部门的组织下成立并开展工作的。高校的学生社团是学生开展业余活动、参加各种比赛、进行交流合作的重要途径，通常也是一种受到学生欢迎、产生积极影响的途径，因此在学生的业余文化生活、特长发展、专业发展和兴趣培养中具有重要的地位，发挥积极的作用。

在高校的实际工作中，学生社团工作一直是学生工作的一个重要组成部分，各高校也一直把学生社团的组织、运行、管理、引导置于相当突出的地位，特别是在思想上、内涵上、方向上对学生社团进行有效的管理和引导，有的高校还特地为一些学生社团指派教导教师，指定专门的指导机构，从这个角度也反映了高校对于学生社团的重视，也说明学生社团在高校学生中具有显著的影响力。

从总体上考察高校学生社团的组织、成立和活动情况可以发现，一方面，在统一管理、统一要求、统一规范之下，我们的高校在学生社团方面也具有高度一致、颇为相似的情形。这种情况的出现是由高度统一的高校管理体制、学生工作要求决定的，因而也应当说是正常的。另一方面，也应当看到，由于各高校之间存在着类型、水平、实力、性质、专业、发展阶段等诸多不同，各高校的传统、习惯、条件、环境等方面也存在着诸多差异性，这就使得不同的高校有不同类型、不同性质的社团，特别是学生社团的组织形式、活动方式、活动范围、特色专长、参与人员等方面也存在着不同特点，可以说各有优长、各具特色。

可以这样说，高校学生社团的组织、活动、影响力如何，在很大程度上反映着一所高校学生社团活动的特点、传统、价值取向和影响力，也是校园文化建设以及学生业余文化生活方式、内容和特色的体现。不管是关于文娱、体育、读书、诗词吟诵等活动的社团，还是其他的具有一定专业性质的社团，在几乎所有类型的高校中，都有可能受到不同专业、不同爱好、不同性格、不同发展方向的学生的欢迎和喜爱。

既然学生社团在高校的校园文化建设、学生业余文化生活中具有如此重要的地位、如此突出的作用和如此显著的影响力，就需要明确，高校的学生社团一定要组织好、建设好，高校的学生社团活动一定要开展好、坚持好，使学生社团的作用得到最充分的发挥，使之在学生成长成才、大学文化思想建设、校园文化氛围建设中发挥应有的作用，做出应有的贡献。可见，高校学生社团建设和各种社团活动的开展，是大学进行文化建设过程中不可或缺的一部分。

既然如此，在高校文化育人过程中，当然不可能，也不可以缺少了学生社团的作用。高校学生社团不仅必须是高校文化育人的一个组成部分，在其中发挥独特作用，而且，学生社团在高校文化育人这一系统工程中应当发挥其特有优势、特殊作用。特别值得注意的是，与其他文化育人方式或途径相比，学生社团是学生更加自主、独立地参与文化育人活动的重要途径，也是可以更加充分、自由地展现才华、展现学业、表达思想、表达感情的重要途径，是学生自主地进行自我教育、自我完善、自我发展的有效途径。这是高校学生社团与文化育人相结合的一个重要关节点和突破口，也是可以继续尝试、持续探索的一个可能方向。

这就对学校及有关部门提出了新的要求，尤其是如何真正给予学生社团更加广阔自由的活动和发展空间，容纳和接受学生从自身的兴趣爱好、性格习惯、发展指向出发，开展各种活动的尝试和探索，如何从学生自我发展、自我完善的角度给予这些学生社团以真正贴切、到位、准确、有力的指导和引导，真正让学生社团在学生中具有较高威望，能够得到更多学生的信任和参与，把学生社团活动与其他途径、其他形式的文化育人活动紧密结合起来，收到更加理想的育人育才、成长成才效果，这都是高校及有关部门需要深入思考、认真研讨的问题。

要把高校的学生社团组织得、开展得更好，实际上也对学生社团的组织者、参与者提出了新的要求。如何改变和避免学生社团中的局限性、局部性，减少过多、过于明显的生硬灌输、形式教化、空洞无物现象，改变长期以来形成和延续下来的简单化、官方化、形式化色彩，使学生社团活动回归学生本身，回归学生的兴趣爱好、专业发展、未来发展本身，真正使学生社团活动不仅仅是一小部分学生参与的活动，从而产生更加广泛的影响，真正在学生中间树立起较高的威信，真正受到学生的广泛欢迎，等等，都是高校学生社团活动中应当注意的问题。

从高校学生社团参与者方面来看，如何在社团活动中发挥自己的主体性、能动性，如何在活动中更加有深度、有效果地表达自己的意愿和情感，表现自己的专业素养和综合能力，对于参与社团活动的各类学生，也是一种有价值、有意义的考验。学生在社团中不要仅仅满足于被设计、被安排、被教育的地位，不要仅仅把自己当成一名观众和“看客”，经常处于置身事外的地位，而应当显著提高参与活动的主动性和自觉性，并在活动中充分发挥作用，展现自己的思想水平、专业能力和文化素养，这也是各类学生应当继续努力的方向。

高校学生社团活动中学生主体性、自觉性、主动性能否得到发挥，发挥得如何，是影响社团活动的重要因素，也是检验社团活动水平、效果的重要标准，应当引起所有人的高度关注。

第八章 教育途径与文化育人

文化育人是一项综合性、系统性工程，高等教育活动是多种因素相互作用的复杂的精神思想活动。从总体上说，文化育人涉及教育的方方面面，也涉及教育者、受教育者的双向活动及相互认同、相互促进和共同提高等多方面问题。但是，对于高等学校来说，教育活动的实施者毕竟是学校、教师及各方面人员，教育活动的接受者毕竟是各级各类学生。包括文化育人在内的高等教育活动是必须通过一定的途径、方式才能够进行和实现的。在教育的各种途径中，教育的实施者即高校各方面师资、管理服务人员在其中必然发挥突出作用。同时，其他具有一定能力、一定条件的教育者也必然在其中发挥一定的作用。因此，对于教育途径的关注和分析，并在此基础上深入探讨如何发挥各方面力量在文化育人中的作用，各种力量、各种因素如何密切配合、形成合力，在高校文化育人过程中就显得非常重要。

第一节　任课教师与文化育人

课堂教学是高校最重要的教育途径和教育方式，课堂也是高校最重要的教学场所和学习空间，是师生交流的最重要途径，因此课堂教学在高校全部教育活动中的突出地位显而易见。同样明显的是，高校的教学活动主要是由任课教师主导实施，课堂教学内容、过程、效果，课堂气氛的营造、师生互动的达成等主要教学因素和教学效果，也都是在教师的主导下才能够进行并完成的。因此任课教师在课堂教学过程中的首要地位不言而喻。

对于高校来说，办学质量的高低、教学质量的优劣、教学水平的高下、学生满意度的高低、学校声誉的高低和社会影响的大小，在很大程度上取决于任课教师的课堂教学水平。因此师资队伍建设是高校诸多建设项目中最根本、最内在也是最持久的一项建设任务。可以说，在任何情况下，在任何阶段，抓紧抓好师资队伍建设，都是高校提升质量水平、提高人才培养能力、扩大社会影响和美誉度的重要途径。一般来说，一所高校的质量、水平、地位和影响，取决于其是否拥有一批高质量、高水平的师资队伍。什么样的师资队伍作为高校课堂教学的任课教师，任课教师的学位学历结构、年龄结构、职称结构、学缘结构是否合理、是不是优化，通常能够反映一所高校或一个院系的师资队伍建设水平和课堂教学质量。

因此，抓好师资队伍建设，抓好任课教师配置，保持任课教师的高水平、高质量、最优化配置，是提高高校教学质量、提高人才培养能力与水平的关键。可惜，从现实情况来看，并不是所有的高校都认识到了师资队伍建设的重要性。从高校师资队伍建设与教育教学水平的关系上看，可以这样认为，虽然不能说有了高质量的任课教师，就一定具有高质量的课堂教学，但是却可以说假如没有优质的任课教师，就一定不可能有高质量的课堂教学。

可见，不管是对于何种类型、哪种课程、什么年龄、什么学历学位、哪一级职称的任课教师来说，作为课堂教学的实施者、主导者，都担负着极为重要的责任和使命。对于课堂教学的重视、尊重、敬畏，对自己进行严格、规范、高标准的要求，都应当是任课教师始终坚持、不断追求、一直向往的目标和理想。对于任课教师来说，每一门课、每一个学时甚至课堂上的每一分钟，都担负着知识传播、思想引导、观念引领等专业教育的责任，同时也担负着价值观、世界观、方法论教育和引领的任务。从严格的意义上来说，任课教师的每一节课都是不可重复、不可再现的；每一名任课教师的教学也都是独一无二、不可复制、不可模仿的。因此，任课教师在高校专业教育和文化育人中的核心作用清晰可见。如何充分发挥任课教师的作用，使任课教师在专业教育与文化育人的结合上做出最具有前沿性、创新性的尝试与探索，就是一个值得予以特别关注并进行持续研究的有价值的课题。

除了在总体上认识和把握任课教师在专业教学、文化育人中的突出作用之外，对于许多任课教师来说，需要根据专业发展、文化育人、人才培养的进展和要求，不断优化自己的专业认知和专业教学能力，持续完善自己的教学观念和对自己所承担的责任、任务、使命的认识，修正某些不全面、不恰当甚至不正确的认识与观念。任课教师假如仅仅把自己承担的教学工作视为一种职业、一种谋生的途径和手段，在课堂教学中持有一种应付了事、得过且过、无动于衷的工作态度和教学状态的话，那显然是既不能符合专业课程教学、人才培养的基本要求，也无法达到专业教育与文化育人相结合、相促进的要求的。

应当特别指出，专业课程的任课教师不应持有过于狭隘的专业本位观念，经常习惯性地认为只有自己的专业是重要的、有价值的，认为只有专业课教学才是具有重要地位、应当受到重视的；专业课程的教学就是进行专业本身的教育，而与文化育人、思想观念、价值观念等其他因素没有什么关系。持有这些观念的任课教师，通常会在专业课程教学中有意无意地贬低其他的教育教学内容，有意无意地引导或影响学生走向偏狭、极端、带有明显局限性的价值观念和取向。

每一名任课教师都应当清醒地认识到，专业课程教育不是一种孤立的存在，而一定存在于相关学科领域的系统之中；任何一门专业课程都必定与一定的科学原则、思想观念、价值取向密切相关。应当看到，没有科学原则、思想观念、价值取向作为内核、作为理论支撑的所谓“专业”，一定是价值不大、没有内涵、没有深度也没有前途的专业。因此，任课教师对于所从事专业的清晰认识、深刻洞察和准确把握，是对高水平、高素质任课教师的要求，也是任课教师应当自觉认识、自觉追求的发展方向。

有了这样的基础和氛围，任课教师对于专业课程教学与文化育人关系的认识就有可能逐步接近真实，逐步走向深化。任课教师的思想认识问题得到解决，专业视野得到开拓和深化，对自己所从事的专业教学工作的理解和认识就有可能持续深化。在这个逐渐变革完善的过程中，任课教师在课堂教学中对于专业教学与文化育人关系的处理就有可能得到优化，在专业课程教学中寄寓思想观念、价值取向、人文底蕴等内容的可能性就会逐渐增大，专业课堂教学中对于文化育人因素的引入和开展就会得到增强。最重要、最关键的是任课教师如何丰富与完善教学观念、教育思想，自觉、主动地将课堂教学、专业课程教学与文化育人自然而然、紧密深刻地结合起来，在任课教师的整个教学活动中，既体现出优良的专业素养和专业能力，也体现出优良的思想素养和文化教育能力。

第二节　知名学者与文化育人

知名学者是高校师资队伍的一个重要组成部分。这部分教师的人数可能不多，却通常在高校中承担着最重要的人才培养、学科建设、科学研究、团队建设任务，也具有最重要的地位，是高校专业水平、学术研究、学术影响的主要标志，也是高校最宝贵的师资资源。一所高校的师资队伍质量如何、水平如何、影响力如何，在很大程度上取决于所拥有的知名学者数量、分布以及其学术地位和影响。

可以说，假如没有一批知名学者，一所高校想要建设成为高质量、高水平、有影响、有贡献的高校是不可能的；也可以说，假如知名学者没有得到很好的任用，他们的作用没有得到充分的发挥，不仅仅是高端人才的巨大浪费，还必将对高校的建设发展造成根本性的影响。因此，知名学者的数量、质量、任用、作用等，是认识和考察高校师资队伍建设、高端人才任用水平的重要标准，也是高校办学理念、办学水平的重要体现。

随着近年来国家高端人才政策的落实和推进，各种层次、各种类别、各种系列的高端人才队伍得到了长足发展，对高校高端人才队伍建设产生了积极的推动作用，也基本形成了比较有序、合理的高端人才队伍建设体系。这是令人欣喜的一个重要变化，也是一次难得的进步，对于高校师资队伍建设水平、师资队伍整体素质和能力的优化与提高，也产生了明显的促进作用。

高校中的知名学者一般处于师资队伍的最顶端，也通常担任一定的学术职务、党政职务，同时还可能在各种学术组织、团体中兼任比较重要的学术职务。因此知名学者一般来说给人的印象总是非常忙碌，也不那么容易接近。对于一些本科阶段的学生来说，接触和了解本校知名学者的机会一般来说不会太多，在接触和交流过程中也容易产生一种莫名的距离感或陌生感。不仅本科生如此，对于一部分硕士生阶段的学生来说，接触和了解本校知名学者的机会也不会太多，除非得到某种特别的机缘。

这就自然地提出了一个问题，既然文化育人是高校人才培养的核心任务、重要内容，那么高校中的知名学者当然不可能也不能置身事外，这是不需要讨论的。关键的问题是，知名学者如何在文化育人中发挥其应有的作用，并在文化育人中发挥其独特优势？

要解决这一问题，最重要的还应当从知名学者本身做起。首先，在思想观念上，知名学者应当调整和完善观念，不应当怀有为专业而专业、为研究而研究的狭隘观念，主动自觉地将自己从事的专业工作与文化育人结合起来，而且应当在专业教育与文化育人的结合上发挥表率、带头作用，为其他教师做出榜样，真正发挥知名学者的作用。其次，在时间安排上，知名学者不要经常以各种忙碌为理由或借口，不愿意或拒绝与本科阶段的学生进行科学精神、人文精神、思想观念、价值观念等方面的交流和探讨，应当清醒地认识到，越是基础阶段的学生，越是需要强有力的专业引导和思想引导。再次，在课程安排上，知名学者不应该也不可以拒绝为本科生上基础课，不要不接受与低年级学生进行专业和思想交流，而应当认识到，本科阶段的基础课程在整个课程体系中具有核心地位，可以在很大程度上影响学生的未来发展。知名学者上好基础课，这是应当坚持的教育传统。最后，知名学者应当自觉主动地发挥自己的专业特长、专业能力和学术影响，为人才培养、学生成长做出多方面贡献，而不应仅仅满足于自己承担什么科研项目、主持什么研究任务，出版或者发表几篇研究论文。必须明确，包括知名学者在内的高校教师，首要的任务、最重要的责任是人才培养，而不是其他。其他专业工作、研究项目、论文著作等成果，假如不与人才培养相结合，假如不能以恰当的方式反馈到人才培养上、学生成长进步上，都必将毫无价值、一文不值。

因此，高校的知名学者需要珍惜自己的声誉，正确认识自己承担的专业责任和文化育人责任，把二者紧密结合起来，做专业人才培养与文化育人相结合的积极探索者和表率，才可能在教育教学工作中、在科学研究工作中和人才培养过程中做出独特贡献，才可能不辜负作为知名学者的称号和荣誉。

第三节　中年骨干教师与文化育人

在高等学校中，中年骨干教师通常是一个比较大的群体，也正处于一般所说的年富力强的时期，因而在教学、科研、人才培养及其他教育教学活动中通常处于重要地位。由于学术积累、教学经验、精力热情、年龄体力等各方面因素具有明显的优势，因此中年骨干教师也经常是教学、科研任务最重、各种生活负担最重的一个群体。这是许多高校中普遍存在的一种现象，实际上也可以说是许多教师职业发展的一般规律。

因为正处于职业发展的关键阶段，也是人生发展的关键阶段，来自各方面的工作、责任和义务等越来越重，来自工作、家庭和社会等各方面的压力也越来越大，中年骨干教师的任务和负担是不难想见的。具体而言，一方面，这些教师作为教学的主力，不管从教学水平与能力、教学经验和精力的角度来看，还是从教学工作需要、在教师队伍中所处的地位、所应当发挥的作用的角度来看，都必然要承担和完成相当繁重的教学任务。而且，随着近年来各高校持续扩大招生，教师的教学任务越来越重，中年骨干教师的教学任务越来越重，工作越来越繁忙，在许多高校里似乎已经成了司空见惯的正常情况。另一方面，这些教师也处在个人职业发展、人生规划的关键阶段、爬坡阶段，这一阶段的上升势头如何、上升空间多大，能够达到什么样的高度和水准，在很大程度上决定着整个职业生涯、人生旅程可以达到的程度和水平，因此也必然需要自身得到尽可能全面的锻炼和历练，尽可能充分的发展和提高，比如学历、学位、职称的提升，教学成果、科研成果的积累等，因此这一时期对于许多中年骨干教师来说是至为关键的。与此同时，中年骨干教师也并不是生活在特殊的环境里，更不是生活在真空中，他们当然也具有普通人、平凡人的一面，他们也必然有自己的生活，有自己的日常琐事、喜怒哀乐。比如，他们要扮演生活中的各种角色，要承担各种责任和义务，特别是要承担子女教育、老人赡养等多方面的责任或义务。这种复杂多样的情况，必然加重了骨干教师的负担，加大了骨干教师的压力。因此中年骨干教师应当得到更多的理解、关心和帮助。

从文化育人的角度来看，正如中年骨干教师在其他方面需要承担更多责任、压力一样，这个阶段的教师在教育教学工作与文化育人的结合上，也应当承担更多的责任和义务，在其中发挥骨干、引领和先锋作用。从总体上看，这批教师具有其他阶段的教师所难以比拟的特点和优势，理应在课堂教学、专业学习与文化育人的结合上发挥主导作用。这可以从以下几个方面去认识。

首先，这批教师教学经验丰富，业务能力突出。中年骨干教师正处于事业的最佳阶段，经过多年的积累，教学经验已经相当丰富，业务能力也处于高峰时期。同样道理，他们对于文化育人这项工作任务也应当是理解得最深刻、执行得最到位的。其次，这批教师精力充沛、年富力强。中年骨干教师正处于最佳的年龄段，身体健康，工作精力、教学投入也都处于最佳时期，在同事中、学生中也通常最有威望，在教育教学工作中也最有成就、最有执行力和冲击力。在这个阶段，这批教师对于文化育人任务的认识、理解和实施也通常处于比较中心、比较骨干的位置，因此也应当是一支在文化育人工作中发挥主导性的力量。再次，这批教师在学生中通常具有广泛的影响力，深受学生信任和喜爱。由于中年骨干教师在教育教学工作中正处于上升阶段，通常也处于承担着最重要任务、发挥最重要作用的阶段，因而在学生中往往具有广泛的影响力，也最能够得到学生的信任和依赖。这在一般意义上的教育教学工作中是如此，而在文化育人工作中也应当同样如此。从业务能力和威信影响上看，中年骨干教师也应当在文化育人工作中承担重要责任、发挥重要作用。这批教师对于专业课程学习、专业发展与文化育人关系的理解和把握恰当准确，在文化育人中具有发挥主导与核心作用的能力和水平。由于在思想观念、人生经验、职业修养、业务能力、未来发展等方面都处于最佳时期，中年骨干教师对于教育教学工作与文化育人关系的认识、理解和实施也都处于最佳阶段，对于自己的思想观念、业务能力的把握和教育教学工作的执行都处于最有利的时期，自然应当而且通常能够在文化育人中充当重要角色、发挥主导性作用。这是中年骨干教师的职业修养、业务能力和在工作中应当具有的能力及发挥的作用所决定的，也是教师队伍的不同年龄结构、职称结构及其特点对于教师的要求所决定的。

因此，可以看出，在文化育人工作中，高校中的中年骨干教师怀有怎样的心态、处于什么位置、充当什么角色、发挥什么作用，学校对于这批中年骨干教师做出怎样的要求、鼓励和激发，可以在很大程度上反映甚至决定一所高校文化育人工作的进展水平和效果、影响。因此有必要加强中年骨干教师专业教育教学与文化育人的融会与结合，促进二者一体化、深度融合的能力和自觉性，有力促进高校文化育人工作的持续发展。

第四节　青年教师与文化育人

青年教师是高校中另一个相当特殊、颇为引人注目的群体，是一个思想最为活跃、精力最为充沛、前途最为广阔的群体，当然也是一个最为朝气蓬勃、最有业务冲击力、最有思想锋芒的群体。一所高校的校园文化、总体思想现状和专业现状在很大程度上取决于青年教师，一所高校的未来发展、持续进步、远景规划更加依靠青年教师这一具有特殊意义的群体。高校的未来属于青年，尤其是青年教师。青年教师的状态如何、处境如何、生存和发展空间如何，可以从一个重要角度反映一所高校的办学理念和办学水平，也可以反映和预示一所高校的未来发展。这一点必须明确，并在相关工作中予以体现和落实。

相对于知名学者、中年骨干教师，青年教师具有明显的不同情况和不同特点。一般而言，青年教师往往处于工作的初始阶段或起步阶段，学历学位、业务水平、专业能力、职称职位、影响力和权威性等，在许多方面都难以与知名学者相提并论，在一些方面也难以与中年骨干教师进行全面比较。从这个意义上说，青年教师在高校教师队伍中往往处于比较劣势、比较边缘的地位。这是不得不承认的现实，也是不能不清醒面对的客观情况。

但是，假如只看到青年教师的这种似乎不大有利、不大主动的方面，而看不到另外一些方面、另外一些可能的话，显然是不全面、不准确，当然也是不合适的。从高校教师队伍的整体结构、基本情况及与之相关的多种因素来看，青年教师实际上有着其他年龄阶段、职业阶段的教师所不具备的一些特色和优势，也具有其他阶段的教师难以企及的一些优越性和可能性。从年龄上看，青年教师处于最具有可塑性、最具有创造性的年华，也是处于时间精力最充裕的时候，因而也是发展前途最为可观、最可期待的人群。从学历学位上看，有的青年教师可能还处于需要继续发展完善的时期，但是对于高校的大部分青年教师而言，随着后来提高学历、攻读学位的机会逐渐增多，与其他年龄阶段的教师相比，并不会处于劣势，有时候甚至还会表现出一定的优势。从专业水平、业务能力、职业发展来看，大部分青年教师仍处于持续追求专业发展、提高业务能力和教学水平、进行更长远的职业规划和事业追求的关键阶段。虽然各种要求、压力、比较、竞争等都更加分明、更加集中，但也是挑战自我、超越自我、追求进步、追求理想的最佳阶段，同样有着其他年龄阶段的教师所不具备的年龄优势、精力优势、发展机会和进步可能。

从与学生的接触交流、与学生的相处和良好师生关系的建立等方面来看，青年教师也具有明显的优势。从年龄上看，青年教师与学生的年龄更加接近，思想同样灵动活跃，兴趣爱好也可能比较接近。这种相似性和比较接近的情况，有可能使青年教师与学生有着更多的相似性，有着更多的交流意愿和想法、观念、认识上的相似性与相关性。在一些高校里，优秀的青年教师往往在学生中具有更高的威信、更大的影响力，也更容易赢得学生的信任和爱戴，许多学生经常把一些青年教师作为自己的朋友、学习的榜样和自己职业规划与发展的楷模。这种现象恰恰反映了青年教师在高校教师队伍中的显著优势和巨大影响力，很值得关注并应当好好地把握，很好地运用。

从高校文化育人的角度来看，各阶段、各阶层的高校教师都应当在文化育人中发挥应有作用，做出应有努力和贡献。值得特别关注的是，要紧紧抓住青年教师的特点和优势，充分发挥青年教师在学生中的影响力，运用好青年教师与学生更容易接近、思想更活跃、精力量充沛、更具有感染力和引导力等优势，把青年教师的思想引导、专业传承、文化影响等积极因素、特色与优势充分有效地运用起来，达到高校青年教师与学生共同发展、共同提升，共同开展文化育人，完善综合素质与文化修养的目的。

可以说，在文化育人工作中，青年教师的作用、影响和优势运用得如何，发挥得如何，可以在很大程度上反映一所高校文化育人的特色与水平、成效与影响。因此应当抓紧抓好青年教师这一关键阶层，把专业发展、职业规划与文化育人、自我培养与学生培养紧密结合起来，着眼长久、着眼未来，从青年教师成长与学生成长相结合、学校发展与青年教师发展相结合的高度思考和谋划相关工作，把文化育人工作做好。

第五节　朋辈教育与文化育人

教育是多因素、全方位的积极因素影响活动，也是一个长时间的持续性影响过程。在教育过程中，不仅各方面的教师在其中发挥着重要的作用，而且同学之间、朋友之间的相互影响、彼此砥砺也在其中发挥着不可替代的独特作用。随着高校招生规模的持续扩大，同学之间各种联系、活动、交流的逐渐加强、加深，朋辈之间的相互影响、相互借鉴在高校中表现得越来越突出，成为高校教育教学、课外活动中一项值得注意的内容。

从各自身份和彼此关系上看，朋辈之间的相互学习、效仿、借鉴，具有其他途径、其他方式所不具备的突出特色，也可能具有其他教育影响途径难以达到的一些优势。比如，同学之间、朋友之间的年龄通常比较接近，兴趣、爱好比较接近，生活环境、活动空间也相对较为相似，共同语言通常比较多。这样的同学、朋友之间进行交流、在一起开展活动，比较容易引发共鸣，也比较容易取得理想的效果，达到预期的目标。因此，朋辈之间的相互影响、相互促进、共同成长、共同进步，是高等教育中一项特别值得关注的内容，也是高校学生个人成长、集体成长的一个重要方面。

因为是同学、朋友关系，彼此是同辈，共同的观点、观念，共同的语言、兴趣、爱好，自然会比较多。同与教师的相处方式相比，高校学生朋辈之间的相处方式自然会存在一些明显的不同。在高等学校中经常出现的情景是，高年级的学生对低年级的学生产生明显的影响，年龄大的学生对年龄小的学生产生明显的影响，思想活跃、性格活泼、活动能力强的学生经常对其他学生产生明显的影响，等等。这种影响可以发生在许多方面，也可以表现在多个方面，是高校学生之间彼此影响、共同成长进步的一种重要方式，也是高校学生成长的一种普遍状态。

从专业学习的角度来看，经常是高年级的优秀学生对低年级的学生产生明显的带动和影响，对低年级学生的学习方式与方法、感兴趣的课程和专业，甚至对任课教师、课程门类的选择都可能产生直接或间接的影响。久而久之，这种影响就有可能发展成为一所高校、一个学院、一个专业的一种学习发展习惯和专业发展特点，也可能成长为一种专业优势和学术特色。

除了专业学习之外，高校学生中间开展的其他活动，诸如课外的兴趣爱好活动、读书活动、各种文娱体育活动、各种社团组织与活动等，低年级的学生也经常受到高年级学生的影响和启发，有时候还可能发展成为一所高校、一个学院或一个专业的一种人才培养与成长特色或优势，对于学生的自我养成、自我成长产生显著的促进作用，产生积极的影响。

因此，朋辈教育对于高校学生的教育、成长、成才来说，是具有独特意义和价值的，是其他教育方式和途径无法替代的一种方式。既然朋辈教育是高校文化育人的重要途径之一，在文化育人中当然也具有独特价值和意义，是一项应当予以足够重视、努力抓紧抓好的工作。

在高校学生的朋辈教育中，有一些基本原则或基本方式是值得注意并进行尝试和探索的，也是需要在实践探索中逐渐丰富和调整完善的，特别是在朋辈教育与文化育人的结合上，仍然有许多工作需要开展，一些习惯、方式和机制也应当加以推进和建立。这主要体现在以下几个方面。

一是交流合作的主观意愿。高校是一个教育学术共同体，也是一个成长进步的共同体，不论是对于教师来说还是对于学生来说，都是如此。特别是对于学生来说，这种成长成才共同体的意识和认同是非常必要，也是非常重要的，可以在很大程度上影响或决定学生的成长意愿、成长环境和成长可能，对于学生的成才可能、未来发展也产生明显的影响。教育通常是在互动交流中进行的，交流与合作是教育的重要方式，甚至是不可或缺的途径与过程。在朋辈教育中，同学之间、朋友之间具有进行交流合作，共同分享观点、想法，讨论问题、交流思想的意愿，是一个必不可少的基础和前提，决定了交流合作有可能开展和顺利进行。因此要进行交流合作，首先是培养学生们在朋辈之间进行交流、合作的主观愿望，假如没有这个基础和前提，是没有可能也没有办法进行实质性的交流与合作的，朋辈教育、交流合作也就成了一句空话。建立朋辈之间的感情基础、认同前提，创造朋辈之间交流协作的可能性和恰当机会，认识到彼此交流合作的必要性，都是开展朋辈教育、实现共同发展和共同进步的必要基础和有效前提。这是进行朋辈教育、开展合作交流的一个重要环节。

二是开展合作的实际行动。在有了交流合作意愿的基础上，关键的一步是开展实际的交流合作行动。主观意愿只有落实到行动上，才能获得实践的机会，也才有实现的可能。大学中的朋辈教育从意愿、想法到实践、行动之间的距离并不长，却需要用切实有效的执行力去推进这一转换。假如一些想法、设计、计划仅仅停留在观念的层面，只是在思想认识层次上进行活动，那么就始终不能推动这种朋辈教育、相互影响的实际行动的展开。而原有的一些想法、计划、安排也往往会由于得不到实施的机会、得不到推进的可能而终结于观念层面，必然大大限制和影响朋辈教育合作行动的开展，使朋辈之间的交流合作受到不利的影响。

三是传递正面信息、实施积极的影响。在当今这样一个网络无处不在、自媒体极为便捷、各种消息迅速传播又迅速改变、各种信息迅速汇集又迅速消失的时代，对于有效信息的过滤选择，对于大量无效信息的忽略抵抗，保持不被无效信息、负面信息干扰和影响的定力，不仅是对所有人的一种考验，更是对处于青春期、成长期的高校学生的一种严峻考验。在高校学生的朋辈之间，也经常性地存在并传递着各种各样的信息，对不同的学生产生各种各样的作用和影响。在朋辈教育和共同成长过程中，特别需要提出并予以保持、保证的是，要注意选择和传递对教育、成长、进步、成才有利的正面信息，对同学、朋友有意识地实施积极的影响，减少和避免各种不利信息、不利情绪、不利导向对于朋辈造成负面的、消极的影响。这是开展朋辈教育活动必须有意识提醒、有效把握的一条原则，也是开展朋辈教育的一个应当提倡并保持的正确方向。

四是保持共同成长、共同成才的愿望。由于朋辈都是同学、朋友，通常具有良好的交流合作基础，具有共同成长进步的较大可能，因而朋辈教育是一种重要的教育途径和方式，是一种共同成长、共同发展的有效方式，具有独特意义。但是，朋辈教育、共同成长的模式并不是天然就可以形成的，也不是自然而然地就可以有效开展的。在朋辈教育过程中，需要在同学之间、朋友之间建立一种互相信任、互相期待、互相欣赏的良好关系，建立分享思想、感受、情感、体验的自觉性和主动性，培养和建立共同成长、进步、成才的愿望，并将这种愿望与进步的意志、向上的信心结合起来，在日常的学习及其他有益的活动中表现出来，在朋辈之间形成一种交流合作的良好氛围，形成一种共同成长进步的良好习惯，成为一个班级、一个群体或者更大群体的良好习惯和显著标志。假如朋辈教育、共同成长的习惯和机制得到很好的建立和持续，朋辈教育的效果和作用就能够得到有效的发挥，从而实现理想的教育效果。

第六节　校友学长与文化育人

一般而言，一所高校的社会地位、社会声誉和社会影响、社会评价，一方面体现在现有的师资力量、办学条件、校园环境、教育水平、生活条件、校园文化、管理水平等诸多方面；另一方面，也是更加重要、更加根本的一个方面，是这所高校的人才培养能力和人才培养水平。这种能力和水平通常表现在已经毕业的校友的事业成就、社会地位、社会贡献、社会影响等各个方面。可以说，没有培养出杰出校友的大学不可能成为知名的大学，没有培养出杰出人才的大学不可能是具有突出社会贡献的大学，没有突出社会贡献的大学不可能是受到普遍尊重、具有广泛社会影响、具有崇高社会地位的大学。

即便不进行深入的调查和研究，只是一般性地观察一所高校的社会地位、声誉和影响与这所高校的人才培养能力、培养水平之间的关系，也可以发现，决定高校社会地位、声誉和影响的最重要因素不是其他，而是其人才培养能力与水平，尤其是这所高校所培养的代表性人才的社会贡献、地位、声誉和影响。越是具有较长办学历史的高校，越是在人才培养方面具有丰富经验的高校，对这一点的认识和感受就可能越是深刻和直接。假如一所高校没有培养出一批杰出人才，没有一批杰出校友在社会的各个领域、各个方面具有突出贡献、享有崇高声誉、具有较高地位，那么这所高校是不可能成为一所知名高校的，也不可能成为一所受到社会普遍尊重、具有较高社会声誉的高校。对于这一点，无论是高校的管理者、教师及其他人员，还是毕业生、在校生，都应当具有清醒的认识和准确的理解。

在文化育人工作中，高校的校友学长不仅不应当缺席，还应当有意识地发挥其优势，发挥其作用，在这项工作中充当比较重要的角色，承担相当重要的教育任务和责任，发挥其独特的作用，对在校学生、正在成长中的后辈同学产生更加积极有利的影响。

一般来说，作为校友学长的代表，通常是已经取得了一定的事业成就、具有一定的社会地位和较大社会影响的成功人士。这些人士因为与后来的同学具有天然的校友、同学关系，在学校的意义上具有天然的共通性、相似性，最容易接近，也最容易沟通，容易在同学中间产生亲近感。这种良好的感觉对于教育场景的构建、氛围的营造、交流的进行和教育的实施来说，具有其他关系难以比拟的优越性。有时候，一句学长，一声师兄、师姐，就胜过其他的千言万语，自然拉近了彼此的距离，就可以为交流的开展和对话的进行奠定良好的基础，这就是校友学长独特魅力的显现。

换个角度来看，已经毕业离校的校友学长们，通常都具有了比较丰富的社会阅历和人生经验，对于职业、社会、人生、生活等都有了更加全面深切的体会和感悟，而这些，正是年轻气盛、风华正茂的在校学生们所缺少、所不甚了解的。因此，在这个显然存在的差距性、差异性中间，校友学长与在校学生之间，正好可以进行充分的沟通和畅快的交流。校友学长通过分享自己的人生经验、社会阅历、生活感悟，向同学们传递成长进步所需要的有益信息，使他们获得成长的经验和智慧；在校学生通过聆听校友学长的经验之谈，在对他人经验的学习中，学会借鉴、学会汲取，可以使自己的成长进步比较顺利、通畅，少走弯路，少经历曲折与坎坷。这是校友学长对于在校学生最有感染力、最有教育意义的分享和教育。在这种深刻而温馨、丰富而真诚的交流交往中，同学们可以在自然而然、不知不觉中受到启发、教育，得到成长、进步的动力。身边榜样的力量在校友学长的教育中可以得到最充分、最直接的体现，文化育人的效果也可以在校友学长的分享交流中得到很好的实现。

虽然说榜样的力量是无穷的，但是榜样的选择和树立却不是随意的。在进行校友学长教育的过程中，选择或邀请校友学长时，要注意避免时下经常出现的倾向或导向，即急功近利、目光短浅、投机取巧、趋炎附势的心态和做法。有的高校在邀请校友学长回校参加教育活动及其他活动、开展教育工作及其他工作的时候，经常出现一种不被认可，甚至受到批评、受到诟病的情况，即习惯于邀请那些没有什么代表性，在教育界、学术界地位并不高、评价也不高，却由于某些其他因素而受到某些人追捧的人员回校，或者选择那些职务比较高、权力比较大的人员回校，也有的有意识地邀请那些由于种种机缘而发了财的商人、老板回校，还有的选择那些由于流行文化、网络传播、迎合大众心理和需求的人员回校进行交流，结果经常是反映了不良导向，造成了不良影响，不仅起不到校友学长进行有意义、有价值的交流分享的目的，反而造成了不良的影响，产生了不良的效果。

高校文化育人过程中，校友学长的选择，将对交流效果产生直接的影响，因此有必要强调校友学长选择的合理性、恰当性。高校在进行校友学长交流的时候，应当明确并坚持正确的导向，选择和邀请真正有成就、有贡献、有代表性、有典范性的校友学长回校，通过有内容、有意义、有价值的分享交流，让在校学生知道什么是正确的发展方向，什么是正规的职业发展，什么是学校常规的人才培养方式和正常的成长成才道路，使在校学生懂得树立正确的人生观、价值观，确立切实可行的人生理想和人生方向。

通过校友学长分享他们艰苦努力、持续奋斗、不断追求的事迹，分享他们的人生经验、人生感悟，在校学生会更容易明白人生的困难与奋进、艰难与成就、苦涩与欢欣，从中懂得生活的艺术、事业的价值、人生的哲理，树立正确的人生观和世界观，掌握科学的思想方式和思维方法，为将来的职业发展、事业规划、人生理想和追求打下必要的心理基础和能力基础，真正达到思想教育、文化熏陶、共情教育、人生分享的目的，收到预期的交流和教育效果。

第七节　党政负责人与文化育人

高校中的党政负责人是一个比较特殊的群体，这些人虽然处在不同层次、不同级别、不同岗位，但都不同程度地具有大大小小的党政职务，具有各种各样的党政权力，在高校经常扮演着政策制定者、实施者的角色，处于管理者、领导者的地位。这是高校党政负责人的共同特点，因而高校的党政负责人经常具有比较显著的代表性，也经常处于被更多关注、更多评价、更多议论的地位。高校中的教师、学生及其他人员，经常带着不同的眼光、态度，从不同的角度、不同的意图、不同的目的出发观察、议论和评价各个层次的党政负责人。

高校文化育人不仅仅是知名学者、中年骨干教师、青年教师的责任，也不仅仅是高校其他岗位教职员工的责任，而且是高校全体成员、在校学生、校友学长的共同责任。高校的党政负责人不仅同样负有文化育人的责任，而且由于职务、岗位、党政权利、教育责任等因素，必须在文化育人中承担更繁重、更艰巨的任务，负有更多更大的责任。高校中的各级党政负责人，必须在文化育人中发挥带头、主导作用，必须成为文化育人的一支重要力量。可以这样说，一所高校文化育人以怎样的方式开展，开展得如何，效果怎么样，影响怎么样，在很大程度上取决于党政负责人对此项工作的重视程度、理解程度、规划和安排方式。在文化育人中的反应和表现，是高校党政负责人思想水平、领导能力、教育理念、工作表现的真实反映，是考察和评价党政负责人的一项重要标准，也应当是党政负责人对自己岗位职责、教育使命的一项自觉要求。

在高校文化育人过程中，党政负责人一定要避免一些最容易出现、最不容易改变的做法和方式，避免造成某些不良影响和不良后果。一是没有在思想上、观念上、意识上和行动上真正重视和投入，只做表面文章，流于形式主义，对文化育人工作只是走走过场、搞搞形式，并不会真正把这项工作作为高校人才培养、高校建设发展的一项根本任务来认识和对待，心中真正想的、行动上真正做的并不是文化育人，而是某些其他功利性指标和要求；二是仅仅满足于、停留于指手画脚、蜻蜓点水的程度和水平，不肯深入实际，不愿意关注和求得实效，在思想观念上、工作安排上、具体做法上不愿意真正在文化育人方面投入足够精力和各种教育教学资源，对待文化育人工作采取简单应付、蒙混过关的态度和做法；三是容易形成和延续高高在上的思想作风和行为习惯，不正确地运用自己手中的权力和资源，习惯性地采取强势作风、独断做法，在文化育人中以自己的主观意愿、主观想法代替广大师生员工尤其是广大学生的意愿和要求，不习惯、不愿意倾听学生们对于受教育、受熏陶、成长、成才的希望和要求，致使文化育人工作变形、走样，不能取得应有的效果。

这是高校多项工作中尤其是文化育人工作中非常容易发生，又特别不容易克服，更不容易得到解决的突出问题，应当引起高校各级党政负责人的注意，特别是引起各高校校级党政负责人的注意，并在实际工作中切实避免这种不利局面的出现。

在文化育人中，高校各级党政负责人不仅要全程参与，还必须发挥组织协调、规划引领、带头作用，才能促进落实，推进开展。一个非常明显的事实是，假如高校各级党政负责人对文化育人不重视、不关心、不在行、不落实，文化育人工作只能成为一句空话，是根本没有办法在高校中开展起来的。只有高校各级党政负责人对文化育人工作予以有力的组织领导，进行有力的推进实施，才有可能把这项工作落到实处，开展得有章有法、切实有效，达到应有的效果。

首先，高校党政负责人必须成为高校文化育人的积极推动者、有力实施者和得力带头人。许多人都非常清楚的是，在现有高校体制之下，一切政策、措施的出台，一切要求、计划的实施，一切工作、活动的开展，全部需要高校各级党政负责人的组织、领导、协调、推进。假如得不到各级党政负责人的关心、帮助、支持，没有采取一定的组织形式进行安排，没有通过正常的党政措施进行落实，任何重要的工作、大规模的举措都是没有办法开展得起来、进行得下去的。因此在高校文化育人工作中，各级党政负责人必须真正负起责任，做高校文化育人工作名副其实的党政负责人。

其次，党政负责人要自觉加强专业素养与教育教学水平和能力，提高专业能力和水平，注重专业素养、教育教学能力与文化育人相结合、相促进，为开展文化育人工作奠定良好的基础，为文化育人创造更大更多的可能性。高校的文化育人工作不应当是高高在上的说教，不应当是空洞的教条，也不应当是无关现实、不切实际的豪言壮语，而应当是与专业教育、专业发展紧密结合的扎扎实实的工作，应当是通过环境营造、气氛构建而养成的一种健康、向上、全面、优越的教育方式和成长方式，应当是高校优化教育教学环境、改善教育教学条件、提高教育教学水平、增强人才培养能力、提高人才培养水平的一种常规性工作。文化育人既不是一种做给别人看的外在形式，也不是做给自己看的一种自我表现或表演，而是一种正常的、持续的、久远的教育理念。高校党政负责人假如没有高度的专业素养和教育教学水平，没有突出的人才培养能力，就无法做到真正深入到文化育人的内部，无法真正得到广大学生、教师的认可与接受，也就不可能把文化育人开展好、落实好。这是高校各级党政负责人一定要认识到并努力做到的一个重要方面。

最后，党政负责人要调整心态、完善状态、找准姿态，主动走进课堂，走进教育教学活动，走进学生的日常生活，真正了解学生的所思所想所感，真正了解学生、关心学生、爱护学生，做学生们可以信任、可以依靠的朋友。高校党政负责人经常充当领导者、组织者、发号施令者的角色，也经常处于高高在上的地位，发表各种讲话，提出各种要求，这是党政负责人的主要身份和表现形式，也通常是他们最习惯、最适应的一种工作方式和表现方式。这一方面是由党政负责人的职务、身份和地位决定的，是一种相对正常的形式或方式；另一方面也是由长期以来的高校体制、工作习惯造成的，虽然不能说非如此不可，有些方面也未必就那么合适、合理，甚至遭到广大学生、普通教师的反感、反对，但还是习以为常地延续下来了。这是许多高校经常出现、一直存在的一种司空见惯的现象。不论是从先进的教育理念、高校人际关系构建、党政负责人形象与威信树立的角度来看，还是从文化育人总体要求、具体实施的角度来看，这种现象的存在和延续，都不能说是一种当然的、良好的现象。

高校党政负责人能不能按照先进的高等教育观念、人才培养理念、身份地位要求，及时调整心态，放下身段，不再习惯于高高在上的心态和姿态，真正深入到学生当中，深入教育教学一线，深入专业学习和研究实际，做广大教职员工尤其是广大学生的朋友，成为学生们可以信任、可以依赖、可以说真心话、可以分享一些真实想法的朋友，确实是对高校各级党政负责人的一种严峻考验。假如高校党政负责人不能够或者不愿意完成这种心态、姿态、身份和地位的转换，那么是无法成为广大学生的朋友的，也很难赢得学生们的信任和依赖，不可能了解到学生们的真实想法、真实情绪、真实感受，也就无法把党政工作与文化育人紧密结合起来，文化育人的成效、作用和影响，自然也就无从谈起。

这是目前高校党政负责人有必要真正认识到，并需要下决心进行调整和解决的一个突出问题，也是文化育人能否顺利开展、取得成效的一个关键环节，值得高校党政负责人，特别是负有更多更大责任的校级党政负责人清醒地认识到、分明地感受到，并在此基础上进行自觉的、有意识的调整和完善。

第九章
文化参与与文化育人

人与文化的关系既非常紧密、非常复杂，也非常简单、非常自然。在人与文化的关系与关联中，有许多细节值得注意，也有许多现象值得关注和思考。一方面是人化文化，即人创造了文化、发展了文化，这是人类社会区别于其他动物界的一个显著标志，也是人类之所以成为人类的一个根本标志。另一方面是文化化人，即人是文化的创造物，人在创造文化的过程中，也创造、发展、完善着自身，从这个意义上说，就可以认为文化也创造了人，特别是已有的文化、已往的文化对作为后来者的人类有着明显的决定性作用，已有的文化成果、文化成就对于后来人类的进化、发展、提升和完善具有基础性、根本性的决定作用。

从这一角度看待和认识文化教育与人类自身的关系，处理文化与自我的关系，就应当明确地意识到，文化教育、文化育人不仅仅是来自外在的教育活动，或者是外在于我们的一种附加性负担，而应当是出于自身完善发展和进步的一种自觉意识、内在需求、内在动力。因此，在高校的文化育人中，仅仅依靠种种外在的努力、做法和要求，是不能解决根本问题，也不能产生根本效果的，必须有来自自身的需求、期待，有出自人们内心的愿望、希求，才能使文化育人落到实处，真正取得效果，做出成效。

因此，提高文化育人的自觉性、自发性，提高文化育人的主动性、主体性，应当是目前高校文化育人需要密切关注和妥善解决的一个重要问题。这一问题处理得如何，解决得如何，也是考察和评价高校文化育人进展、成效和实绩的重要标准之一。

要提高高校文化育人的自觉性、主动性和创造性，需要多方面动员、多方面行动，建立机制，形成合力，从高校长期发展、持续提升、提高人才培养能力、提升人才培养水平的高度去认识和处理与之相关的各种情况、各种问题，真正把文化育人的外在要求与内在需求、高校的短期建设任务与长期发展目标结合起来、统一起来，从而实现学科建设、专业建设与文化建设、人才培养相结合、相促进的良好局面，取得专业人才培养与文化育人相结合、双丰收的理想效果。

第一节　文化意识与文化育人

人们总是在一定的思想观念、价值系统驱动之下进行活动、开展工作的。一定的思想观念、自我意识对于一定时期的行动、行为往往产生决定性影响。人们的思想意识、价值观念虽然看不见、摸不着，似乎非常虚幻、非常抽象，但其实不然。这种似乎无法证实、无法触摸的思想意识和价值观念，却往往反映在人们的活动、行为中，表现在日常生活、工作、学习及其他活动的诸多方面。人们在许多方面表现出来的差异，在许多方面所具有的特点，往往与他们思想意识、价值观念上的差异性、区别性密切相关。

就文化与人的关系、文化对人的影响而论，可以看到，一方面是人创造了文化、发展了文化；另一方面是文化创造了人、发展了人。在这种相互创造、相互成就的过程中，人和文化都不断得到发展进步、完善提高，从而形成了人与文化的种种经历、过程，也结下了人与文化的种种果实。

从人接受文化的哺育、灌溉的过程和基本趋势来看，或者说从人认识文化、把握文化、运用文化以发展自我、完善自我的过程来看，人自身文化意识的有无、大小、强弱、深浅等，都会对人们的文化接受、理解、认知和运用产生直接的影响，并间接地影响文化传承、发展与创新。

对于高校的广大师生尤其是正在接受教育、成长发展中的学生来说，在专业学习与文化育人相结合、相促进的过程中，培养应有的文化意识、打下进行文化教育的必要基础，获得应有的文化感知、接受、评价、取舍与应用能力，对于人才培养和学生成长是至为关键的，可以在很大程度上影响和决定文化育人的成效，也可以在很大程度上反映一所高校的教育水平和人才培养能力。

一是要具备一定的文化知识。这是培养和获得文化意识的重要基础和基本前提。对于什么是文化、文化的不同层次、文化的不同表现形态等基本概念和问题，要有基本的了解，尽可能掌握比较准确全面的文化知识，这对于培养文化意识，并在此基础上形成较强的文化能力非常重要。关于文化的基本知识越准确、越扎实，对于文化的感知和认识能力就会越强，这本是显而易见的常识。但是在一些高校里，实际情况却远没有这么简单，更没有这么乐观。由于缺少相应的课程、缺少应有的氛围与环境，加上学生个人又不会主动地通过相关阅读有意识地弥补文化的相关知识，经常会出现由于缺少文化知识而导致文化意识欠缺的问题，明显地限制和影响着文化育人的展开，也必然影响专业教育的良好进行。

二是要具有清晰的文化时空意识。这是建立文化意识的一项重要基础，也是进行文化思考的重要前提。对于文化意识的建立和形成来说，在面对各种文化现象、文化场景、文化问题的时候，思考方式、思考路径的建立非常关键。是否愿意、是否能够、是否习惯于从时间性维度和空间性维度及其二者交叉、交汇的角度进行观察、思考和认识，从中发现文化内涵、文化价值和文化意义，就是对观察者、体验者和学习者的一种考验。具有这种意识和能力的人，就有可能从中发现有意义的内容、有文化价值的内涵，从中认识文化的某一或某些侧面，达到进行文化观察、思考的效果。反之，假如没有这种时空意识，当面对本来可能有意义的文化场景、文化现象的时候，也不会从中发现有价值、有内涵的文化内容，更不会从中得到文化的熏陶和体验，结果只能是错失进行文化活动、获得文化感悟的机会。这种劳而无功、事倍功半的情况经常发生在一些高校的教育教学、课外活动及其他活动中，因而应当引起足够的重视。

三是要保持对文化现象的关注，具有从文化现象中发现内涵、发现价值的能力。不论是对于高校教师来说还是对于学生来说，不论是在专业学习中还是在其他活动中，培养和保持对于文化现象的发现能力、关注兴趣，对于培养应有的文化意识而言非常重要。比如，在专业课程的教学和学习中，广大师生及其他参与教育教学活动的人员，是仅仅把各门专业课程看作专业课程，教学活动和学习活动也仅仅是为了完成一项学习任务，教师从中得到一些教学工作量，学生则可以得到一定的成绩和学分，还是可以在此基础上认识到各种专业课程背后的专业内涵、思想内涵、价值意义，从教育活动与学习活动中发现和认识所潜藏的深刻的科学精神、文化精神、价值导向，并从中获得应有的思想文化启发、精神价值启迪，就是一个值得注意并认真思考的问题。对于高校中的其他教育教学活动、课外活动、校园活动、各类社会体验等，也都可以作如是观。

四是要建立和培养健康、开放、合理的文化观念，并养成运用这种文化观念进行文化思考、文化评价和文化提升的能力与水平。文化是广阔、复杂、多样的，文化现象更是千奇百怪、千变万化、无奇不有的，个人的生活经验、学习经验、专业知识、思想修养往往是有限的。在这种非常明显的无限性和有限性构成的对比、反差中，必然出现种种思想变化、思想冲击，也可能在许多场景下出现种种文化危机、思想困惑与矛盾。在这种比较困难的局面面前，如何控制好自己的情绪、调整好自己的心态，把握好在一定场景、环境下的种种新变化、新现象带来的思想感情、文化感受，从而保持对于新事物、新现象、新变化的适应能力、认识能力和运用能力，的确是一个值得重视并有意识地进行妥当处理的问题。对于高校学生来说，伴随着年龄增长、身体成长、专业成长、思想成长，自觉建立和保持一种与时代变化、环境变化相适应、相协调的，健康的、开放的、合理的文化观念，并将这种观念有效地运用于包括专业学习在内的各种学习、教育过程乃至整个成长过程之中，是成长、成才的关键。

第二节　文化态度与文化育人

从普遍的意义上说，正常状态、正常生态环境下的文化一定是复杂多样、千变万化的，加之时代、区域、种族等重要因素的影响，使不同时代、不同区域、不同国家和民族的文化变得更加丰富多彩、气象万千。也是因为如此，文化在许多情况下变得更加难以捉摸、难以把握，有时候对于许多人还形成了一种考验。对于高等学校的学生来说，由于正处于生理学意义上的成长阶段，更处于教育学意义上的成长、成才的关键阶段，因而高校学生对于文化的态度、文化的选择以及文化获取的环境、情况、效果不同，往往会形成不同的教育结果，也会形成不同的成长路径，当然也必然影响成才的可能性和后续的发展空间。

对于大多数高校学生来说，想要获得良好的文化成长，一方面是要有良好的文化条件、文化环境，另一方面是有良好的文化态度、文化意识。这些重要的主客观因素的交汇融合，就形成了一般意义上的文化成长的条件和环境；再加上人的个体差异性、个体选择性等因素，也赋予了这种条件和环境以更加多样的可能性。

一般来说，高等学校的文化条件、文化环境大体上都是比较齐备、比较优化的，对于学生们的专业教育、专业成长和文化成长，都能够给予有效的支撑和保证，至少不会出现明显的条件不足、环境不良好的意外情况。有的高校甚至具有优越的文化条件和环境，为学生们的成长成才提供了令人满意、令人羡慕的条件和环境，也蕴含着更加多样、更加高远的可能性。

另一个重要的因素就是高校学生对于文化的认识、选择和态度等因素。相对于种种客观因素来说，这些也是更加复杂多样、更加难以把握的众多主观因素。比如，是否具有明晰合理的文化意识和文化能力，能否在复杂的文化环境面前做出有效的文化选择，是否具有恰当合理的、对于自身成长成才具有支撑作用的文化态度，对于高校学生们而言就显得异常关键。

文化态度一般表现为人们对于自己经历、耳闻目睹，包括通过各种传媒接触或了解、认识的各种文化现象所表现出来的好恶、取舍、远近、亲疏等各种内心感受，以及由此引起的对于各种文化现象的判断、评价。对于高校学生而言，文化态度的清晰与否、恰当与否、合理与否、开放与否，文化态度的高下、深浅、雅俗等因素，都会在很大程度上反映个人对于文化的认识水平、接受程度、兴趣偏好，也会明显地影响甚至决定个人的成长方向、成才可能。

因此，对于高校学生建立恰当的文化态度来说，一方面需要客观环境的有力支撑和持续保证。从总体上看，绝大多数高校通常在客观条件、环境的提供和保障方面，是相对充分、相对完善的，客观环境在总体上是有利于学生文化态度的建立和保持的。另一方面，也是更加内在、更加关键的一个方面，就是自觉主动、清晰有效地建立个人的文化态度。这是考察高校学生个人文化态度与文化成长的一个重要标准，或者说是一个重要的角度。

高校学生在文化学习、文化体验过程中，要有明确的文化意识，建立合理的文化态度。一方面是对一些文化现象的亲近、好感、吸纳，尤其是对于那些有益的、有利的、具有正面价值的文化现象要具有接近、接受的意愿和行动，产生亲近、好感等心理感受并在行动上做出相应的反应，自觉地、有意识地接受正面文化的影响、熏陶和教益，通过这种文化影响建立更加坚定合理、更加有利有益的文化态度，使自己在文化眼光、文化选择、文化趋向上变得更加开放、合理、有利、有益，为自己的心智成长、专业成长提供更加充分有力的保障。另一方面是对另外一些文化现象的自觉排斥、抵抗、拒绝，尤其是对于那些有害的、不利的、具有负面价值的文化现象要具有抵抗、排斥、拒绝、反对的意识和能力。对于大多数高校学生来说，所生活的环境、所处的阶段、所进行的活动大多是具有正面文化价值的；但是并不能保证自己不接触某些负面文化现象，不受到负面文化价值观的影响，也不能保证自己一定走在正确的、可靠的发展成长道路上。这就需要高校学生提高警觉性，保持应有的正确态度和严格眼光，对于某些不良文化现象、不利文化影响、不良生活和文化习惯具有抵拒、排斥、反对的意识和能力，对自己进行有效的文化保护，同时也保护和优化所处的文化环境。这对于建立和保持健康有益的文化态度也非常重要。

对于高校学生是如此，对于高校教师及其他教育教学人员也是如此。只不过高校教师和各岗位工作人员一般都已经具有较丰富的生活经验和社会经验，对于各种现象和问题大多具有较深入全面的思考和认识能力，因而在文化选择、文化态度上一般都可以做出比较正确的决定。但是，这并不等于说高校教师及其他工作人员在文化态度的建立和保持方面就可以掉以轻心。恰恰相反，高校教师和其他工作人员同样需要自觉建立和保持正确、有益、健康的文化态度，这不仅对于自身的工作、生活来说非常重要，而且对于高校学生的成长成才来说更加重要。

第三节　文化体验与文化育人

文化经验对于所有人都是非常重要的，也是对所有人的生活、工作和人生道路都可能产生深刻影响的一个关键性因素。从一般的意义上看，丰富文化经验的方法和途径有很多，文化体验就是其中非常重要，也是影响非常深远的一种。

从广义上说，对于高校学生而言，所有的生活经验、学习经历以及其他活动，都可以成为文化经验、文化体验的过程，或者是文化体验中的一个部分，具有丰富文化感受、完善文化意识、提升文化感悟能力的作用。但是，有一双文化的眼睛，有一颗文化的头脑，对于高校学生来说至关重要。高校学生是不是具有一定的文化知识基础，是不是具有自觉主动的文化意识，是不是具有自觉主动的文化感受和体验意识与能力，其结果和效果会产生明显的差异，收获和进步也会出现明显的不同。

高校学生应当自觉主动地培养自己的文化眼光和文化意识，尤其是在占据高校学生生活大部分时间的那些学习、活动、生活场景中、过程中，更需要具有明晰的文化体验意识，自觉培养自己的文化感受能力、体验能力。不仅仅是听完一门课程，写一篇作业或文章，也不仅仅是完成一项学习任务，而是应当把这些学习、活动同时作为一项文化活动和文化过程来对待，从中得到应有的文化教益和启发，收到一举两得、齐头并进的效果。

比如，在各种课程的教学和学习中，假如教师和学生仅仅把课程教学视为一门课程、一项教学任务、一种专业活动的话，那么就有可能失去许多文化体验、文化思考的机会，也会失去获得更多收益、更丰富收获的机会。假如教师和学生有意识地、合理地将文化意识、文化感受、文化体验的因素融入课堂教学活动，而不是仅仅局限于简单、单纯的课程教学，那么课堂教学及其他教学活动中所有可能蕴含的文化因素、思想因素和价值观念就有可能比较充分、比较清晰地显现出来，成为课堂教学及其他教学活动的一部分内容，成为这些教学活动的内涵和底蕴。

因此，从文化体验的角度来看，教师和学生除了按照教学大纲、教材、课堂活动、考核评价标准等完成规定任务之外，还应该在具备了基本的文化知识、文化能力的基础上，自觉地、有意识地将文化思想、价值观念等内涵、因素融入教学活动，在实施和完成教学任务的同时，也实施和体现文化意识与文化体验。如此，则一方面扩展、深化了课程教学及其他教学活动的内涵，另一方面也使得文化体验、文化教育获得了扎实可靠的依托和凭借，从而在课程教学与文化育人之间建构起相互成就、相互促进的桥梁。

从文化意识、文化体验的角度来看，在课程教学及相关活动中，多一些学术史意识、学科史意识、价值观念意识和文化思想意识是非常必要的，也是通过课程教学及其他教学活动加深文化意识、彰显文化态度、进行文化体验的重要途径。教学工作的核心是任课教师，任课教师的水平和能力对课堂教学一定会产生直接的影响。因此，任课教师在面对一门课程、一个课堂、一群学生的时候，不要仅仅把自己的教学工作理解和处理为完成一项工作任务，仅仅是按部就班、照本宣科地完成教学工作，达到应有的工作量；而是应该增强自己的学术意识、学科意识、文化意识和文化能力，从更加广阔深入的空间思考、对待和实施自己的教学工作，赋予课程教学以深厚的文化内涵、思想底蕴。教师要想把教学工作做好，首先是教育、提升和完善自我，然后才是教育、提升和完善所教的学生，这是不言自明的道理。

在课堂教学活动中，另一个主体就是学生。学生的专业意识、专业能力、学习动力、学习欲望等都对教学产生直接影响，在很大程度上影响甚至决定着教学效果。同时，也应当清晰地认识到，在课堂教学活动中，学生的思想素质、文化意识、价值观念等因素对课堂教学也会产生重要影响，而且通常是更内在、更深刻、更持久的影响。在高校的课堂教学活动中，学生仅用专业意识、专业眼光来学习，仅仅从课程和课堂本身去认识和理解教学活动是不够的，还必须具有尽可能清晰、完善的文化意识、文化观念和文化追求，这样才可能在任课教师的恰当引导、有益启发下，从一般意义上的课堂学习进入具有文化意义、文化内涵的学习活动之中，并从中获得更加丰富、更加深入的专业收获、课程收获、文化收获和思想启发。

因此，学生的文化意识、文化能力，对于文化现象、文化体验的认识与理解，对课程教学中的文化教育、文化体验具有非常直接的作用，也会对学生的专业发展产生重要的影响。这是高校学生在课程学习中需要充分注意并努力完善、踏实践行的一个重要方面。

除了课程教学以外，高校中开展的其他课外活动也是如此。在高校各种各样的课外活动中，不管是组织者，还是参与者，假如仅仅把这些活动看作是一种活动，尽管活动可以照常开展，组织者和参与者也都可以完成任务，也可以取得一定的效果，达到预期目标，但是，从高校活动本身所可能蕴含的意义，所可能具有的作用、产生的影响等方面来看，尤其是从文化体验、文化感受、文化育人的角度来看，并不能认为这样的活动是非常成功的，是充分达到了预期目标并取得了理想效果的。

高校教师和学生及其他活动的组织者、参与者应当清楚地认识到，不管是何种形式的活动，其本身并不仅仅是一场活动，也不仅仅是活动一下、热闹一番就罢了；一切活动的内涵、底蕴都应当是文化，文化养成、文化教育、文化熏陶和文化体验应当是各种活动的底蕴和内涵，也应当是各种活动的深层目标和价值指向。

如此看来，在高校的各种活动中，首先需要关注、接受考验的是活动的出发点和目标是不是有益，是不是恰当，是不是具有文化内涵和意义；其次需要关注的是活动的参与度、效果、影响力，是不是符合学生的愿望，是不是符合教育规律和育人原则，是不是有助于学生的发展和成才。

此外，还必须提醒注意避免举办为活动而活动、为完成任务而完成任务的那些既不受学生欢迎又令主办者尴尬的，充满形式主义味道、假大空式的活动。这样的活动早已被实践证明，不仅没有正面效果，反而会产生负面影响，会在师生心中留下不愉快、不喜欢甚至非常反感、厌恶的印记。

高校的各级管理者，尤其是各种学生活动的策划者、组织者，应当清醒地认识到，各种不从学生需求出发、不从教育本质出发、不从大学精神出发的所谓活动，各种为活动而活动、为形式而形式的“活动”，在一些高校并不鲜见。在一些高校甚至存在通过行政及各种管理、约束手段强令学生参与、教师参与的某些“活动”，在师生心中引起不愉快的感受，也会在一定范围内造成不良影响。

因此，更多地从学生出发，从教育规律出发，从高校实际出发，开展多种形式的，具有文化内涵、文化底蕴和思想启发、价值观引导的课外活动，提高高校课外活动的质量和水平，增强课外活动的文化内涵，加强课外活动的文化体验意识，提供和创设更加丰富的文化体验途径、方式，真正提升高校各种课外活动的美誉度、影响力，把活动办到学生的心里，办到助力学生成长的进程中，通过各种课外活动助力文化育人的开展，是高校开展课外活动过程中需要密切关注、深入思考并切实完善解决的一个重要问题。

第四节　文化涵泳与文化育人

文化涵泳是文化学习、文化感受、文化修养的一个重要方面，也是进行文化教育、文化提升的一个重要途径。在文化育人的过程中，教育者对被教育者进行教育，一方面是受教育者进行自我教育和自我提升；另一方面是教育者在实施教育的过程中对自己也进行教育，被教育者在接受教育的过程中也对自己进行教育。也就是说，他者的教育和受教育是一个方面，同样重要也可能更加重要的一个方面是受教育者进行的自我教育、自我完善。

在这种教育和被教育、实施教育和接受教育形成的双向互动过程中，教育接受者也就是学生们来自自我的教育意愿、发自内心接受教育的愿望有时候比教育的实施更加重要，也更加关键。因为接受教育的意愿，发展自我、完善自我的主动愿望来自自我本身，总是更加内在、更加主动的因素。一般来说，这种主观愿望越主动、越强烈，接受教育的效果就会越好，发展进步的可能性就越大。在众多实施教育、接受教育的形式中，文化涵泳就是自我教育、自我修养、自我约束、自我完善的一个重要方面。

文化涵泳不是在一时一地进行的，也不是为了一事一物而开展的。文化涵泳是一个自然而持久、自觉而连续、自愿而延续的过程，也是一个没有明确标准、没有固定答案、没有量化指标的自觉性、终身性过程。尽管如此，应当明确地认识到，高等教育阶段是人们成长成才的关键阶段，通常也是人们进行文化涵泳、提高文化修养的最佳阶段。从高校的教育教学工作及其他各方面工作的开展及其效果来看，具有文化涵泳意识、文化涵泳能力与没有这种意识和能力，具有文化涵泳经验、文化涵泳修养与没有这种经验和修养，教育教学及其他活动开展的过程、得到的结果和产生的影响是迥然不同的，甚至是截然相反的。可见文化涵泳对于高校的人才培养、文化建设具有多么重要的作用和意义。

从广泛的意义上看，文化涵泳可以体现在高校教育教学活动的许多方面、许多环节，也可以反映在高校教育教学过程的各个环节、各个步骤；文化涵泳不仅涉及高校学生，也涉及高校教师及其他岗位的所有工作人员，只不过在文化涵泳过程中担当的角色、发挥的作用有所区别而已。但是，应当明确，对于高校文化育人来说，这里特别提出并专门进行讨论的文化涵泳，主要是指教育者、学习者等高校人员自身对于文化的修养、认识、感受和反思，尤其是在这一过程中所体现出来的文化意识、文化修养和文化能力。

在高校文化育人语境下所进行的文化涵泳，首先是教师要培养、形成和持续提高自己的文化意识、文化修养，将自己的教学工作与自身的文化涵泳、文化修养结合在一起，通过各种教育教学活动加强自己的文化涵泳，提高自己的文化修养。尤其是在专业课程及各种课程的教学活动中，任课教师要具有自觉的文化涵养意识，将自己具备的文化修养内化于心，并自如、自然地体现在自己的教学活动及其他教育活动之中，使教育教学活动不仅仅停留于教育教学本身，还应当具有文化的含义、文化的内蕴、思想的启迪和价值的导向。任课教师在对待一堂课、一门课的时候，是仅仅将其视为自己的一份工作任务、自己的一个工作量，还是在此基础上，具有更加深刻、内在的学术、学科与文化思考，其感受与收获、意义和价值是大相径庭，甚至是截然相反的。只有教师首先具有文化涵泳意识、能力，不断加强和提高自己的文化修养，才能促进自身在专业上、教师修养上、文化修养上逐渐提高、持续进步，也才可能赋予课堂教学及其他教育活动以应有的文化内涵、文化底蕴，通过教育教学活动对学生进行有效的专业引导和文化引导，将文化涵泳的收获与成果有效运用于教育教学过程中，使学生真正受到全面的启发和深刻的教益。

其次是学生在学习过程中不要仅仅局限于自己狭小的专业或方向，甚至仅关注某个或某些课程、学科，不要把自己关在相对简单、狭隘的课程内容或学习空间里；而是要自觉地开阔心胸、拓展视野，对自己提出更高更远的要求，善于关注和发现课程学习、课外活动及其他活动中所蕴含的文化因素和文化价值，通过主动自觉的文化涵咏活动，自觉培养自己的文化意识、文化修养，将所修习课程、所参与活动的专业性、学科性与文化性、思想性自然而然地结合起来。学生在学习中获得足够的专业启发、培养，同时也获得应有的文化熏陶、文化教育，从而增强自己的文化涵泳意识和能力，将专业发展与文化养成融合到一起，收到专业与文化、能力与修养共同进步、共同发展的理想效果，为自己的成长成才奠定坚实可靠的专业基础和文化基础。

高校的其他活动也大致如此，关键是要增强文化涵泳、体验、修养的主动性和自觉性，有意识地把文化作为各种学习、活动的内在要素、思想底蕴、精神导向，不要仅仅局限于自己的专业本身，也不要仅仅局限于活动本身，从专业学习、训练和各种活动中获得有益的文化熏陶、锻炼、修养、提升，应当是高校学生自觉主动的精神追求和发展方向，也是高校所有部门、全体人员做好工作、为人才培养和教育进步贡献力量的重要方式。

第五节　文化经验与文化育人

从广义上看，文化经验可以包括一个人或一个群体学习、生活、成长过程的各种关乎文化的经历、感受的收获，也可以包括从各种经历中吸取的经验和教训。对于许多人来说，最初的文化经验大多是不自觉的，是在意识不到的情况下发生、积累和增加的。但是，当人们成长到一定阶段，发展到一定水平，文化经验就应该成为一种自觉的体会和认识，也应该成为一种具有主动性、目的性和自觉性的文化参与过程。

高校学生在校期间，是其一生教育成长最关键、最重要的阶段，是专业知识丰富、专业水平提高、专业能力提升的关键阶段，也是文化视野开阔、文化经验积累和文化素养提高的关键时期。可以说，高等教育阶段所接受的文化教育、获得的文化知识、积累的文化经验，将对高校学生一生的事业发展、生活道路、成长成才产生深远的影响，在很大程度上决定其一生的生活走向、事业追求和成长成才的可能性。

与此同时，增强学生的文化积累、丰富学生的文化经验、提高学生的文化能力，也是高校教育教学的重要任务。检验一所高校的教育教学成绩、办学能力水平、人才培养质量、社会声誉影响，不仅要看其学科实力、科研成绩、专业水平、专业能力等，还要看其文化环境、文化生态、文化资源和文化成果，看其人才培养过程中对于文化与文明、精神与思想等的重视程度和教育、培养质量。

因此，可以说，丰富文化经验、提高文化素养和水平，为学生成长成才创造尽可能优化的环境、尽可能理想的条件，不仅是学生自身成长的需要，是学生对高校的期待，也是高校自身建设发展的内在需求，是高校保持创新发展能力、提高人才培养能力的必然要求。

从广义上看，高校学生开展和从事的各种活动、日常生活等都可以视为文化经验的积累过程，也是人生经验得到丰富、逐渐积累的过程。但是，对高校学生而言，更加内在、更加重要、更加持久的文化经验，应当主要通过最重要、占据学生生活时间最多的活动去积累和丰富，尤其是各种课程的学习、图书馆的阅读活动、实验室的科学实验活动、课余的日常文体活动等。因为在一般情况下，这些活动在高校学生的学习与生活中具有最重要的地位，占据了高校学生的大部分甚至绝大部分时间和精力。在这些活动中所受到的文化滋养、所接受的文化熏陶、所积累的文化经验，对于高校学生的发展进步、成长成才至为关键。

比如在专业课程学习中，是仅仅将各种专业课程视为专业课程，是取得成绩、获得学分的必要手段，还是在此基础上开阔视野、丰富见识，带有必要的文化眼光和文化态度，将专业课程视为一种具有文化内涵、思想底蕴和精神价值的专业学习、专业训练过程，自觉主动地在学习中加深自己的文化感受，丰富自己的文化经验，将专业课程的学习也视为一种文化教育、思想启发、精神陶冶的过程，从中获得应有的文化经验，其结果必然是迥然不同的，取得的收获和进步也自然不可同日而语。对于高校学生这一成长中的青年群体而言，在专业学习中，除了对本专业具有准确的理解、达到应有的水平、获得应有的能力之外，又具有文化观念、文化眼光和文化感受，那么，一定会获得更加丰富的学术思想信息，也一定可以丰富和完善自己的文化经验，对于专业学习、生活、成长都将具有明显的促进和助益作用。

又比如在图书馆的阅读活动中，学生在选择阅读书籍、读物的时候，假如能够在一般性的专业阅读、兴趣阅读之外，多一些文化意识、文化眼光，更多地从文化学习、积累文化经验的角度，自觉地、有意识地丰富自己的文化经验，丰富自己的文化见识，将关乎文化意识、文化态度、文化经验的阅读也作为自己的一种阅读兴趣，有意识地培养自己的文化阅读爱好，增强文化认知、理解、思考和评价能力，从中获得文化意义上的成长、进步，那么学生们的学习收获、思想进步、文化态度和眼光就一定会逐渐得到丰富和提高。古人所说的“读万卷书，行万里路”的功夫就可能与文化经验的积累、文化情怀的培养、文化品格和境界的完善与提升紧密结合起来，使文化经验的积累和文化境界的提升内化为自己的一种自觉需求、自觉追求，在专业成长与文化成长的相互成就、相互激发中取得更加丰富的收获，取得更加显著的进步。

在实验室的实验活动中，假如仅仅把实验作为一种技术操作，作为理论学习之外的一种实践活动，一种知识巩固、技能培养和锻炼的过程，从一般的专业学习的角度来看是没有什么不妥的，更是没有什么问题的。但是，假如从文化教育、文化培养、全面发展、成长成才的角度来看，就远远不够了。从文化学习、文化培养的角度来看，实验活动中实际上也包含着文化、思想、价值的导向，包含着科学、技术、人文的经验和规律，从中可以学习和积累的，不仅仅是简单的技术操作，也不仅仅是实验的结果数据，而是科学精神、技术规范和由此感受到的人与世界中蕴含着的自然规律和科学道理。假如这样认识和体会实验活动，那么实验室作为技术实验场所的文化价值和意义就有可能被发现、被激发出来，学生在实验中学习到的，就不仅仅是技术操作层面的知识和能力，而是更加内在、更加深入也更加持久的具有文化意义和人文价值的思想认识，学生的文化经验也会从中得到丰富和提高。看似简单、枯燥的实验活动也可能被赋予更加丰富的内涵、更加有趣的内容，并收获更加理想的效果。

在各种文娱体育活动中也是如此。高校中经常有各种各样的文娱体育活动，也经常会吸引不同兴趣爱好、不同特长、不同性格的学生参与。当然也可能有一部分学生对文体活动没有什么兴趣，参与的热情也不高。这也是在许多高校中经常出现的正常情况，经常发生的正常现象。从文化育人的角度来看，文娱体育活动当然也是文化教育、文化培养的一个重要组成部分，在文化教育、文化培养中具有不可或缺、无可替代的作用。假如这样认识，就对文娱体育活动提出了更高的要求，也寄予了更多的期待。一方面是文体活动的组织者要加强对文体活动思想内涵、精神导向、文化内涵的理解，在文体活动的设计、组织、实施过程中充分注意这些活动的文化内涵和文化意义，不要仅仅停留于活动的表面，更不要仅仅满足于为活动而活动、为文体而文体的简单肤浅的层次上。另一方面是对文娱体育活动参与者的要求和期待，希望参与者不要仅仅满足于参加这些文体活动本身而已，而是在此基础上进行文化价值、文化意义的思考。例如，活动参与者通过这些文体活动增强对文化、人文、思想、精神的认识和理解，从简单的文体活动中发现丰富的意趣和道理，从外在的文体活动中品味内在的思想内涵和精神价值，从而赋予简单的、表现化的文娱体育活动以丰富隽永的文化思想内涵；通过这些有益的文体活动丰富自己的文化经验，在文娱体育技能、技巧得到锻炼和提高的基础上，培养文化意识和文化能力，丰富文化体悟和文化经验。

因此，文化经验的积累和丰富，可以贯穿于高校学生学习生活的方方面面，可以反映在高校学生学习生活的每一个环节和过程之中，重要的问题是教育者、学习者、参与者都具有自觉的文化意识、文化眼光，具有主动体验文化、积累经验的自觉和能力，在各种教育教学、学习活动、文体活动中不断丰富文化经验，提高文化观察、体验、评价和感悟能力。

第六节　文化成就与文化育人

从广义上说，文化育人就是一个文化成长的过程，也是一个文化意识不断加强、文化经验不断丰富、文化感悟力逐渐提高、文化判断力逐渐增强的过程。在这一文化成长过程中，对于他人文化经验的汲取、文化成就的认识，对于自己文化经验的丰富、文化收获与文化成就的积累，都是必须经历、必须收获的成绩和成果，也是个人文化成长、文化进步的显著标志。

从文化育人的主要对象，即高校学生的角度来看，在接受教育培养、取得成绩和进步、走在成长成才的道路上，需要经历各种锻炼、各种考验，也可能遇到各种困难、各种挫折，还可能遭遇到一些意料之外、不愿意遇见和经历的种种情况。所谓人生经验、人生感悟、社会阅历就是在这样的过程中逐渐丰富和增长的，人生的各种感触、各种况味也往往是在这样的过程中得到认识和品味的。对于高校学生来说，不管是自身所处的人生阶段、教育阶段、成长环境、教育环境，还是高校的各种要求、各种保障，都是最利于成长进步、取得成绩、逐渐成才、走向成功的最佳阶段。

就文化成长与文化育人的关系而论，高校学生在专业学习、课外活动、文娱体育、实验实操等各种教育教学活动中得到的锻炼、取得的进步、取得的成绩，都是增强文化信心、增强成长信心、取得更大进步、达到更高水平的重要因素。因此，高校学生在成长成才过程中，通过不断努力、持续追求，通过日积月累、积少成多，从细微处、简单处做起，从基本方面、力所能及的方面做起，取得各方面的成绩和进步，通过各种细小的进步和成绩积累起更大、更多的成绩和进步，增强继续成长、继续进步的可能性，树立起取得更大进步、取得更大成绩的信心，提升整体素质与综合能力，这对于高校学生文化教育、信心教育和成长成才教育来说至关重要。

从教育实施者、文化环境创设者方面来看，高等院校在人才培养、文化育人过程中，有意识、有计划地开展文化榜样教育、文化成就教育，开阔学生的视野，优化教育环境，提高文化教育水平，也非常重要。高校通常是专业人才集中、文化资源集中的地方，也通常是文化教育环境、文化成长环境最优越的地方。高校在文化育人过程中，应当调动一切有利资源，运用一切有利条件，激发一切有益因素，为学生树立专业成长、文化成长的榜样，运用成功的经验、榜样的力量，更好地将专业培养、专业成长与文化培养、文化成长紧密结合起来，让学生从自己身边的老师、校友等成功人士的成才经验中汲取有益的经验，让学生从自己认识、熟悉的老师、同学及其他人士中发现与自己的相似之处、相通之处，从身边的榜样身上汲取继续成长、走向成才的力量，树立成长成才的信心。

首先是使学生在专业学习、课外活动中逐渐体会到文化成绩、文化成就的力量，体会到文化成绩、文化成就中蕴含的长久价值和思想魅力。需要注意的是，要让学生认识到这种成绩、成就不是一蹴而就的，当然也不是遥不可及的，而是必然有一个积渐而至、积少成多的过程。然后是使学生在内心里树立不断成长、走向成功、取得成就的信心，掌握走向成长和成才的专业能力与综合素质。更好地认识专业努力、文化培养、自我成长与学习他人、汲取经验、他人助力的关系，为继续成长、终生奋斗打下坚实可靠的基础。

比如，在学习专业课程、参与课外活动和各种文化活动以及社会实践体验中，学生可以在自我提升、文化修养、文化感受的意义上体会到学习、进步、成长、取得成绩的快乐。起初可以通过微小的、简单的、局部的进步和成绩，逐渐培养学生对于文化的兴趣和信心；在发展到一定程度和一定阶段后，则可以通过更加复杂、更有内涵、更有价值的活动，让学生更加充分地感受文化的乐趣和意义，更加深切地体会文化修养、文化进步对于自己一生发展进步、成长成才的基础性、根本性和长久性价值。

对于许多学生来说，小到一次成绩的进步，大到一次奖励的获得，小到一次表扬和赞许，大到一次突出的成绩的取得，都可以说是成长进步过程中点点滴滴的成功，也都可以认为是广义上的成就。这些成功和成就的取得，对于成长期的学生们来说，具有特别重要的鼓舞志气、增强信心、促进进步的作用，对于学生的文化成长、文化进步也具有非常重要的鼓舞和促进作用。这当然也是通过文化育人促进学生全面发展、持续进步的重要因素之一。

除了学生本身在各方面取得的进步、取得的成绩之外，环境的营造、优化、鼓舞也非常重要。这里主要是指高校教师及其他人员取得的成绩、成就对于学生的鼓舞和示范作用。

对于许多高校学生来说，什么是成绩、什么是成功、什么是成就，往往是一个经常困扰他们的问题，也经常是一个没有准确答案、没有明确指标的问题。在这种情况下，学校对于成绩、成功和成就的价值引导，对于学校教师取得的各种成绩、成就的宣传、展示就显得非常重要。学校通过对自己学校教师及其他工作人员取得的各种成绩、成功、成就的宣传展示，让学生知道这些成绩、成功和成就的内涵、价值和意义，更重要的是让学生了解和认识这些成绩、成功和成就中蕴含的价值、意义和方法，使学生从中获得教益和启发，从中感受到榜样的力量、成功的喜悦，在内心里树立取得成绩、走向成功、取得成就的信心和动力。这也是一个通过各种文化成就进行文化育人的有价值的方面。而且，通过身边的榜样、熟悉的人物和事件进行文化成就的教育，通常更有优势和特色，更容易做出深度，更容易产生共鸣，对于学生来说更觉得亲切、有助于了解，从中得到的亲切感、鼓舞和教益更加直接，也更加深刻。

总之，在文化育人这一复杂多元、深入持久的教育过程中，有意识、有针对性地将文化成就教育与文化育人教育结合起来，将学生自我信心的树立和榜样力量的吸取结合起来，将学生的自我约束、自我鼓励与教育环境、成长环境的优化、完善结合起来，为学生创造更加适宜、更加理想的成长成才环境，为学生提供走向成功、取得成就的更大可能，是高校文化育人过程中可以运用的一种有效方法，也应当是高校文化育人工作的一项重要内容。

第十章
文化交流与文化育人

教育是一种特殊的交流活动，交流在教育过程中具有核心作用。交流是教育的一种基本方式，也是教育的主要途径。没有交流就没有教育，没有充分的交流就不可能有优质的教育。教育就是在多层次、多场景、多内容、多方式的各种交流活动中，才得以实施和完成的；正是各种各样的交流活动，构成了教育的有效场域，形成了教育的有效环境和空间。因此交流在教育过程中具有基础性、核心性作用。对于高等教育而言，由于教师和学生双方都已经是成年人，交流在教育过程中尤其具有特别重要、特别突出的作用。作为高等教育一个重要组成部分的文化育人，当然具有所有教育活动的共同特点，交流在文化育人中同样具有非常重要的地位，是文化育人过程中不可或缺的重要途径和重要方式，也是进行和完成教育活动、文化育人不可或缺的方式和手段。

第一节　师生交流与文化育人

教师和学生是大学校园的主人，正是由于他们的共同努力，才建设了大学精神，发扬了大学精神。平等和谐的师生关系，不仅有利于大学精神的形成，而且有利于大学精神的延续。在高等教育中，学生的发展不可能离开教师的引导。尽管现代化的教学手段为学生自我学习、自我提高、自我教育提供了便利的条件，日益发达、便捷的网络技术和资源对教师的传统地位有一定冲击，但教师的引导者、教育者的身份和地位不可能受到动摇，也不可能受到根本性的影响。在教师与学生形成的关系和进行的交往中，师生之间理应建立相互信任、相互支持的，密切的、互助的合作关系，在教育教学活动中共同探讨专业的问题、生活的价值、生命的意义和万物的真理。作为大学主人的教师和学生，应当建立自由、平等、和谐、互助、充满人情味而又不违背原则的密切关系，成为追求真理道路上的合作伙伴。

在高校经常发生的各种交流活动中，教师与学生之间的交流可以说是最经常、最重要的。在正常情况下，课堂教学在高校学生的学习生活中占据的时间多达三分之一，课堂教学的主要时间，大部分交流是教师与学生之间的专业交流、知识交流、学术交流。这是高校教师与学生之间交流的主要方式和特点。因此，高校教师与学生之间的交流内容、交流方式、交流效果，对于学生的知识获取、专业发展、受教育效果都必然产生直接的影响，也必然在学生的教育成长过程中发挥重要的作用。

比如，师生之间的交流是否充分、是否有效，在教育教学活动中师生双方是否都具有进行沟通交流的愿望，并且通过交流能够收到更丰富、更有效的学术信息、专业知识，通过交流能够获得专业进步、专业成长以外的更加广阔、更加深切的关于思想、文化、人生观、价值观、世界观等方面的知识和启发，的确是高校教师与学生交流中应当充分关注、不断完善、持续提升的一个问题，也是提高教育教学质量、提升教师教学专业能力的一个突出问题。

需要特别强调的是，在高校师生的互动交流过程中，作为教育实施者、教育过程主体的教师，应当负起交流主导者、主要实施者的责任，应当在这种特殊场域、特殊内容和方式的交流中发挥主导作用。教师的专业水平、教学能力、学术意识可以在很大程度上影响交流的顺利进行，甚至可能决定交流的效果。不管是作为专业课教师，还是作为公共课教师，在教学中能否很好地完成教学任务，把自己的课程讲得既符合大纲、教材的内容要求，又生动有趣、启人心智，使学生在听讲中获得准确的知识、丰富的内容、深刻的见解、有益的启发，引发深入的思考，的确是一个值得深思并不断完善的问题。对于许多教师而言，在教学中，专业上、课程上的各种考验、要求，还有学生的各种期待、希望，已经使其倍感压力，经常产生能否做一名好教师之叹。的确，课堂教学对于教师提出的要求，教师必须面临的压力、考验，都是客观存在的，有一定教学经验的教师对此往往会有更加深切的体会。

从文化育人的角度来看，教师在教学中的文化意识和文化能力，在专业知识的讲授、传播过程中的专业水准、专业意识，以及在此基础上将文化意识、文化观念、文化眼光和文化态度融入专业课程的教学过程之中，从而赋予专业课程教学以应有的文化思想内涵，就是一个值得充分注意，并在教学实践中妥善处理的现实问题。这就要求教师在教学及相关活动过程中，使自己的课程具有足够的思想内涵和精神深度，而不是仅仅局限于对专业课程、专业知识、专业能力本身进行讲授和培养。

在高校专业课程及其他课程的实际教学中，一些教师仅仅从专业知识、专业能力培养的角度理解和实施自己的教学，或者仅仅从公共课程的角度认识和实施自己的教学，而在教学中缺少应有的文化意识和文化观念，使课堂教学本身无法实施文化教育的任务，缺少应有的文化色彩和文化内容。这种情况在高校的各种教学活动中并不少见。也有的教师在教学中，仅仅把自己的课程教学理解和处理为完成一项工作任务、完成一定的教学工作量，或应付了事，或照本宣科，而缺少文化交流、思想交流的意识和能力，这样的教学当然无法达到理想的教学效果，达不到应有的教学目标，也自然无法实现课堂教学与文化育人相结合的目的。这种情况在一些高校的教学中也不同程度地存在。这些情况，显然是与文化育人的要求不相符合，甚至背道而驰的，当然也达不到文化育人的基本要求。

教育和交流都是双向的活动，而不可能仅仅是单向的活动。假如没有双向的活动，教育和交流都是不可能进行，更不可能是成功的。在教育交流活动中，除了教师要充分发挥教育实施者、主导者的作用，完成教育交流活动的设计、过程，体现教育交流活动的内容、收到预期的交流效果以外，学生的状态、水平、意识、能力，在教育教学活动中的配合度、响应度，也对教育交流活动的进行产生着重要的影响，并从一个重要方面决定着教育交流的水平和效果。从课堂教学活动中学生的感受、反应来看，假如学生缺少足够的专业基础、专业水平和能力，课堂教学是很难实施并取得理想效果的。但是从文化育人的角度来看，假如学生仅仅具有一定的专业基础、专业水平和能力，而缺少应有的文化意识和文化能力，那么这样的教学也很难说是理想的、成功的。

因此，在以教学活动为中心的师生交流中，教师与学生的交流作为一种最重要、最具有专业意识和文化意义的交流活动，作为一种最重要的教育方式和交流方式，师生双方如何培养和提高自己的文化意识、文化感知和文化能力，如何自觉主动地将专业课程、公共课程及其他课程的教学与文化感知、文化思考、文化学习的意识和能力结合起来，是当前高校教学中需要充分关注、深入思考，并进一步努力实施、逐步完善的一个突出问题，也是文化育人中增强师生交流、促进师生活动、达到更佳效果的一个重要方面。

第二节　同学交流与文化育人

对于高校学生来说，除了师生交流以外，在正常情况下所进行的最多的交流就是同学之间的交流。同学之间的交流不仅是学生专业课程学习、课外活动、参加各种业余生活的主要方式，而且是学生日常生活的主要内容。因此，作为一种重要交流方式的同学交流，在高校学生的成长成才、发展进步中具有非常重要、不可替代的作用，而且也是高校文化育人、学生文化成长的一种重要方式和途径，在高校文化育人中具有非常突出的地位。

同学之间的交流具有明显的优越性和特殊价值。一般来看，跟师生之间的交流相比，同学之间的交流还具有更加灵活多样、更加随意自然等突出特点。因为正常情况下的师生交流通常是在比较正式的场合之下，如课堂上、课外休息时以及课外其他活动时，多数场景都比较正式，话题通常也比较正式和正规。与此相比，同学之间的交流就可以随意、自然许多。

不论是课堂上还是课后，不论是在宿舍里、食堂里还是在运动场上，都经常是同学交流活动的重要场所。由于同学之间比较了解、比较信任，也由于彼此之间身份比较接近，不存在什么明显的差异，就使得同学之间的话题可以比较自由随意，交流起来一般也不需要存有太多的戒备和禁忌。因此从这个意义上说，可以认为同学之间的交流是高校学生最重要、最有效的交流方式。

在正常情况下，同学之间的交流话题可以非常丰富，而且由于同学之间的关系不同、性别不同、性格不同、兴趣爱好不同，交流话题也可以千差万别、千奇百怪。一般情况下，同学之间的交流大多集中于专业学习、读书修养、文娱体育、兴趣爱好、理想追求，也可以关乎个人经历、情绪状况、爱情婚姻、内心困惑等。尽管同学之间交流的话题可以多种多样、丰富多彩，但是从比较公开、比较普遍的意义上看，同学之间的交流大多以专业学习、兴趣爱好、理想追求等为主。

不论是从时间上看，还是从话题上看，不论是从空间环境来看，还是从可能性来看，高校同学之间的交流都处于非常重要、非常突出的地位，也是高校学生之间学习、生活的重要内容，在高校教育教学活动中具有非常突出的地位，也可以产生非常重要的作用。

既然同学之间的交流具有如此重要的地位，可能产生如此重要的影响，那么在高校文化育人工作中，自然不可以不关注同学交流的意义和作用。在高校文化育人过程中，也应当充分运用同学交流这一重要途径，引导和教育同学们，把同学交流与文化育人结合起来、融会起来，为自己创造更加优化、理想的交流空间和交流环境，在追求专业发展的同时，追求包括文化发展在内的更加全面的发展和进步。

因此，高校同学之间交流的内容、方式、途径和效果，可以反映同学交流的具体环境、兴趣爱好、思想素质、专业水平与文化习尚，也可以反映一所高校的教风与学风、办学观念、思想传统等诸多内在的、深层的方面。同学交流的文化内涵、文化倾向、文化兴趣如何，可以在很大程度上反映一所高校的文化教育能力和水平，也可以反映一所高校对于文化环境、文化氛围、文化条件的重视程度、建设水平等。

可见，同学交流作为高校各种交流方式中非常特殊、非常重要的一种，不管是从专业培养的角度来看，还是从文化育人的角度来看，都必须充分重视，花大气力抓紧抓好，以此助力高校的文化育人，并由此促进和带动高校人才培养、教育教学、科学研究、文化传承、社会服务及各方面工作的进展。

第三节　校内交流与文化育人

以上所说的师生交流、同学交流，实际上也是一种校内交流。这里所说的校内交流，主要指的是与校外交流相对应的本校内部进行的各种交流，可以包括上文所说的师生交流和同学交流，但不仅限于这两种主要的交流方式。这里之所以将校内交流特别提出来并进行专门讨论，是因为在高校的各种交流中，校内交流经常处于主要地位，通常也发挥着最重要的作用。

从高校内部的交流可能、交流途径、交流场所、交流方式等方面的因素来看，除了上文所说占有较大比重、处于突出地位的师生交流、同学交流之外，高校的交流还有多种其他形式和内容，多种场景、多种环境、多种因素、多种氛围，共同形成了高校的交流环境和交流空间，并对学生的成长、进步产生多方面的作用和影响。比如，学生在学习、生活中，与校内各种管理服务人员、辅导员、教务人员、网络服务与维护人员、保洁人员等，都不可能不产生各种交流，只是交流的频度、方式与师生交流、同学交流存在明显区别而已。又比如，图书馆是学生经常出入的地方，少不了与图书馆管理和研究人员产生各种交流；食堂也是学生每天必须出入的地方，少不了与食堂的服务人员产生交流；宿舍也是学生每天都要出入的地方，而且每天大约有三分之一的时间是在宿舍里的，当然也少不了与宿舍管理人员产生各种交流。此外，学生在校园内学习和生活，多种管理服务部门、支持保障部门以及其他各种部门，必然或者经常性地，或者不那么经常地与学生产生各种接触和交流，也是高校校内交流的组成部分。如银行、邮局、快递、超市、安全保卫等部门，也都是学生有可能进行接触、交流的。可见，交流对于教育、对于高等教育、对于高校的办学与发展、对于学生的成长和进步具有多么重要的意义。

由多种需求、多种因素、多种场景构成的高校校内交流场景和空间，实际上形成了一所高校的交流语境、交流习惯和交流氛围。不同性质、传统、水平、特色的高校，这种交流语境、习惯和氛围是明显不同的。这种特色性和差异性实际上也可以成为一所高校校风的一个组成部分。同样的话题、同样的事务，在不同的高校里交流的方式和效果可以存在明显的差异性；不同的话题、不同的事务，在同一所高校里也可能存在明显的相似性。因此，从文化育人的角度来看，如何优化和完善各种交流的场景、空间和氛围，如何提升交流的效率和效果，使包括学生在内的交流参与者保持交流的愿望、保持交流的兴趣，如何营造有益于交流、有益于学生成长的环境，的确是一个值得高校各级管理者认真思考、踏实落实关注的问题。

只有保护好交流各方的权利，尤其是保护好在交流中通常处于弱势一方的学生的权利，只有真正保证交流的可靠性、真实性和有效性，才能保持交流的效果和效率，而不仅仅是为了交流而交流一下，更不是为了走一个过场、为了仅仅追求所谓程序的合法性而去进行交流。基于这样的理解，高校中交流的效率、效果其实应当予以充分关注，并努力完善和提高交流的价值和质量。只有在交流充分、自由、坦诚的环境下，才可能进行真正有意义、有价值、有收获的交流。通过校内交流改善条件、优化环境、促进理解、增进情感，赋予校内交流以更加丰富、深刻、真挚的文化内涵，真正坚持以学生为本，以学生的成长进步为本，真正取得学生们的信任和拥护，赢得学生的理解和热爱，是目前许多高校在各种交流中应当注意提升、完善的一个重要方面。

只有这样，才有可能将高校作为一个进行学术交流、思想交流、日常交流、文化交流的良好空间和场域，营造和形成一种喜欢交流、真诚交流的氛围和环境，将各种交流纳入文化育人的整体框架中来，为学生的成长成才、发展进步提供更优化、更完善的交流空间，是目前高校校内交流需要继续提升、持续完善的一个重要问题，也是继续努力的方向。

第四节　校际交流与文化育人

除了校内交流以外，另外一种重要的交流方式就是校际交流，也就是不同高校之间的交流。这也是高校交流中一种重要的方式和途径，同样具有不可替代的作用。而且，随着高等教育的发展，一些学校办学规模的持续扩大、专业的不断增加、功能的逐渐丰富，高校之间的交流有逐渐增多、日益密切和深入的趋势，高校之间的合作也有逐渐深入的趋势。从高等教育发展变革、人才培养、学科建设、科学研究、文化传承、社会服务等角度来看，高校之间校际交流的增多和发展、丰富和深入，总体上有益于高校的建设和发展，对人才培养也应当具有明显的促进作用。

不同高校之间的交流形式和途径较多，内容也比较丰富，组织者和发起者、参与者和关注者也比较多。这些情况从总体上看也都有助于高校之间的相互理解、相互认同、取长补短、协作发展。比如学术合作，可以是相同或相近学科领域之间的合作，也可以是跨学科、跨领域之间的合作；可以通过学术会议、学术平台、研究团队进行合作，也可以通过其他方式进行合作，以此增强学术实力和研究实力，带动各高校科学研究水平和学科建设水平的提高。教学合作，可以通过共同编写教材、组织教学团队、打造精品课程、参与教学比赛、开展教学交流等方面进行合作，通过教学合作达到取长补短、互通有无、彼此借鉴、共同提高的目的，也比较容易收到较好的效果。文娱体育合作，可以通过文艺表演、文艺观摩、文艺节目、体育比赛等形式进行合作交流，文娱体育类的交流通常容易引起更多关注，产生较大的影响，也更容易受到参与者、关注者的欢迎。

从校际交流的实际情况来看，一方面，处于同一城市、地区的高校由于具有各种便利条件，彼此也更加了解，通常会进行更多的校际交流，影响和效果也会比较好；或者水平相近、类别相近、性质相近的高校由于合作的领域比较广阔，合作空间较大，也比较容易找到合作交流的空间和可能，产生合作的领域或项目，达到预期的效果。另一方面，学科、类型、性质区别较大，可以形成优势互补的高校之间也可以进行合作，互相学习、彼此借鉴，从区别性、差异性中获得启发、促进发展的效果通常比较好，也应当是一种可以尝试的合作方式。

从文化育人的角度来看，高校校际合作交流，可以丰富发展、深化提高的方面还有一些，可以探索、发掘的空间仍然很广阔。比如，除了经常采用并经实践证明是行之有效的各种交流之外，还应当增强文化交流的意识，提高文化交流的能力与水平，在校际交流中增加文化内涵、文化因素和形式，赋予已有的各种校际交流形式以更加丰富的文化内涵、思想内涵，而不是仅仅停留于各种交流形式本身，以期收到更加理想的交流效果。与此同时，还需要着重强调校际交流的计划性和交互性、丰富性与多样性，尤其是提高校际交流的效率、效果和影响力、美誉度，通过对学生成长成才的引导性、启发性的提升与完善，切实提高校际交流的质量与水平。

同时，各高校也需要注意总结经验，加强校际交流内涵与质量的凝练和提高，有意识、有计划地打造校际交流的品牌，通过相对固定的交流途径、交流方式和交流内容，通过丰富和完善校际交流的体制机制，打造校际交流的文化品牌。品牌的打造、途径的拓展、质量的提高和影响力的扩大，能使校际交流成为高校人才培养、科学研究的一种重要方式，成为进行文化教育、文化熏陶、思想引导、价值观培养的一个重要途径。

可见，由于校际交流具有的独特优势、突出特色，高校之间的交流，应当并且可以成为高校文化育人、思想培养、价值观教育的一种有效途径、一种重要方式。假如校际交流把握得好，开展得好，可以收到理想的教育效果，也可以产生广泛的影响力。

第五节　社会交流与文化育人

高校不是一种孤立的社会存在，也不是孤立于社会之外的象牙塔。从组织结构和功能上说，高校实际上也是社会的一个组成部分。但同时也应当看到，由于高校构成、功能、作用、管理、存在方式等方面的特殊性，使其必然具有许多与广阔的社会环境明显不同、与一般所说的社会具有显著差异的特点。从这个意义上说，高校与一般所说的社会，还是具有明显的不同，高校也不能说就是完全意义上的社会。

正是在这种既与社会相联系、具有相同性，又与社会保持一定距离、具有明显差异性的关系中，才显现了高校的独特价值和意义。也正是在这种联系性与距离感、相同性与差异性所构成的多重关系中，才显示了高校在社会结构中的特殊价值和特殊地位，也反映了高校师生的工作、学习与生活与其他行业、部门存在着明显的不同与区别。从高校专业人才培养、文化育人的角度来看，既需要关注高校与普通社会环境之间的联系性，也需要关注高校与一般社会环境之间的差异性，认识和把握好其间的异同，处理好和协调好其间的关系，方有可能在高校和社会之间建立良好的关系，形成有效的渠道，达成共识，形成合力，共同为专业人才培养、文化育人做出努力和贡献。

从总体关系上说，高校是复杂的社会构成中的一个具有特殊性质、特殊意义的组成部分，高校的范围比广阔的社会要狭窄许多、简单许多，只是社会的一个小的组成部分，在社会整体结构中处于一个比较特殊的位置。因此对于高校的人才培养来说，高校与社会的交流不仅势所必然、必不可少，而且不可忽视、必须做好。

高校与社会之间的交流是高校各种文化、学术交流的一个重要组成部分，也是高校与社会产生联系、形成互补、形成合力的一种重要途径和方式。高校与社会之间的联系如何、关系如何，高校与社会之间关系处理得如何、协调得怎样，可以在很大程度上影响甚至决定高校的人才培养能力、水平和质量。因此高校与社会之间的交流必须抓紧抓好。

一方面，高校要主动与社会建立应有的联系，尤其是在学生培养的某些阶段、某些环节，必须与社会建立联系，得到社会的有效帮助和支持，以利于人才培养和学生成长。比如在社会实践环节，尤其是教育教学实习、参与社会实践活动、进行社会服务、进行技能培养和锻炼等环节，都少不了社会其他部门、其他方面的支持与配合。而且，正是由于总体社会环境、某些社会部门或方面与高校存在明显的差异和不同，才使学生们在这些实践环节、锻炼环节有可能得到不同于在高校内部的锻炼与考验，从中吸取经验、增长见识、提高能力和水平。

通过这些实习、实践环节，让高校学生在适当的时候接触社会、得到锻炼、增长见识是非常必要的，而且这种经历是不可替代的。从更加广泛、更加长久的意义上说，不管学生在学校里学习多久、锻炼多久，总有一天是要走向社会的，是必须接受来自社会各方面的各种考验和挑战的。对于绝大多数学生而言，不可能不接触全面的社会，不可能不认识真实的社会。恰恰相反，接触和了解社会往往是学生们得到锻炼、获得成长、取得进步的大好机会，也是检验自我、考验自我的必要途径。因此，高校在人才培养过程中，对于学生社会实践意识、实践能力的关注与重视，对于学生在实践中可能出现的困惑、产生的困难、遭遇的挑战的关注和应对，就显得非常重要。

从学生自身来说，如何在自己的专业学习、专业成长和全面发展过程中，有意识地、主动自觉地接受来自社会各方面的各种信息和各种要求，如何在自己的成长过程中处理好与社会的关系，既不急于投入社会，又不怠于接受社会，既不与社会形成完全的顺应关系，也不与社会形成完全的对立关系，而是既保持自我的价值信仰、人生追求、努力方向，不完全湮没于社会的各种潮流、各种势力之中，又能够对所处的社会环境进行有效的适应、有取舍的调整、有判断的疏离或亲近，从而使自己在社会环境面前保持应有的主动性和独立性、保持应有的适应性和顺应性，处理好与社会环境之间的关系，这的确是一个非常艰难、非常严峻的，考验所有高校学生的重要问题。

另一方面，高校学生要清楚地认识社会环境与自身成长进步之间的关系，特别是自我成长与社会环境的支撑、塑造之间的关系。在高校学习的适当阶段，尤其是高年级阶段，要主动自觉地与社会取得联系，有意识地了解社会、适应社会，自觉地接受社会环境的考验和洗礼，学会与社会环境的相处，适应周边的各种条件和要求，在自我与社会环境之间建立妥当的关系，对一些新环境、新要求、新情况做出妥当的选择，进行妥善的处理，使社会环境和条件对自我成长进步形成有力的支持和支撑。

对于许多高校学生来说，在复杂多样的社会环境面前，特别是当初次面对社会、走向社会的时候，需要主动自觉地调适自己的心理状态和行为方式，寻求自我与社会之间沟通适应的可行途径，建立自己与社会环境、社会条件之间的妥当关系，使自己的成长进步与社会环境、社会条件形成合力，建立互相支撑、互相成就的良好关系，以期收到比较理想的实践效果。

对于初步接触社会或走向社会的高校学生来说，特别需要注意避免产生两种极端的情况：一种是要注意避免过度恐惧、过多拒绝、有意逃避、过多不适应的情况。许多高校学生由于长时间在学校环境中生活，已经形成了一定的心理习惯、学习和日常生活习惯。通常情况下，高校学生学习、生活的环境比较简单、纯净，容易适应，人员也容易相处。但是，当长期在学校环境下学习、生活、成长的高校学生初次接触社会、面对社会的时候，往往会产生明显的陌生感、不适应感，主要表现为对社会环境、社会条件、社会力量产生明显的恐惧心理，不敢于、不愿意与新的环境、新的条件和新的要求相处、相适应，于是极容易产生拒绝、逃避的心理感受与行为习惯，表现为对新的社会环境、条件和要求的明显不适应、明显对立和紧张的关系。这是许多初次接触社会、初步走向社会的高校学生可能出现、经历和面对的一种状态。这实际上不是一种正常的心理状态和学习、工作、生活状态。

高校学生在面对社会、走向社会的时候，也要注意避免另一种比较常见也比较极端的情况，即对新的社会环境、社会条件和社会要求缺少判断、不加分辨、不加分析地完全投入，无原则地适应，全面放弃自我操守，放弃内心原则，从而丧失自我。由于高校与外面社会环境之间存在着巨大的差异，高校学生在进入社会的时候，经常面临各种新的环境、新的情况、新的习惯与规则等。这时一些高校学生由于各种考虑、各种原因，不敢坚持自己的认识、观点、做法和行动习惯，经常会忘记自己应当守得住、必须坚持的原则、底线，出现在社会环境、社会条件和各种因素之下失去自我价值的坚守、自我要求的坚持等情况，对于社会上的种种情况，尤其是不友好、不利情况不敢抵抗、拒绝、反对或远离等。

因此，高校学生在初次或初步接触社会、走向社会的时候，要提高自我意识、自我要求，保持应有的自我价值判断和是非判断，形成与社会环境交流、相处、相适应、相调整的有效方式和方法，在有些方面积极主动地适应社会，在另一些方面则要学会抵抗和拒绝社会的不良影响；在一些方面主动改变自己，在另一些方面则保持自己的本色，这的确是一个非常重要也非常考验人的问题。对于高校的人才培养和社会交流来说，这也是一个值得关注、需要妥善处理的问题。

可见，高校学生在与社会进行交流的时候，有必要充分认识高校与社会的联系与区别，提高自我意识和自我要求，加强自我保护、自我约束的意识和能力。既保持必要的灵活性和原则性，又保持应有的行为标准和思想定力；既自觉主动地探索和确定取舍进退的标准，在实践中立于主动地位，又注意向社会学习值得学习、值得借鉴的方面，使自己得到健康有益的锻炼和成长。

第六节　国际交流与文化育人

从大学的本来意义来看，普遍性、广阔性、共同性是大学的根本特征、理想追求之一，进行多方面联系、进行国际化交流是大学必不可少的交流方式，也是高校的一个重要办学理念和办学特征。在当今这种教育国际化、信息化、网络化背景下，高校的建设与发展更是离不开各种交流途径和交流方式，其中国际化交流就是众多交流方式中相当重要、具有特殊功能和特殊作用的一种方式。

从高校建设发展过程中的实际需求、实际操作可以发现，不同类型、不同水平、不同阶段的高校对于国际交流的需求、认识、处理是存在差异的，不同学科专业、不同培养目标、不同人才类型对于国际交流的认识和需求也存在着明显的不同。但是，从总体上看，高校的国际交流是高校文化学术交流的一个重要方面，也是高校继续建设发展、提升教育教学、人才培养、学术文化影响尤其是国际影响的一个重要途径。这一点，应当是所有高校的共识，促进和发展国际交流也是所有高校的一项共同任务。

在一般情况下，相对于国内交流而言，国际交流的因素更加复杂多样，如来自不同文化背景、文化区域、文化习惯的交流者经常会碰到各种情况，会遇到更多的困难，包括语言文字、交流方式与途径、交流场合、交流效率和效果等，需要更充分的准备和更全面的支持，比如语言文字基础、文化背景与习惯、话题选择与沟通方式、预期目标与实际效果等，都需要做出尽可能细致周到的计划、安排，才有可能保证国际交流的顺利进行。

但是国际交流所带来的，并不仅仅是困难、难度和差异性。从高校建设发展尤其是人才培养的角度来看，国际交流对于高校人才培养具有其他交流途径与方式所不具备的优势和价值，具有突出的不可替代性；而且是高校建设发展、提升质量水平、提高国际地位、扩大国际影响的必需途径，也是一种行之有效的重要方式。对于高校来说，不应当因为国际交流具有一定难度、可能带来一些困难、增加一些负担，而忽视或拒绝进行国际交流。国际交流是国际合作的基础，也是人才培养的内在需求，反映了高校建设发展的大方向，也符合大学的本义和建设发展目标。

人类优秀的文化与文明成果，总有一些相通性、相似性，总有一些共同的价值、共同的理想与愿望、目标与追求。许多国家或区域的文化，正是在更加广阔普遍的交流空间里才显示出独特意义和价值，许多具体的文化形式和形态，正是在各种文化的联系与比较中才显示出其独特的作用和意义。从这个意义上说，一所高校的国际交流越丰富多样、深入持久，对于学生文化视野的开阔、文化观念的丰富与完善、文化态度的调整与适应就越是有利，就越是有利于人才培养和学生的成长。实际上，在今天这样的文化背景和文化条件下，忽视和拒绝国际交流的封闭式办学，已经不可能存在，而且不能被允许。

国际交流有助于开阔学生的国际视野，丰富学生的国际文化知识。在国际交流中，学生们有机会直接接触到不同的文化形态、不同的文化思想观念，丰富自己的文化知识，尤其是国际文化知识。可以通过不同文化观念、文化形态的联系与比较，进一步丰富知识、开阔视野，提高文化联系、比较、评价的能力，在更加广阔而具体的文化交流场域中提高对于本国、本地文化的认识、评价和借鉴、运用能力与水平。在高校人才培养实践过程中，许多学生往往都是通过一两次或者多次国际交流，获得了更加丰富的知识，开阔了国际视野，增强了对于国际交流及其他各种文化形态、文化观念的认识，在国际交流的意义上取得了明显的进步，自身的文化意识、文化观念也得到了明显的丰富和提高。这样的文化经历和文化经验，对于许多学生的成长进步来说都相当重要，有时候甚至可能起到关键性作用。

国际交流有助于学生建立开放宽容的文化态度，有利于学生得到更加丰富完善的文化营养，得到更加全面健康的成长。通过国际交流，学生可以接触到不同的文化形态、文化观念和文化习俗，在丰富文化知识、增长文化见识的同时，也会产生更加内在的变化，进一步丰富对于不同文化形态、文化观念、价值观念的理解和包容，有助于形成更加宽容、开放的文化态度，从而避免在国际交流中容易流露或表现出来的狭隘的、单一的、自我中心主义的文化观念和态度。这对于高校的国际交流和学生的成长来说非常重要，也具有持久性意义，应当引起高校的足够注意，并努力在国际交流实践中不断丰富、发展和完善。

国际交流有助于形成更加全面综合的文化价值观，有助于开展更加生动活泼、丰富多彩的国际交流，促进高校文化交流与人才能力的提高。许多文化的差异最主要的是价值观的差异，文化交流的最深层也是价值观的交流。这种文化交流中的差异性、相通性也往往体现在价值观方面。对于高校的国际交流来说，一般的学术讨论与交流、共同活动与交流、会议研讨与交流，当然都是常见且重要的交流方式，在国际交流中处于相当重要的地位，也具有相当广泛的影响。但是，真正深层次、高水平的国际交流应当是具有文化深层意义、涉及价值观层面的交流，这也是最能够体现国际交流效果和成果的一种国际交流。对于高校学生来说，参与各种国际交流都是必要的，也都是有收获的。但是，各种交流的目的不应当仅仅停留于交流的形式本身，而应当深入到思想交流、价值观交流层面。通过国际交流，学生们应当获得更加全面综合的文化观念、文化见识，在此基础上自觉主动地调适、建构、优化、完善自己的价值观。一方面继承和发展基于中华优秀传统文化的价值观，另一方面主动自觉地学习借鉴其他国家、民族的优秀文化传统和价值观，使自己的文化思想观念、价值观念更加综合全面，更富有现代文明与科技的色彩，更具有开放进步、共同发展的品格。这是国际交流过程中必须注意完善并且着重强调的重要问题之一。

从高校国际交流的实际来看，可以发现一些值得注意的现象和问题。一些高校的国际交流比较丰富、频繁，比如建设发展水平较高、类型比较丰富、科技性比较突出、学科倾向于对外交流与协作、具有较丰富的国际交流协作基础的高校，国际交流通常开展得比较频繁，形式也比较丰富多样。一些建设发展水平较低、学科类型比较单一、传统性学科与基础性学科较多、对外交流协作需求不充分的高校，国际交流的开展就比较一般，或者比较薄弱。还有一些高校因为处于比较初级的建设发展阶段，或者没有达到进行充分的国际交流的程度，因而对国际交流的认识和理解尚处于较低水平，相应的交流活动也进行得一般化，甚至没有什么有效果、有影响的国际交流。对于不同类型、不同水平、不同发展阶段的高校来说，这种复杂情况的存在，原本都是正常的，也可能是必然存在的情况。

但是，从高校国际交流与文化育人关系的角度来看，各个高校，尤其是各高校的管理者、各级领导干部，都应当清醒地认识到，尽管高校的国际交流各有其情况，也各有其特点，但是国际交流不仅仅是一种表面的形式，更不是个别高校、部分高校的任务，而应当是所有高校建设发展过程中必须经历、必须进行的一种交流活动，对于人才培养、学生成长成才都具有不可替代的作用。因此，从高校建设发展、专业人才培养、学生文化观念优化完善等方面来看，国际交流在高校的各种交流活动中具有突出地位、具有重要作用，无论是何种性质、类型、水平、特点的高校，也无论是处于何种建设发展阶段、具有何种学科专业特长的高校，都必须认识到，国际交流是所有高校的共同任务，也是人才培养、学生成长、扩大国际影响的共同需求，是一项必须做好的工作。

第七节　跨文化交际与文化育人

随着国家对外交流的发展和深化，包括高等教育在内的各方面国际文化交流、跨文化交际也持续扩大和深入。随着人类科学与技术、文明与文化的发展进步，彼此了解、融通、互鉴、共同进步已经成为一种总体性的变革趋势。对于当今的高校和教师、学生来说，通过各种途径和方式参与国际交流与合作，以适当的方式参与各种国际学术、教育、文化交流，已经是一种相当普遍的现象，也是高校建设发展的大势所趋。不论是何种性质、类型、水平的高校，也不论是何种学科专业、何种发展阶段或水平的教师与学生，进行跨文化交际已经是教育教学工作或专业学习与发展中一个经常遇到、需要妥善处理和解决的重要问题。

跨文化交际与上文所述的国际交流有一定联系，也有一定区别，二者不是同一回事。具体来看，跨文化交际是不同语言、不同文化背景下的个人或群体之间所进行的交际活动；国际交流是指不同国别的个人或群体之间进行的交流活动。有的跨文化交际也是国际交流，有的国际交流也是跨文化交际；但并不是所有的跨文化交际都是国际交流，也不是所有的国际交流都是跨文化交际。二者之间的差异性和联系性，需要结合具体的交流语境、场景、类型和参与人员进行具体的判断和划分。

基于对跨文化交际的基本认识，加之高校文化有人的全面性、系统性、持久性和发展性特点，为了开展好文化育人工作，有必要专门讨论一下高校中跨文化交际与文化育人的关系。

由于是跨文化交际，因此对于来自不同文化背景、文化环境和文化习惯的交际参与者各自的个性、彼此之间必然存在的文化差异性的关注和妥善处理就是一个突出的问题。与此同时，既然是交际活动，那么对于交际双方或各方同样必然存在的文化相通性、相似性的认识和理解也同样重要，因为这是进行交际和交流的前提，也是彼此进行了解、交往的条件。因此，假如没有充分关注和妥善处理跨文化交际中的差异性、区别性，就不可能进行有效的跨文化交际；同样，假如没有充分关注和妥善处理跨文化交际中的相通性、相似性，就失去了进行交际与交流的基础，跨文化交际也同样不可能进行。

因此，在跨文化交际中，充分关注文化的差异性，深入理解交际的困难度与可能性，注意把握和处理好差异性与相通性之间的关系，注意处理好交际各方之间的关系，在合理的跨文化空间和场景中进行有效的交流，是保证跨文化交际顺利进行并取得预期成果的必要前提。

由于是跨文化交际，同时也可能伴随着跨语言交际，因此对这种特殊的交流场景、交流空间和交际各方有尽可能深入的了解和准确的把握，调整好交际的心态，是保证交际顺利有效进行的重要条件。一般来说，在跨文化交际中，有一些原则是需要自觉认识并自觉坚持的，以利于跨文化交际的顺利进行。

在跨文化交际需要坚持和遵守的各种原则中，有一些是基础性、前提性原则，其中比较重要者如：第一，调适文化心态，培养文化情怀。在跨文化交际中，调适好自己的心态，保持开阔包容的文化情怀，是进行跨文化交际的基础。假如没有主动自觉地建立这个基础，不仅跨文化交际无法进行，也不可能取得预期的交流效果。第二，尊重区别差异，坚持文化平等。跨文化交际中一个相当突出的问题就是由于文化的差异性造成的思想观念、行为习惯、言谈举止、价值观念等各种差异性，也容易产生各种文化误读、误解和误会，以及由于文化差异造成的文化不平等现象。在跨文化交际中，一方面要承认差异、尊重差异，另一方面要合理对待差异、恰当解决差异。坚持文化平等的观念和立场，坚持平等对待参与交际的各个方面文化和各种文化因素，形成平等、对话、沟通、协作的氛围，以利于在平等、愉快的氛围中进行跨文化交际。第三，传播文化精华，明辨糟粕因素。进行跨文化交际，是为了进行文明互鉴、合作交流、共同发展。在交际过程中进行谈论和涉及的，一定是值得交流的优秀思想文化内容、具有积极向上价值的文化领域、值得进行国际推广和交流的文化形态或文化形式。因此恰当区分文化精华与糟粕，合理区分具有交流价值的文化内容和不具有交流价值的文化内容，保证跨文化交际的价值导向和思想导向，就显得非常重要。这是保证跨文化交际的有效性、导向性的重要原则。第四，注意敏感问题，弘扬科学文明。既然是跨文化交际，由于交际各方来自不同的文化背景、文化习惯，具有不同的思想意识和价值观念，必然存在明显的文化差异和文化距离，也就容易出现一些敏感话题、不同认识或认识分歧。在这种情况下，尽可能坚持交际原则、把握和处理好某些敏感问题、敏感内容，避免引发不必要的交际冲突，就显得非常重要。在认识和把握分歧、处理好敏感话题和敏感内容的时候，更多地从不同文化之间的共同价值立场的角度进行交际和沟通，从弘扬科学与文明、促进合作与发展的角度进行跨文化交际，从而达到沟通合作、共同发展的目的。第五，确立文化根基，学习其他文化。由于跨文化交际所具有的各种独特性、敏感性和较大难度，就更加需要有意识地建立起必要的基础和前提，为沟通交流提供更大的可能性。其中，确立应有的文化基础，尤其是对于本国文化的理解和认识、体悟和感受就显得非常重要。确立应有的文化根基，是进行跨文化交际的重要前提，也是进行有充实内容、有思想深度的跨文化交际的重要条件。在此基础上，本着开放、健康、包容、互鉴的态度，采取稳妥有效的方式与方法，顺利开展跨文化交际，对于各方来说都是有利的事情。第六，提高自身素养，树立良好形象。跨文化交际过程中，给对方留下良好的文化形象，是顺利进行交际、达成交际效果的重要保障，也是取得预期交际效果的一个有力支撑。要想达到这样的目标，取得理想的交际效果，自我文化素养的提高、自我形象的优化与完善，就是一个值得注意的突出问题。在跨文化交际中，诸多文化思想因素都有可能对交际产生影响，有时候甚至可能产生明显的影响。但是，文化形象的塑造和树立、文化形象的优化与完善，通常会在其中发挥重要的作用。而且，文化形象的塑造、形成和树立，并在跨文化交际中得到恰如其分的展现，需要长时期的持续努力和坚持，才有可能积渐而著、逐步提高。因此自我文化素养的提高、自我文化形象的完善，的确是一个应当长期坚持、不断努力的重要方向。

总之，跨文化交际作为高校一种重要的文化交际与交流方式，在学科建设、人才培养、文化传承、社会服务中具有不可或缺的地位，在文化育人中更是具有独特的价值和地位，也具有显著的不可替代性和持久性特点。而且，随着我国高校国际化程度的加深、国际化水平的提高，各种跨文化交际的地位和作用也会进一步得到凸显，其作用也会得到进一步的发挥。因此，在高校文化育人过程中，充分重视和妥善进行跨文化交际，不仅不可或缺，而且是必须做好的一项工作。

第八节 “互联网+”与文化育人

随着科学技术的快速发展，网络化、信息化、智能化等已经成为现代社会的突出特征。科学技术的高速发展和人类文明的进步，已经越来越深刻地改变着人们的生活环境、条件和生活状态，也日益深刻地改变着人类自身。一方面，人类创造的科学与技术越来越深刻地改变着物质世界，也部分地改变着人们的精神世界；另一方面，科学技术提供的各种能力、方便，也使人类对于科学与技术的依赖越来越深切，对于人类自身思想、精神、文化等人文内涵、人文价值的考验也越来越严峻。

在这样的背景下，高校作为科学技术、各学科专业、专业人才集中的地方，在科学技术的影响和促进下，各个方面都发生了诸多变革，反映着这种社会变迁给高等学校带来的深刻变化。在当今这个时代，任何一所高校都不可能不运用互联网，不可能不走信息化、智能化的道路，只是因为学校性质、发展阶段、学科专业、各方面条件的不同而有所区别而已。

从教师的教学来看，教师必须承认一个现实，就是互联网、信息化、数字化技术对于教学的影响越来越直接、越来越深入，已经成为一种不可避免、不可或缺的重要内容，大概没有教师可以不接受这种影响，在教学中不运用互联网、信息化、数字化技术。从事理科、工科、应用技术等学科和课程教学的教师姑且撇开不论，即便是从事人文科学、社会科学及相关课程教学的教师，也不可能不受到互联网、信息化、数字化技术的影响，在教学中也会自觉主动地运用这些技术，以提高教学效率、优化教学效果。因此，可以说，互联网、信息化、数字化技术已经日益深刻地影响着高校各个学科专业、各门课程的教学，已经明显地改变了高校课堂教学的方式与方法，甚至有可能影响高校教师的教学状态和思维方式。

从学生的学习来看，学生在各门课程的学习中，也不能不深受现代科学技术的影响，比如听课方式、记笔记方式、做作业方式、与教师交流等环节，也都不能不运用一些互联网、信息化手段或途径。这些现代化技术手段的运用，大大提高了学习效率和工作效率，对于优化学习效果、提高学习质量具有积极的促进作用。而且，年轻一代的大学生，接受新知识、掌握新技术、运用新媒介的意识强、能力突出，因此在学习中受现代科学技术影响更加迅速，更加深入，久而久之，也必然在学习方式、思考方式、理论思维与实践应用等多方面发生变化。可以说，现代化技术手段对学生的成长成才会产生多方面的深刻影响。

从图书信息资料方面来看，除了原来的纸质文献外，随着科学技术尤其是文献数字化技术的发展，一些学科领域的文献资料实现了电子化、数字化，并且数字化进程发展迅速，数字化水平越来越高，既有效地保护了珍稀文献，又方便了读者的运用，提高了使用效率。在这种情况下，许多高校图书馆所藏图书资料的典藏方式、使用方式和传输方式也发生了深刻变化。也就是说，对于高校教师和学生来说，由于图书资料的形态、保存、使用和传输方式已经发生了深刻变化，师生们对于文献资料的阅读、使用方式也随之发生了深刻变化。网络化、信息化、数字化已经是一种基本趋势，网络技术、信息技术、数字化技术在图书资料的典藏、运用和传播中所发挥的作用越来越显著，对于教师、学生进行教育教学、科学研究、实验操作等环节的影响也日益深入。这已经是一种不可避免、必须有效应对的大趋势。

从管理服务工作来看，随着网络化、信息化、数字化技术的发展，高校的管理与服务方式也发生了深刻变化，包括学生入学、注册、学习、考试、实习、毕业论文与设计等各个学习环节，乃至日常生活等各个方面，都越来越多地运用各种现代化科学技术手段，科技含量和技术含量都得到显著提高。从这个意义上看，可以说现代科技也日益深刻地改变着高校的管理与服务方式，深刻地影响着高校的管理与服务效率和水平。从另外的角度来看，这些现代科技手段的运用、管理方式与服务方式的变迁，实际上也影响了高校的运作方式，显著改变了高校师生的工作、学习和生活方式，对于高等学校的各个方面都产生了日益深刻的影响。

互联网、信息化、数字化技术在高校各个方面的运用，对于高校各个方面产生的影响，通过以上所述可略见一斑。这的确是科学技术对于高等学校产生影响、发挥作用的一种突出表现。从具体情况来看，现代科学技术对高校的影响和作用远不止于此。特别是在某些特殊环境、条件之下，比如由于公共卫生防疫事件、各种自然灾害、各种意外冲突及其他事件发生，使正常的教学、研究甚至日常生活都受到各种限制和影响的时候，现代科学技术手段的作用往往可以得到更加充分的发挥，其优势和效能往往可以得到更加集中的展现，从而可以在很大程度上有效、有力地支持和支撑高校的运行，保证教学、科研、社会服务、对外交流的进行，从而对于减少各种意外事件、意外情况对高校的影响，发挥关键性作用。这也是互联网、信息化、数字化技术发挥科技优势，对高校产生积极影响的一个显著例子。

可见，在现代科技背景下，“互联网＋”在高校的各个方面都被广泛地运用，并产生着越来越大的影响。作为高校人才培养工作重要组成部分的文化育人，当然不可能也不可以忽视互联网、信息化、数字化等技术手段的优势和对于人才培养的巨大作用，而是必须充分运用这些科技手段，发挥其特色和优势，在文化育人中增添科技含量，发挥科技力量，把高校的文化育人与现代科学技术的结合工作做好，为国家培养更多的优秀人才，为文化发展、教育振兴、人才培养做出积极努力和贡献。

结语：一项任重道远的文化系统工程

从大学教育功能的发挥、专业人才的培养、社会贡献的实现等角度来看，文化育人是大学的根本任务，是与专业人才培养密切相关、息息相通的一项基础性、根本性教育工作。高等学校中开展的许多思想教育、专业教育、社会实践等，归结起来，都可以指向文化育人这一根本任务和基本目标，也都可以从各个教育环节和培养过程共同指向文化育人这一具有思想底蕴与价值内涵的教育理念和理想目标。

在不同的时期和不同的条件下，由于教育思想、人才培养观念、高校办学理念的差异，对高等教育、人才培养等问题认识理解的不同，或者在某些方面存在差距或不足，人们对于高校的主要责任、根本任务、贡献与服务社会的方式和途径的认识理解存在偏差，比如有时候过于强调理工科技术型人才的培养，而有时候过于强调应用型人才的培养，而对于基础型人才、理论创新型人才的培养重视不够；有时候过于强调理工科专项等应用型、技术型人才的培养，对于人文社会科学人才尤其是人文学科人才培养的重视程度明显不足。

这些偏颇性或局限性的存在与延续，自然有其特定的时代原因和高等教育本身的一些原因，也有着具体条件、具体情况下的应急应变因素；但是，从长久来看，还是留下了许多遗憾，也留下了一些足当记取的经验教训。由于这种局限性、偏颇性的存在，在过去的许多时间里，人们对于高等教育各个学科专业背后应有的文化内涵、思想底蕴、价值观念等的理解和关注就往往明显不足或无暇顾及，留下了许多明显的不足，也造成了高等教育人才培养方面的损失。

因此，在高等教育中强调文化教育，在高等教育体系中把文化育人置于应有的突出位置，不仅是高等教育自身发展的需要，也是既往高等教育经验的总结；不仅是时代对于高等教育提出的紧迫要求，也是高等教育自身提高质量水平、适应科学技术和社会文化发展需求的一种自我完善和自我提高。

从更加广阔的背景上看，对于文化育人、文化内涵、文化品格、文化价值的关注和重视，并在高等教育中得到应有的体现和落实，是新的时代背景对于人才培养的新期待在高等教育中的反映，也是高等教育进一步展现自身价值特色、适应时代文化建设发展需要的必然一环，其重要性和不可替代性显而易见。

从上文所述可以发现，文化育人作为高等教育的一项根本任务、基础性工程，涉及高等教育的方方面面。从高校的基本性质、根本任务到办学规模、办学水平，从高校的建设发展阶段、人才培养目标到学科分布、学科特点、学术专长，从高校的学术实力、师资力量、管理服务水平与能力到教育教学资源的配置、校园文化的建构、教风学风校风的建构与形成，乃至大学空间、教育途径、文化参与、文化交流等各个方面，无一不与文化育人有着深刻的关联和密切的关系。

因此，文化育人应当深入到高等教育的每一个阶段，应当渗透到高校人才培养的每一个环节，也应当关系到高校的所有教师、管理服务人员，更关系到每一名高校学生。不管处于高等教育的哪一个阶段，文化教育、文化熏陶和文化培养都必不可少，而且应当处于基础性、核心性地位。这是认识高等教育及其方式、效率和效果的时候必须充分认识、深入体会并认真落实的。

文化育人作为高校的一项文化系统工程，在实施和落实的过程中，就需要运用系统化、全面性的眼光和态度有计划、有步骤地进行，就需要充分尊重文化教育的特点和规律科学合理地开展。在文化育人进程中，需要各个高校内部的各个部门、所有成员的共同努力，没有人可以置身于文化育人的任务和责任之外。当然，高校中不同的部门、职位，不同的人员尤其是教师、学生，在其中担负着不同的责任，有着不同的任务和使命。除高校以外，高校以外的各个社会部门对文化育人实际上也具有不可推卸的责任和义务，只是社会环境和不同部门在其中承担的责任和义务比较间接而已。

文化育人既然是一项复杂的文化系统工程，就必然有其自身的一些突出特点和特殊要求，对各个高校开展文化育人的相关工作环节、工作方式、工作效率和效果等自然也会提出一些规范和要求。其中的工作方式与方法、效率和效果、特点与规律，还没有现成的经验或成果可以全面地借鉴学习，还需要各高校、各部门、广大参与者结合自身的工作体验、经验进行深入的探讨和总结。

从更长的时段来看，这项工作中也会具有一些值得探讨和总结的内在规律，其中的某些规律性、原则性问题，还需要在工作实践中进行探讨和总结。这些都是在文化育人工作中需要持续探索、不断总结、反复实践和运用的，也是将文化育人工作开展好、开展得确有成效的有力保证。

由于文化育人是一项具有突出创新性质、创新思想观念，需要在以往进行的理论探索和取得的实践经验基础上认真回顾与深入总结的工作，因而这项工作具有突出的创新性、探索性和引领性特点。也由于文化育人是一项既具有强烈的理论性，又具有突出的实践性的工作，更是需要理论探索与实践经验密切结合、互相借鉴、不断尝试的综合性、系统性工作，因而在理论探索、实践检验、总体规划、具体实施等主要方面、重要环节实施的难度是不难想见的。同时，由于其本身具有的综合性、复杂性、丰富性特点，加之各个高校、不同学科专业、不同阶段和层次的学生所具有的众多差异性、复杂性和多样性特点，文化育人在实际工作中也一定会遇到许多新情况、新问题，也必然需要接受来自各个方面的新问题、新情况、新要求和新挑战。因此这是一项具有相当难度，但是又必须做好的重要工作。

从概括的角度来看，在文化育人工作中，有一些基本方式和方法、基本原则是需要注意的，也是需要在工作中不断总结、丰富和提高的，并可以作为后续工作的有益借鉴和启示。

从文化育人的基本内涵、主要要求、总体目标等方面来看，从广东高校及其他地区高校教育教学、学科建设、人才培养、文化传承、社会服务等方面的基本情况来看，从新时代“办好人民满意的教育”的总体要求，以及高校在多年的人才培养中积累的丰富经验、留下的可供吸取的教训来看，应当明确，在当今这个时代提出高校文化育人的要求和任务，并不是突发奇想，更不是权宜之计，而是通过回顾总结数十年来的高等教育经验、深刻观察和认识当下的高等教育状况、展望高等教育发展前景和创新可能，在经过审慎郑重研究思考之后做出的具有全局性、战略性意义的论断和决策，其中也蕴含着对国际高等教育变革可能、发展趋势、创新路径的思考与回应。

因此，文化育人对于广东乃至全国各地区的高等教育来说，都是一项具有基础性、导向性意义的重要工作，也反映了国内外高等教育持续发展的基本趋势和总体动向，其中的许多新情况、新问题，许多动态、趋势还需要进行持续的考察、研究和认识，需要在相关理论观念与丰富实践的基础上逐渐丰富和完善。因此这是一项长期的、复杂的而且是具有根本性、总体性意义的文化建设工程，同时也是高等学校的一项基础性、根本性的文化建设和文化育人任务。

因此，在高校文化育人工作中，有一些重要的原则和观念是非常重要的，也是需要予以足够关注并努力做好的，以利于高校文化育人工作的顺利进展并取得预期效果。其中比较重要的包括以下几个方面。

第一，齐抓共管、分工协作、共同推进的观念。高校文化育人不是某一个或某几个部门的事情，也不是某一部分人员或某些人员的事情，更不仅仅是专任教师或管理服务人员的事情；而是高校全体成员的共同工作责任和工作任务，包括学生在内的高校全体人员都应当对文化育人负起自己的一份责任，尽自己的一份力量。在文化育人的整体进程中，必然有分工也有合作，也必然有主次先后之别；但是更重要的是各个部门之间、师生员工之间、各方面力量之间的密切配合、高度统一，以利于在文化育人的总体目标之下，从具体工作做起，从点滴工作做起，共同为文化育人工作的顺利开展和取得成效做出积极努力和贡献。

第二，持续开展、积渐而著，无求速成、久久为功的观念。文化育人作为高校教育教学、人才培养的一项重要任务，既具有其他教育教学活动的共通性，也具有其自身的独特性。对文化育人独特性、自身规律的认识和把握，是一个值得注意并应当尽可能处理好的重要问题。就文化育人而言，其教育的手段和内容是文化，其教育的对象是人，不要指望这样的工作会在短时间内带来立竿见影式的效果。恰恰相反，对于文化育人工作，一定要充分认识和尊重文化教育、传承、传播、接受等方面的特点和规律，不可急于求成，更不可急功近利，而是需要下得了决定、沉得住气，需要用较长的时间、花持久的气力去开展、去进行，通过“润物细无声”式的文化浸润、熏陶、哺育，方有可能慢慢看到一些变化，逐渐收到一些效果。同时也应当看到，这种积渐而著、久久为功的效果，虽然不取一时之利、不得一时之功，但通常也是最深沉、最持久、最宝贵的精神力量和思想财富。因此，按照文化自身的特点和规律，按照文化育人的特点和规律开展好文化育人工作，在此项工作中就显得非常重要，也非常关键。

第三，理论思考与实践探索并举、理论与实践相结合的观念。文化育人的主要内容及其根本任务，以及此项工作在高校教育教学、人才培养中具有的突出地位，决定了这也是一项极具理论性、思想性、导向性的工作。在文化育人中，进行文化教育的理论探讨，深入研究和认识高校文化教育的特点与规律，对文化育人的思想内涵、价值导向、文化底蕴进行具有充分学理性、人文性的探究，应当是文化育人工作中重要的理论课题和核心内容。同时，文化育人又必须落实到具体的教育实践上，落实到具体的教育环节、教育对象上，因此这项工作又具有极强的实践性特点。假如仅仅进行理论思考、研究和分析，而不进行具有充分实践性、运用性的探讨的话，那么文化育人始终只能停留在理论思考的层面，无法落实到具体的教育实践之中，使其丧失足够的应用价值和旺盛的生命力。因此，在文化育人工作中，在理论思考、探索与实践应用、检验之间建立起互相配合、互相支撑、互相成就、共同发展的良好关系，就显得非常重要。一方面，理论探讨和思考为具体实践提供有力的理论支撑，保证这项工作的理论色彩、思想品质和价值导向；另一方面，具体实践运用和对相关的理论观念、思想原则与价值导向进行检验和丰富完善，为文化实践赋予充分的教育、思想与文化内涵。在二者之间建立通畅的、互动的、双向共生的良好关系，是应当努力追求和尽力保持的一种正确方向。

第四，不同高校各自发挥特色优势、共同营造良好文化氛围、创造良好文化生态的观念。文化育人是所有高校的一项共同的重要任务，所有高校都必须从教育发展、人才培养、社会贡献的意义上深刻认识文化育人的意义，都必须积极承担起文化育人的根本任务，把这项工作落到实处。这样说并不意味着各个高校的文化育人工作可以千篇一律、千人一面。恰恰相反，正是因为这是各个高校的一项重要任务，就要求各个高校必须在充分认识这项工作的重要意义、所承担的育人责任的基础上，进行自身文化育人特色优势的探索与发掘，进行文化育人个性化与独特性的思考与凝练，结合自身的学术传统、学科特色、师资优势、学生特点等重要因素，在文化育人工作中探索出一条既符合文化育人总体要求和基本规律，又符合本校实际情况、体现自身特色优势的文化育人内容、方式和路径，走出一条自己的文化育人之路。在此基础上，各高校之间积极配合，主动协作，共同营造文化育人的良好氛围，从各自的角度出发，共同创造良好的文化育人生态，共同推进文化育人工作的持续发展，取得理想的育人效果和办学效果。

第五，各个高校协同联动、取长补短，共同发展进步、合作共赢的观念。文化育人是所有高校的共同任务，也是一项必须长期坚持、协作共建的重要事业，需要各个高校的共同努力、协作共建。在文化育人中，在各个高校发挥自身特色优势、积极为文化育人贡献力量的基础上，还需要拓展思想和工作空间，扩大教育文化视野，增强合作、共享、共赢意识，加强与其他高校之间的协同、联系、共建，积极探讨与其他高校之间建立联系、密切合作、共同建设、共享成果的可能性，并建立起长期合作的机制。各高校通过发挥自身长处，为其他高校和共同平台做出贡献；同时也通过吸取其他高校的优点，为自身的建设发展创造条件、提供可能。各个高校要把这项工作置于非常突出的地位，从优秀文化的传承与转换、优秀文化的创新与发展的高度认识和落实文化育人的各项任务、各项要求，从高等学校长期建设发展、培养适应新时代要求的创新型人才的战略高度，进行更加全面系统的文化育人体制机制建设，形成良好的交流借鉴机制，共同打造文化育人的高端平台，建立合作、共享、协作、共赢的体制机制，为文化育人的长期进行、取得显著效果做出实质性努力和贡献。

改革开放四十多年来，广东由一个经济发展比较落后的省份，迅速发展成为一个经济社会发展迅速、充满生机活力的经济强省，近年来更被誉为第一经济大省和强省，为国家的整体建设发展做出了突出贡献。改革开放以来中国取得的多方面成绩、成就和成果，在广东社会文化的各个方面得到充分的展现，广东从一个非常具有代表性、典范性的角度反映了改革开放对于整个中国社会主义建设发展的重大意义和取得的举世瞩目的成就。

在这样的总体背景和变革趋势下，改革开放以来，广东的高等教育也得到了长足发展，广东的高等教育不论从高校数量还是办学质量水平，不论是人才培养水平、社会影响力还是社会贡献、美誉度等方面来看，也都得到了迅速提升。尽管如此，从国内高等教育的基本格局和知名高校的分布情况来看，目前广东的高等教育仍有许多方面需要加强、完善和提高；从国际高等教育的持续发展、国际著名高校的建设发展水平来看，广东的高等教育需要继续追赶、继续完善、继续提高之处则更多，创新发展的任务依然极为艰巨。

目前广东的经济社会发展又到了一新阶段，正处于从经济大省、强省向文化强省转换、发展的关键时期。在广东建设文化强省的进程中，教育必然是其中一个重要的组成部分，高等教育也必然是其中一个具有标志性意义、广泛影响力的组成部分。文化育人作为高等教育的中心任务和长期战略，必将在文化强省、教育强省建设中发挥核心性、主导性作用。没有深入持久的文化育人规划，没有积渐而著的文化育人效果，是不可能真正建设起教育强省的，文化强省建设也必然受到种种制约和影响。

因此，必须从“办好人民满意的教育”的高度，紧密结合广东文化强省建设实际、广东高等教育提升发展实际，从高等教育人才核心素养培育、高等教育人才长期发展完善的角度，把文化育人工程抓紧抓好，并将这项工作的总体规划与具体安排落实到广东高等教育人才培养的各个环节，通过文化育人助力高校人才培养观念、能力、方式、方法等各方面能力水平的提高，为在新时代背景下广东高等教育继续上水平、上台阶做出积极的努力和贡献。

对内自觉地有意识地继承和发扬中华优秀传统文化的思想传统、精神传统和价值观体系，对外主动自觉地向世界各国学习借鉴优秀的思想文化、科学技术，这是广东文化长期以来得以蓬勃发展、繁荣兴旺的一个重要的社会传统、思想传统，也是文化传统。这样的思想文化传统应当在新时期、新期待、新理想视野下得到更好的继续和发展。尤其是在作为国家战略的粤港澳大湾区建设蓝图初展、方兴未艾的背景下，在科技湾区、创新湾区、人才湾区、人文湾区、生态湾区建设中，党和国家又一次对广东提出了新要求和新期待，广东又一次被推向了时代变革、创新发展的前台，又一次迎来了难得的发展机遇和发展可能，当然也又一次面临着时代的考验、历史的考验。

在如此令人精神振奋、欢欣鼓舞的时代背景下，在新的时代精神、新的发展目标、新的时代理想的感召鼓舞下，具有优秀的爱国主义思想传统，以崇尚科学、追求真理为精神内核的广东高校，不仅必然地承担着更加艰巨、光荣的教育任务、文化任务、思想责任、精神传承责任，而且当然地要发扬勇于探索、敢于创新、善于把握历史机遇的精神传统，在新的时代背景下把广东的高等教育发展好、建设好，承担起时代和历史赋予的责任和任务，完成好高等学校必须承担的科学研究、学科建设、人才培养、文化传承、社会服务等责任和任务，为新时代的中国高等教育建设发展做出新贡献。而高等学校几大任务的核心与底色，恰恰是作为高等教育共同责任和任务，最具有思想内涵、文化内涵与时代精神内涵的文化教育。因此，文化育人开展得怎么样，开展得好不好，可以在很大程度上影响甚至决定高等教育的整体发展和人才培养、社会贡献能力与水平。所以，写好文化育人这一新时代高等学校创新发展的新篇章，完成好文化育人这一新时代高等学校创新发展的系统工程，是广东高校的一项根本任务，也是全国高校的一项根本任务。在这一宏阔而充实的高校创新发展、提升人才培养质量水平的新征程中，广东高校必须发挥探索者、创新者、引领者的作用，在新的时代里写下高校文化育人，带动高等教育高质量发展，全面提升高校人才培养质量水平，为党育人、为国育才的新篇章。

参考文献

[1] 德尔班科．大学：过去，现在与未来［M］．范伟，译．北京：中信出版社，2014．

[2] 博克．回归大学之道：对美国大学本科教育的反思与展望［M］．2版．侯定凯，梁爽，陈琼琼，译．上海：华东师范大学出版社，2012．

[3] 哈佛委员会．哈佛通识教育红皮书［M］．李曼丽，译．北京：北京大学出版社，2010．

[4] 黄俊杰．全球化时代的大学通识教育［M］．北京：北京大学出版社，2006．

[5] 金耀基．从传统到现代［M］．北京：中国人民大学出版社，1999．

[6] 李泽厚．中国近代思想史论［M］．北京：人民出版社，1979．

[7] 李泽厚．美的历程［M］．北京：文物出版社，1981．

[8] 林毓生．中国传统的创造性转化［M］．北京：生活·读书·新知三联书店，1988．

[9] 林毓生．中国意识的危机："五四"时期激烈的反传统主义［M］．穆善培，译．贵阳：贵州人民出版社，1986．

[10] 巴尼特．高等教育理念［M］．蓝劲松，译．北京：北京大学出版社，2012．

[11] 钱穆．中国近三百年学术史：上、下册［M］．北京：中华书局，1986．

[12] 科尔．大学之道［M］．冯国平，郝文磊，译．北京：人民文学出版社，2014．

[13] 屈大均．广东新语［M］．北京：中华书局，1985．

[14] 徐贲. 阅读经典：美国大学的人文教育［M］. 北京：北京大学出版社，2015.

[15] 王元化. 九十年代反思录［M］. 上海：上海古籍出版社，2000.

[16] 王元化. 九十年代日记［M］. 杭州：浙江人民出版社，2001.

[17] 余英时. 士与中国文化［M］. 上海：上海人民出版社，1987.

[18] 余英时. 知识人与中国文化的价值［M］. 台北：时报文化出版企业股份有限公司，1987.

[19] 余英时. 中国思想传统的现代诠释［M］. 南京：江苏人民出版社，1991.

[20] 列文森. 儒教中国及其现代命运［M］. 郑大华，任菁，译. 桂林：广西师范大学出版社，2009.

[21] 钟叔河. 走向世界：近代中国知识分子考察西方的历史［M］. 北京：中华书局，1985.